JN418367

알기 쉬운

무역실무

PRACTICE OF TRADE

김성훈 저

도서출판 두남

머리말

PREFACE

대한민국의 발전을 위해서 오늘도 세계 방방곡곡을 누비며 활동하고 있는 무역인 여러분들과 미래의 무역인이 되기 위해 열심히 준비하고 있는 예비무역인 여러분! 1999년 9월에 저의 첫번째 책인 「팔방미인 무역창업 시뮬레이션」을 출간한 이후 열여섯번째 무역실무 책을 출간하게 되었다. 그 동안 저의 책을 사랑해 준 독자 여러분들에게 진심으로 감사를 드린다.

이번에 출간된 「알기 쉬운 무역실무」는 지금까지의 책보다 더 쉽게 이해할 수 있도록 쓰려고 노력했지만, 이것 역시 전문가의 도움없이 이해하기에는 어려움이 있으리라 생각된다. 도서출판 두남의 전두표 대표님이 오래 전부터 이제는 "초보자가 읽기 쉬운 책을 써 보세요."라고 조언해 주었지만 접시와 인생의 궤적은 절대 변하지 않는다는 말처럼 무역 책에 대한 내 생각은 세월이 흘러도 변함이 없는 듯 싶다. 아무리 책을 쉽게 쓰려고 해도 무역하는 데 필수적인 내용은 꼭 들어가야 하므로 대표님의 조언을 따르지 못한 셈이다. 한 가지 권고드릴 점은 이 책을 읽기 전에 무역실무 교육을 짧은 시간이라도 수강한 후 읽으면 훨씬 쉽게 이해할 수 있을 것이다.

이번에 출간하는 이 책이 가볍게 읽을 수 없는 또 다른 이유는 무역실무를 전문적으로 교육하는 특성화 고등학교의 선생님으로부터 고등학생이 무역현장에서도 곧바로 적용할 수 있고, 국제무역사 1급시험도 도전해 볼 수 있는 책을 써 달라는 요청에 따라 쓴 책이기 때문이다. 될 수 있는 대로 쉽게 쓰려고 노력하였지만 무역실무의 현장이야기에 추가하여 국제무역사 공부를 함께 할 수 있도록 시험에 빈번히 출제되는 내용을 추가하여 무역실무와 국제무역사 두 마리 토끼를 모두 잡고자 이 책을 저술하였다. 특성화 고등학교 선생님, 무역관련학과 교수님들께서 지도해 주신다면 무역을 이해하는 데 큰 도움이 되리라고 판단된다.

특히, 현재 무역에 종사하고 있는 실무자라면 별 어려움 없이 업무 메뉴얼로 사용하기에 적합하리라 생각된다. 무역을 처음 시작하는 초보자들을 위하여 현업에서 진행되는 업무 순서대로 구성하였고, 될 수 있는 대로 쉬운 용어로 절차와 실제 업무 내용, 서식을 적절히 조화있게 구성하였다.

이 책은 무역공부를 시작하는 고등학생, 대학생, 예비무역인, 실무자들을 위하여 이해하기 쉽도록 무역의 실제 흐름에 맞추어 기술하였고, 필자의 현장경험과 강의경험을 살려서 독자분들의 입장에서 기술하였다. 특성화 고등학교와 대학교에서 text book으로 사용하기에도 적합하도록 구성해 보았다.

끝으로 나의 첫 작품부터 열여섯번째 작품인 「알기 쉬운 무역실무」가 출판되기까지 많은 도움을 준 도서출판 두남의 전두표 사장님, 이승구 상무님과 편집하는데 수고해 주신 편집부 직원 여러분에게도 감사드린다.

2022년 2월

저자 씀

차 례

CONTENTS

Chapter 1 무역법규

Chapter 2 무역계약

Chapter 3 대금결제

Chapter 4 신용장(Letter of Credit)

Chapter 5 국제팩터링

Chapter 6 포페이팅

Chapter 7 Local 거래

Chapter 8 관세법과 수출통관

Chapter 9 해상보험

Chapter 10 운 송

Chapter 11 신용장 네고

Chapter 12 관세법과 수입실무

Chapter 13 FTA

Chapter 01

무 역 법 규

1 무역의 절차 개요

무역은 서로 다른 국가 간의 거래이기 때문에 국내거래와 다른 국제적인 규칙과 상관행이 적용되며 국내거래보다 훨씬 복잡한 절차로 이루어진다. 이와 관련하여 가장 먼저 확인해야 할 것은 무역관련 법규일 것이다.

1) 무역관련 기본법과 절차의 확인

무역과 관련한 우리나라의 법규와 국제규칙에는 어떤 것들이 있는가를 먼저 이해하고 수출, 수입 시 어떤 절차와 요건이 필요한지 확인해야 한다. 어느 국가이든지 수출과 수입 시 무역관련 법으로 최소한의 통제와 관리를 한다. 충분한 마케팅 활동 후 매매계약을 완료하였는데 그 제품을 수출, 수입하는 데 절차와 요건상에 문제가 된다는 것을 나중에 알게 되었다면 어떤 일이 발생할까? 그러므로 수출이나 수입 시 어떤 절차나 요건이 필요한지 즉, 품목관리제도에 대하여 가장 먼저 확인하여야 한다.

2) 무역계약

무역마케팅을 통하여 거래당사자가 확정되면 품목관리제도를 확인한 후 계약단계로 넘어간다. 무역거래를 하기 위해서는 반드시 매매계약이 성립되어야 한다. 어떻게 해야 매매계약이 성립되는지를 국제규칙에 근거하여 파악해야 한다. 계약체결 시 필수적인 매매계약의 조건과 Incoterms, 분쟁해결 방법을 학습해야 하며, 특히 매매계약서의 각 조항의 의미를 정확하게 이해하는 것이 중요하다.

3) 대금결제

무역하는 목적은 수익을 창출하기 위함이다. 그러므로 마케팅, 계약도 중요하지만 가장 중요한 것이 대금결제 즉, 위험관리이다. 수출자가 대금을 영수하는 방법, 반대로 수입자가 대금을 지급하는 방법에는 크게 세 가지 방법이 있다. 송금결제방식, 추심결제방식, 신용장결제방식이다. 결제방식별 지급시기에 의한 분류, 장·단점을 이해하고 결제방식별 위험관리에 대하여 학습해야 한다.

4) Financial Skill

국제팩터링과 포페이팅은 대금결제방식이 아니다. 위험을 관리하기 위한 일종의 금융기법이다. 이 두 가지 금융기법을 활용하면 위험관리를 잘할 수 있다.

5) Local거래

Local거래는 국내의 수출자와 물품공급자 사이의 결제방법이다. Local거래 시 결제방식에는 내국신용장과 구매확인서 두 가지 방식이 있는데 각각의 특징과 공통점, 차이점에 대해 학습한다.

6) 관세법과 수출통관

수출자와 수입자가 매매계약을 체결하고 대금지급 및 영수[1]가 이루어진 후 가장 먼저 해야 할 일은 제품을 확보[2]한 후 세관에 수출신고를 해야 한다. 관세법을 대외무역법처럼 하나의 과목으로 분류하지 않고 수출과 수입으로 구분하여 분류하였다. 수출통관 관련 관세법은 관세법과 수출통관으로 수입통관 관련 관세법은 관세법과 수입실무로 분류하여 기술하였다. 이렇게 하는 것이 관세법을 더욱더 쉽게 이해할 수 있으리라는 판단에서이다.

7) 해상보험

해상보험에는 적하보험, 선박보험, 항공보험이 있다. 이 중 적하보험에 대하여 설명하였으며, 적하보험은 운송수단이 출발하기 전에 가입하는 것이 원칙이므로 무역운송이 이루어지기 전으로 분류하였다. 적하보험의 개념과 용어 및 구약관과 신약관, 담보위험과 부담보위험(면책위험)의 차이점에 관하여 기술하였다.

8) 무역운송

운송은 매매계약의 내용을 실질적으로 이행하는 단계이다. 수출신고가 수리되면

---

1) 선수금 송금방식(T/T in advance)과 신용장(Documentary Letter of Credit)방식을 의미하며 대금의 지급 및 영수가 수출이 이루어진 후에 일어나는 결제방식에는 해당하지 않음.
2) 국내에서 직접제조 및 local 구매, 외국에서 조달하는 3가지 방식이 있음.

수출신고필증이 발급되고 적하보험[3)]을 가입한 후 무역운송이 이루어진다. 이 때 수출자가 수입자와 외상거래[4)] 혹은 신용장[5)]을 합의하였다면 선적 전에 한국무역보험공사에 수출보험 한도를 확인하고 선적 이후에 수출보험에 가입한다.

수출자는 운송인에게 S/R(Shipping Request)를 발송하여 운송예약을 하고, 해상운송인 경우 B/L(Bill of Lading)을, 항공운송인 경우 AWB(Air Waybill)을 운송인으로부터 발급받는다.

9) 신용장 네고

선적이 이루어지면 수출자는 수입자에게 제공할 선적서류를 직접 작성하거나 혹은 제3자로부터 발급받아야 한다. 수출자와 수입자가 송금방식으로 합의한 경우에는 수입자가 요구하는 서류를 수입자에게 직접 발송하며 추심방식인 경우, 추심의뢰은행을 통해 수입자가 지정한 추심은행으로 발송한다.

그러나 신용장 방식의 경우에는 수출국 은행에서 선적서류 네고[6)]를 통하여 수입국 개설은행으로 선적서류가 전달된다. 수입자는 수출자로부터 서류를 받지 않는다면 물품을 통관할 수 없으므로 수출자가 수입자에게 서류를 발송하는 것은 무역계약의 완성이라고 볼 수 있다.

(1) 수출자가 직접 작성하는 서류

- Commercial Invoice : 상업송장
- Packing List : 포장명세서
- 수출자가 작성하는 각종 Certificate

(2) 제3자로부터 받는 서류

- B/L(Bill of Lading) : 운송회사 발행
- AWB(Air Waybill) : 운송회사 발행
- Insurance document : 보험회사 발행
- C/O(Certificate of Origin) : 상공회의소
- I/C(Inspection Certificate) : 제품 검사를 실행한 회사

---

3) 매도인이 필수적으로 가입하는 CIF, CIP와 선택적으로 가입하는 DPU, DAP, DDP의 경우.
4) CAD, COD, O/A, D/P, D/A
5) Sight L/C, Usance L/C
6) Negotiation의 약어인 Nego로 칭한다.

10) 관세법과 수입 실무

수출자가 무역관련 서류를 수입자에게 제공하지 않는다면 어떤 일이 발생할까? 수입자는 수입통관 절차를 밟을 수 없다. 현재 대한민국에서 수입신고를 하기 위해서 첨부해야 하는 필수서류는 운송서류 사본, 상업송장, 포장명세서이다. 인터넷을 통한 P/L(PaperLess)를 하더라도 반드시 위의 3가지 서류는 첨부해야 한다. 만약 수출자가 이 3가지 서류를 수입자에게 제공하지 않는다면 수입자는 수입 물품을 통관할 수 없다. 국가마다 수입국 세관이 요구하는 서류가 각각 다르겠지만 이 3가지 서류는 어느 나라든지 수입통관 시 필요한 서류가 아닐까 생각한다.

 무역관련 기본법

무역이란 국가 간에 물품과 용역 또는 전자적 형태의 무체물의 수출과 수입을 말한다. 무역은 수출자와 수입자가 자유롭게 하는 것이 원칙이지만, 정부는 무역거래의 질서를 유지하고 불공정한 거래를 방지하기 위하여 최소한의 관리를 한다. 정부가 무역을 관리하기 위해서 수출입에 적용하는 국내법에는 대외무역법, 외국환거래법, 관세법 세 가지가 있는데 이것을 무역관리 3대 법규라고 한다.

1) 대외무역법

(1) 대외무역법의 구조

대외무역법은 무역관리를 위한 기본법규로써 무역을 통제·관리하기 위한 것과 무역을 진흥하기 위한 것으로 구분할 수 있다.

(2) 대외무역법의 목적

대외무역법 제1조에서 "대외무역을 진흥하고 공정한 거래 질서를 확립하여 국제수지의 균형과 확대를 도모함으로써 국민경제의 발전에 이바지함을 목적으로 한다."고 명시하고 있다.

2) 외국환거래법

(1) 외국환거래법의 개요

외국환거래법은 주로 우리나라와 외국 간에 외국환이 들어오고 나가는 과정을 관리하기 위한 법이다. 외국환거래는 정부가 거래 상황을 파악할 수 있기만 하면 외국환거래를 자유롭게 할 수 있도록 하는 체계이다.

(2) 외국환거래법의 목적

외국환거래법은 외국환거래와 그 밖의 대외거래의 자유를 보장하고 시장기능을 활성화하여 대외거래의 원활화 및 국제수지의 균형과 통화가치의 안정을 도모함으로써 국민경제의 건전한 발전에 이바지하기 위한 목적으로 만들어졌다.

① 대외거래의 원활화
② 국제수지의 균형
③ 통화가치의 안정

(3) 거주자와 비거주자의 구분

거주자란 대한민국에 주소 또는 거소를 둔 개인과 대한민국에 주된 사무소를 둔 법인이다. 이 이외의 개인과 법인은 비거주자라 한다. 한국 국적을 가진 자도 외국에 사무소를 설립하고 오랜 기간 운영 및 상주하게 되면 비거주자가 될 수 있다.

표 1-1 거주자와 비거주자 구분

구분	내용
거주자	① 대한민국 재외공관 ② 국내에 주된 사무소가 있는 단체·기관, 그 밖에 이에 준하는 조직체 ③ 다음에 해당하는 대한민국 국민 (i) 대한민국 재외공관에서 근무할 목적으로 외국에 파견되어 체재하고 있는 자 (ii) 비거주자였던 자로서 입국하여 국내에 3개월 이상 체재하고 있는 자 ④ 다음에 해당하는 외국인 (i) 국내에서 영업활동에 종사하고 있는 자 (ii) 6개월 이상 국내에서 체재하고 있는 자
비거주자	① 국내에 있는 외국 정부의 공관과 국제기구 ② 미합중국군대와 이에 준하는 국제연합군, 미합중국군대 등의 구성원, 군속·초청계약자와 미합중국군대 등의 비세출자금기관·군사우체국 및 군용은행시설 ③ 외국에 있는 국내법인 등의 영업소 및 그 밖의 사무소 ④ 외국에 주된 사무소가 있는 단체·기관, 그 밖에 준하는 조직체 ⑤ 다음에 해당하는 대한민국 국민 (i) 외국에서 영업활동에 종사하고 있는 자 (ii) 외국에 있는 국제기구에서 근무하고 있는 자 ⑥ 다음에 해당하는 외국인 (i) 국내에 있는 외국 정부의 공관 또는 국제기구에서 근무하는 외교관·영사 또는 그 수행원이나 사용인 (ii) 외국 정부 또는 국제기구의 공무로 입국하는 자 (iii) 거주자였던 외국인으로 출국하여 외국에서 3개월 이상 체제 중인 자

(4) 외국환거래법의 적용대상

외국환거래법에서는 외국환이 우리나라와 외국 사이에 지급되는 거래뿐만 아니라 우리나라 내에서 외국환을 거래하는 행위, 외국인들 간에 우리나라 통화로 거래하는 행위까지도 그 적용대상으로 한다.

3) 관세법

(1) 관세법의 개요

관세법은 주로 수출입통관 절차와 관세의 부과·징수에 관해 규정한 법이다. 수출용 원재료에 대한 관세환급은 '관세환급특례법'에서, FTA에 대해서는 'FTA관세특례법'에서 각각 규정하고 있다.

(2) 관세법과 다른 법과의 관계

① 내국세법과의 관계

수입물품에 대해 관세 외에도 부가가치세, 개별소비세, 주세, 교통·에너지·환경세, 교육세, 농어촌특별세 등의 내국세와 지방세인 담배소비세가 부과된다. 수입물품에 대한 내국세의 부과·징수·환급·결손처분 등을 할 때 관세법과 부가가치세법·지방세법·개별소비세법 등이 상충되는 경우 관세법의 규정을 우선하여 적용한다.

② 국세기본법과의 관계

국세의 기본적인 틀이 되는 국세기본법과 관세법이 상충되는 경우 관세법이 적용된다. 조세에서 관세법과 국세기본법 중 관세법이 특례규정이 되기 때문이다.

③ FTA관세특례법 및 관세환급특례법과의 관계

가. FTA관세특례법

자유무역협정의 이행을 위한 절차 및 방법에 있어 관세법과 FTA관세특례법이 상충되는 경우 FTA관세특례법이 우선하여 적용된다. 다만, 관세법, FTA관세특례법, 자유무역협정(FTA)이 상충되는 경우에는 자유무역협정(FTA)이 최우선으로 적용된다.

나. 관세환급특례법

과오납금의 환급 등 일부 관세법에 남아 있는 관세환급을 제외하고는 수출용 원재료에 대한 관세환급과 관세법의 규정이 상충되는 경우에는 관세환급특례법이 우선 적용된다.

▎표 1-2 ▎무역관리 3개 법규

명칭	법의 목적	적용 범위
대외무역법	대외무역을 진흥하고 공정한 거래 질서를 확립하여 국제수지의 균형과 통상의 확대를 도모함으로써 국민경제를 발전시키는 데 이바지함	무역에 대한 전반적인 관리
외국환 거래법	외국환거래와 그 밖의 대외거래의 자유를 보장하고 시장기능을 활성화하여 대외거래의 원활화 및 국제수지의 균형과 통화가치의 안정을 도모함으로써 국민경제의 건전한 발전에 이바지함	외국환의 지급 및 영수
관세법	관세의 부과·징수 및 수출입물품의 통관을 적정하게 하고 관세 수입을 확보함으로써 국민경제의 발전에 이바지함	수출입통관 및 관세징수

4) 무역관련 국제규범

무역 거래는 서로 다른 나라와의 거래이기 때문에 거래당사자 간에 같은 문제에 대하여 동일하게 이해하고 해석할 수 있도록 국제적으로 통일된 규범이 필요하다. 무역과 관련한 대표적인 국제규범에는 다음과 같은 것들이 있다.

▎표 1-3 ▎무역관련 국제규범

구분	국제규범
무역 계약	• 국제물품매매계약에 관한 UN협약 (United Nations Convention on Contract for the International Sale of Goods(1980), CISG) (일명 Vienna Convention) • 뉴욕협약(New York Convention, 1958) • Incoterms 2020
무역 결제	• 신용장 통일규칙(UCP 600, Uniform Customs and Practices for the Documentary Credits, 2007) • 보증신용장 통일규칙(ISP 98, International Standby Practice, 1998) • 추심에 관한 통일규칙(URC 522, Uniform Rules for Collection)
무역 운송	• 선하증권통일조약(Hague Rules, 1924) • 개정선하증권조약(Hague-Visby Rules, 1968) • Hamburg Rules(1978) • 복합운송증권을 위한 통일규칙(Uniform Rules for a Combined Transport Document, 1973)
해상 보험	• 해상보험법(Marine Insurance Act, 1906) • Institute Cargo Clause(ICC) 신약관, 구약관

3 대외무역법

1) 대외무역법상 무역의 정의

무역[7]이라 함은 물품과 대통령이 정하는 용역 또는 전자적 형태의 무체물의 수출과 수입을 말한다.

수출[8]이라 함은 ① 매매, 교환, 임대차, 사용대차(使用貸借), 증여 등을 원인으로 국내에서 외국으로 물품이 이동하는 것(우리나라의 선박으로 외국에서 채취한 광물(鑛物) 또는 포획한 수산물을 외국에 매도(賣渡)하는 것을 포함한다), ② 유상(有償)으로 외국에서 외국으로 물품을 인도(引渡)하는 것으로서 산업통상자원부 장관이 정하여 고시하는 기준에 해당하는 것, ③ 「외국환거래법」에 따른 거주자(이하 "거주자"라 한다)가 비거주자(이하 "비거주자"라 한다)에게 산업통상자원부장관이 정하여 고시하는 방법으로 용역을 제공하는 것, ④ 거주자가 비거주자에게 정보통신망을 통한 전송과 그 밖에 산업통상자원부장관이 정하여 고시하는 방법으로 전자적 형태의 무체물(無體物)을 인도하는 것을 말한다.

수입[9]이라 함은 ① 매매, 교환, 임대차, 사용대차, 증여 등을 원인으로 외국으로부터 국내로 물품이 이동하는 것, ② 유상으로 외국에서 외국으로 물품을 인수하는 것으로서 산업통상자원부 장관이 정하여 고시하는 기준에 해당하는 것, ③ 비거주자가 거주자에게 산업통상자원부 장관이 정하여 고시하는 방법으로 제3조에 따른 용역을 제공하는 것, ④ 비거주자가 거주자에게 정보통신망을 통한 전송과 그 밖에 산업통상자원부장관이 정하여 고시하는 방법으로 제4조에 따른 전자적 형태의 무체물을 인도하는 것을 말한다.

2) 물품의 수출과 수입

대외무역법상 무역은 크게 물품과 서비스무역(용역, 전자적형태의 무체물)으로 구분된다. 물품은 세관 신고대상이며 수출과 수입이 있다. 관세법상 수출이란 "내국물품을 외국으로 반출하는 것"을 말한다. 일반적으로 선박 또는 항공기에 물품이 적재되었을 때 반출이 된 것으로 본다. 관세법상 수입이란 "외국물품이 국내로 반입되는 것"을 말한다.

---

7) 대외무역법 제2조
8) 대외무역법 시행령 제2조
9) 대외무역법 시행령 제2조

(1) 반출시기

① 선박 또는 항공기를 수출하는 경우, 외국을 향하여 운항이 개시된 때 반출된 것으로 본다.

② 선상신고를 하거나 어로현지에서 수출하는 원양수산물의 경우, 수출신고가 수리된 때 반출된 것으로 본다.

(2) 수출실적

① 수출신고는 인터넷을 통하여 세관으로 하지만 수출실적 증빙은 한국무역협회에서 발급받는다.

② 수출실적 인정 범위는 유상으로 거래되는 수출에 한하며 대북한 유상반출분도 수출실적에 포함된다.(일부 거래는 무상도 실적으로 인정)

③ 수출실적 인정금액은 FOB 가격 기준이다. 무역계약을 FOB가 아닌 다른 가격조건으로 계약하였더라도, 수출실적 인정금액은 FOB 금액만을 인정한다.

④ 국가별 수출통계를 계산할 때 세관에 신고된 FOB 금액만이 환산되며 대외무역법에서 수출로 인정하는 외국에서 외국으로의 물품 인도, 용역의 수출, 전자적 형태의 무체물 수출, Local 거래, 해외 전시회판매분 등의 거래는 개별 회사의 수출실적으로만 인정될 뿐 대한민국 무역통계에는 합산되지 않는다.

(3) 수입실적

① 수입의 경우에는 CIF가 과세표준이며 수입실적 인정금액이다. 과세표준이란 수입 물품에 과세하기 위한 기준가격을 말한다.

② 국가별 수입통계를 계산할 때 세관에 신고된 CIF 금액만이 환산되며 대외무역법에서 인정하는 외국에서 물품 인수(외국인수수입), 용역의 수입, 전자적 형태의 무체물 수입 등의 거래는 대한민국 무역통계에는 합산되지 않는다.

3) 서비스무역의 정의

대외무역법상 무역은 크게 물품과 서비스무역으로 구분된다. 여기에서는 서비스에 관한 무역이다.

(1) 서비스무역의 구분

대외무역법에서 서비스무역은 용역과 전자적 형태의 무체물 수출입으로 구분된다.

(2) 용역[10)]

① 대외무역법상 용역의 범위는 경영상담업, 법무 관련 서비스업, 회계 및 세무 관련 서비스업, 엔지니어링 서비스업, 디자인, 컴퓨터시스템 설계 및 자문업, 「문화산업진흥 기본법」에 따른 문화산업에 해당하는 업종, 운수업, 「관광진흥법」에 따른 관광사업(이하 "관광사업"이라 한다)에 해당하는 업종, 그 밖에 지식기반용역 등 수출 유망산업으로서 산업통상자원부 장관이 정하여 고시하는 업종

② 국내의 법령 또는 대한민국이 당사자인 조약에 따라 보호되는 특허권·실용신안권·디자인권·상표권·저작권·저작인접권·프로그램저작권·반도체집적회로의 배치설계권의 양도(讓渡), 전용실시권(專用實施權)의 설정 또는 통상실시권(通常實施權)의 허락

(3) 전자적 형태의 무체물[11)]

① 「소프트웨어산업 진흥법」에 따른 소프트웨어

② 부호·문자·음성·음향·이미지·영상 등을 디지털 방식으로 제작하거나 처리한 자료 또는 정보 등으로서 산업통상자원부 장관이 정하여 고시하는 것(영화, 게임, 애니메이션, 만화, 캐릭터, 전자서적, 데이터베이스)

③ 위의 ①과 ②의 집합체와 그 밖에 이와 유사한 전자적 형태의 무체물로서 산업통상자원부 장관이 정하여 고시하는 것

□ 서비스무역 실적 확인 작업은?

수출입거래 사실을 증명할 수 있는 서류를 첨부하여 한국무역협회 등 발급기관에 신청하면 확인 작업을 거쳐 실적 증명서를 발급받을 수 있다.

□ 서비스 수출실적 활용은?

수출실적 확인을 통해 무역의 날 수출탑이나 유공자 포상과 무역보험·무역금융 이용 등 수출 지원책을 활용할 수 있다.

---

10) 대외무역법 시행령 제3조
11) 대외무역법 시행령 제4조

▌표 1-4 ▌ 무역의 대상

무역의 대상	구체적인 대상
물품	유체물[단, 외국환거래법상 정하는 지급수단·증권·채권을 화체(化體)한 서류는 제외한다.]
용역	① 경영상담업, 법무·회계 및 세무·엔지니어링 서비스업, 디자인, 컴퓨터시스템 설계 및 자문업, 문화산업·운수업·관광사업 등 관련 용역 ② 지식기반용역 및 수출 유망산업으로서 산업통상자원부 장관이 정하여 고시하는 업종의 용역 (i) 전기통신업 (ii) 금융 및 보험업 (iii) 임대업 (iv) 광고업 (v) 사업시설 유지관리 서비스업 (vi) 교육 서비스업 (vii) 보건업 (viii) 연구개발업 ③ 특허권·실용신안권·디자인권·상표권·저작권·저작인접권·프로그램저작권·반도체집적회로 배치설계권 등의 양도, 전용실시권의 설정, 통상실시권의 허락
전자적 형태의 무체물	① 소프트웨어 ② 부호·문자·음성·음향·이미지·영상 등을 디지털 방식으로 제작하거나 처리한 자료 또는 정보 등으로서 산업통상자원부 장관이 고시하는 것 (i) 영상물(영화, 게임, 애니메이션, 만화, 캐릭터를 포함한다.) (ii) 음향·음성물 (iii) 전자서적 (iv) 데이터베이스

4) 대외무역법상의 수출[12)]

(1) 외국에서 외국으로 물품을 인도하는 행위(유상거래만 해당)

국내에서 외국으로 물품이 이동하는 경우는 매매, 교환, 임대차, 사용대차, 증여 등 유·무상 여부와 관계없이 수출·입으로 인정되나, 외국에서 외국으로 물품이

12) 관세법상으로는 수출로 볼 수 없고, 국가별 수출통계로 환산되지 않는 수출이므로 독자들의 이해를 돕기 위하여 편의상 세관에 신고되지 않는 수출만을 대외무역법상 수출이라고 구분하였다. 여기에 기재된 수출의 형태는 관세법상으로는 수출이 아니며 세관에 신고되지 않으므로 국가별 수출통계로 환산되지는 않는다. 그러나 국가별 수출통계와 관계없이 우리나라 내부적으로 개별 기업에는 수출실적으로 인정해 주고 포상의 대상에도 해당한다.

이동하는 경우에는 유상거래만이 대외무역법상의 수출로 인정된다는 점을 유의해야 하며, 외국에서 외국으로 물품이 이동하는 수출거래 유형은 다음과 같다.

① **중계무역** : "중계무역"이란 수출할 것을 목적으로 물품 등을 수입하여 보세구역 및 보세구역 외 장치의 허가를 받은 장소 또는 「자유무역지역 이외의 국내에 반입하지 아니하고 수출하는 수출입을 말한다.[13] 외국에서 완제품을 구매하여 외국(완제품 공급국가)에서 외국[14](수입국)으로 직접 혹은 우리나라에 경유[15]한 후 다시 해외로 인도되는 수출

② **외국인도수출** : 수출대금은 국내에서 영수하지만, 국내에서 수출통관 절차가 일어나지 않고 외국에 소재하고 있는 물품을 외국에서 외국으로 인도하는 수출을 말한다.[16]

③ **위탁가공무역** : 가공임을 지급하는 조건으로 외국에서 가공(제조, 조립, 재생, 개조를 포함한다. 이하 같다)할 원료의 전부 또는 일부를 거래 상대방에게 수출하거나 외국에서 조달하여 이를 가공한 후 가공 물품 등을 수입하거나 외국으로 인도하는 수출입을 말한다.[17] 해외 수탁 가공업체에서 생산한 물품을 현지 수탁 가공업체에서 외국으로 인도하는 수출을 말한다. 여기에서 외국이라 함은 수탁 가공업체가 아닌 국가 및 수탁 가공업체가 소재하는 그 국가를 포함한다.

(2) 용역의 수출

아래에 해당하는 업종의 사업을 영위하는 자가 제공하는 용역은 수출로 인정된다. ① 경영상담업, ② 법무 관련 서비스업, ③ 회계 및 세무 관련 서비스업, ④ 엔지니어링 서비스업, ⑤ 디자인, ⑥ 컴퓨터 설계 및 자문업, ⑦ 문화산업진흥기본법의 규정에 따른 문화산업에 해당하는 업종, ⑧ 그 밖에 지식기반용역 등 수출 유망산업으로서 산업통상자원부 장관이 정하여 고시하는 업종

(3) 전자적형태의 무체물

소프트웨어산업진흥법의 규정에 따른 소프트웨어와 부호, 문자, 음성, 음향, 이

13) 대외무역관리규정 제2조 제11호
14) 완제품 공급국가를 포함한다.
15) 우리나라로 경유할 때는 환적을 하는 방법과 보세구역에 반입하여 보수작업을 시행한 후 다시 반송하는 두 가지 경우가 있다.
16) 대외무역관리규정 제2조 제13호
17) 대외무역관리규정 제2조 제12호

미지, 영상 등을 디지털 방식으로 제작하거나 처리한 자료 또는 정보로서 영상물(영화, 게임, 애니메이션, 만화, 캐릭터)과 전자서적 및 데이터베이스로만 한정되어 있다.

(4) Local 거래

물품 공급업자가 수출업자로부터 내국신용장(Local L/C) 혹은 구매확인서를 받은 후 수출업자에게 공급한 공급분에 대하여 수출실적으로 인정된다. 수출실적 인정금액은 수출업자로부터 입금된 입금액이다.

(5) 해외 전시회판매

해외 전시회, 박람회 등에 참가하기 위하여 거래 구분 '85'번으로 신고하여 무상 반출하는 행위는 세관에 수출신고를 한다고 하더라도 관세법상 수출실적으로 인정되지 않는다. 그러나 해외 전시회에 출품한 물품 중 현지에서 매각된 금액을 자신의 거래은행인 외국환은행으로 송금하면 대외무역법상 수출실적으로 인정된다. 수출실적 인정금액은 외국환은행의 입금액이다.

■ 대외무역법상 수출거래로 볼 수 있는 거래

① 중국에서 원자재를 구매하여 베트남으로 무상 송부한 후, 베트남에서 완제품 제조 후 미국으로 유상으로 수출한 경우 → 외국인수수입, 위탁가공무역
② 미국 수입상으로부터 대금을 받고 중국에서 물품(완제품)을 구매하여 미국으로 직접 수출한 경우 → 중계무역(직송)
③ 캐나다 수입상으로부터 대금을 받고 미얀마에서 물품(완제품)을 구매하여 우리나라 항구에서 다른 선박에 재적재하여 수출한 경우 → 중계무역(환적)
④ 독일 수입상으로부터 대금을 받고 중국에서 물품(완제품)을 구매하여 국내 보세구역에 반입 후 보수작업을 하고 수출한 경우 → 중계무역(반송)
⑤ 일본 수입상으로부터 엔화를 받고 소프트웨어를 개발하여 웹하드를 통해서 전송한 경우 → 무체물 수출
⑥ 이탈리아 회사의 요청으로 외화를 받고 디자인을 공급한 경우 → 용역 수출

5) 수출·수입 인정 범위[18)]

(1) 수출 중 유상으로 거래되는 수출(대북한 유상반출실적을 포함한다)
(2) 해외건설공사에 직접 공하여지는 원료·기재, 공사용 장비 또는 기계류의 수

18) 대외무역관리규정 제25조

출(수출신고필증에 재반입하지 않는다는 조건이 명시된 분만 해당한다)

(3) 수출자 또는 수출 물품 등의 제조업자에 대한 외화획득용 원료 또는 물품 등의 공급 중 수출에 공하여 지는 것으로 다음 각 목의 어느 하나에 해당하는 경우
① 내국신용장(Local L/C)에 의한 공급
② 구매확인서에 의한 공급
③ 산업통상자원부 장관이 지정하는 생산자의 수출 물품 포장용 골판지상자의 공급

(4) 외국인으로부터 대금을 영수하고 외화획득용 시설기재를 외국인과 임대차계약을 맺은 국내업체에 인도하는 경우

(5) 외국인으로부터 대금을 영수하고 자유무역지역으로 반입 신고한 물품 등을 공급하는 경우

(6) 외국인으로부터 대금을 영수하고 그가 지정하는 자가 국내에 있음으로써 물품 등을 외국으로 수출할 수 없는 경우 보세구역으로 물품 등을 공급하는 경우

(7) 외화를 받고 외항 선박에 선박용품 등 관리에 관한 고시에 따른 내국 선박용품을 공급하는 경우

(8) 수입실적의 인정 범위는 수입 중 유상으로 거래되는 수입으로 한다.

6) 수출·수입실적[19)]

(1) 수출실적 인정금액은 수출통관액(FOB 가격 기준)으로 한다.

(2) 중계무역에 의한 수출의 경우에는 수출금액(FOB 가격)에서 수입금액(CIF 가격)을 공제한 가득액

(3) 외국인도수출의 경우에는 외국환은행의 입금액

(4) 위탁가공된 물품을 외국에 판매하는 경우에는 판매액에서 원자재 수출금액 및 가공임을 공제한 가득액

(5) 원양어로에 의한 수출 중 현지경비사용분은 외국환은행의 확인분

(6) 용역 수출의 경우에는 용역의 수출·수입실적의 확인 및 증명 발급기관의 장이 외국환은행을 통해 입금 확인한 금액

(7) 전자적 형태의 무체물의 수출 경우에는 한국무역협회장 또는 한국소프트웨어산업협회장이 외국환은행을 통해 입금 확인한 금액

(8) 수입실적 인정금액은 수입통관액(CIF 가격 기준)으로 한다.

---

19) 대외무역관리규정 제26조

(9) 외국인수수입과 용역 또는 전자적 형태의 무체물의 수입 경우에는 외국환은행의 지급액으로 한다.

7) 수출·수입실적 인정금액

구분		인정 범위	인정금액	인정 시점
수출실적	일반수출	유상으로 거래되는 수출 및 수출로 인정되는 무상거래(대북한 유상반출 포함)	※수출통관액(FOB)	수출신고수리일
	특정거래	중계무역	가득액 (수출금액FOB - 수입금액CIF)	입금일
		외국인도수출	외국환은행 입금액 전액	입금일
		위탁가공물품 외국판매	입금액에서 원자재 수출금액, 가공임을 공제한 가득액	입금일
	서비스무역	용역 수출	한국무역협회장이 발급한 수출확인서에 의해 외국환은행의 입금확인서	입금일
		전자적형태의 무체물 수출	한국무역협회장 또는 한국소프트웨어산업협회 회장이 발급한 수출확인서에 의해 외국환은행이 입금 확인한 금액	입금일
	기타	외국인으로부터 외화를 영수하고 자유무역지역 또는 관세 자유지역으로 반입한 물품공급	외국환은행의 입금액	입금일
	수출승인면제대상	외국 박람회 등에 출품한 물품 중 현지에서 매각된 것	외국환은행의 입금액	입금일
		해외 대한민국 법인에 무상으로 반출한 물품 중 해외건설공사에 직접 공하여지는 원료, 기재, 공사용 장비 또는 기계류의 수출	※수출통관액(FOB) (수출신고필증에 재반입하지 않는다는 조건이 명시된 분에 한한다)	수출신고수리일
	외화획득원료물품공급	내국신용장 및 구매확인서에 의한 공급	외국환은행의 결제액 또는 확인액	대금결제일
		산업통상자원부 장관이 지정하는 생산자의 수출 물품 포장용 골판지상자의 공급	외국환은행의 결제액 또는 확인액	대금결제일
		외국인으로부터 외화를 영수하고 외화획득용 시설기재를 외국인과 임대차계약을 맺은 국내업체에 인도하는 경우	외국환은행의 입금액	입금일

구분		인정 범위	인정금액	인정 시점
수입 실적	일반 수입	유상으로 거래되는 수입	※수입통관액(CIF)	수리일
	특정	외국인수수입	외국환은행의 지급액	지급일
	서비스	무체물 수입	외국환은행의 지급액	지급일

※표는 한국무역협회에서 실적증명, 나머지는 외국환은행에서 실적증명

8) 원산지표시 제도

(1) 원산지표시 대상

원산지표시 대상 물품은 수입 물품 자체이며, 현품에 원산지를 표시하여야 한다. 이는 수입국의 소비자를 보호하기 위한 것이다. 다음의 경우에는 해당 물품에 원산지를 표시하지 않고 해당 물품의 최소포장, 용기 등에 원산지를 표시할 수 있다.

① 해당 물품에 원산지를 표시하는 것이 불가능한 경우

② 원산지표시로 인하여 해당 물품이 크게 훼손되는 경우(예: 당구공, 콘택트렌즈, 포장하지 않은 집적회로)

③ 원산지표시로 인하여 해당 물품의 가치가 실질적으로 저하되는 경우

④ 원산지표시의 비용이 해당 물품의 수입을 막을 정도로 과도한 경우(예 : 물품값보다 표시비용이 더 많이 드는 경우)

⑤ 상거래 관행상 최종구매자에게 포장, 용기에 봉인되어 판매되는 물품 또는 봉인되지 않으나 포장, 용기를 뜯지 않고 판매되는 물품(예 : 비누, 칫솔, VIDEO TAPE 등)

⑥ 실질적 변형을 일으키는 제조공정에 투입되는 부품 및 원재료를 수입 후 실수요자에게 직접 공급하는 경우

⑦ 물품의 외관상 원산지의 오인 가능성이 적은 경우(예 : 두리안, 오렌지, 바나나와 같은 과일, 채소)

(2) 수입 물품 원산지표시의 문구

수입물품의 원산지는 다음과 같이 표시하며, 한글, 한자 또는 영문으로 표시하여야 한다.

① '원산지 : 국명' 또는 '국명 산(産)(예, 원산지 : 중국, 中國産)

② 'Made in 국명' 또는 'Product of 국명'(예, Made in China, Product of China)

③ 'Made by 물품 제조자의 회사명, 주소, 국명'

④ 'Manufactured by 물품 제조자 회사명, 주소, 국가명'
⑤ 'Manufactured in 국가명'(예, Manufactured in China)
⑥ 'Produced in 국가명'(예, Produced in China)
⑦ '국가명 Made'(예 China Made)
⑧ 'Country of Origin : 국가명'(예, Country of Origin : China)

(3) 수입 물품 원산지표시의 일반원칙

① 수입물품의 원산지는 최종구매자가 해당 물품의 원산지를 용이하게 판독할 수 있는 크기의 활자체로 표시하여야 한다.
② 수입물품의 원산지는 최종구매자가 정상적인 물품 구매과정에서 원산지표시를 발견할 수 있도록 식별하기 용이한 곳에 표시하여야 한다.
③ 표시된 원산지는 쉽게 지워지지 않으며 물품(또는 포장·용기)에서 쉽게 떨어지지 않아야 한다.
④ 수입물품의 원산지는 제조단계에서 인쇄(printing), 등사(stenciling), 낙인(branding), 주조(molding), 식각(etching), 박음질(stitching) 또는 이와 유사한 방식으로 원산지를 표시하는 것을 원칙으로 한다. 다만, 물품의 특성상 위와 같은 방식으로 표시하는 것이 부적합 또는 곤란하거나 물품을 훼손할 우려가 있는 경우에는 날인(stamping), 라벨(label), 스티커(sticker), 꼬리표(tag)를 사용하여 표시할 수 있다.
⑤ 최종구매자가 수입물품의 원산지를 오인할 우려가 없는 경우에는 통상적으로 널리 사용되고 있는 국가명이나 지역명 등을 사용하여 원산지를 표시할 수 있다.

(4) 수입 물품 원산지표시의 면제

① 외화획득용 원료 및 시설기재로 수입되는 물품
② 개인에게 무상 송부된 탁송품, 별송품 또는 여행자휴대품
③ 수입 후 실질적 변형을 일으키는 제조공정에 투입되는 부품 및 원재료로서 실수요자가 직접 수입하는 경우(실 수요자를 위해 수입을 대행하는 경우를 포함한다.)
④ 견본품(진열·판매용이 아닌 것에 한함) 및 수입된 물
⑤ 개인이 자가소비용으로 수입하는 물품
⑥ 판매 목적이 아닌 자선 목적의 기부 물품

⑦ 우리나라로 수입되기 20년 이전에 생산된 물품
⑧ 수입자 상호·상표 등이 인쇄되어 전시용으로 사용하는 물품

9) 산업피해 보호와 수출입질서 유지

(1) 수입수량 제한조치

산업통상자원부 장관은 '특정 물품의 수입 증가로 인하여 같은 종류의 물품 또는 직접적인 경쟁 관계에 있는 물품을 생산하는 국내 산업이 심각한 피해를 보고 있거나 입을 우려가 있음이 무역위원회의 조사를 통하여 확인되고 심각한 피해 등을 구제하려는 조치가 건의된 경우로서 그 국내 산업을 보호할 필요가 있다고 인정되면 그 물품의 국내 산업에 대한 심각한 피해 등을 방지하거나 치유하고 조정을 촉진하는 데 필요한 범위에서 물품의 수입 수량을 제한하는 조치'를 시 행할 수 있다.

수입 수량 제한조치는 직접적인 수입 수량 규제 조치로서, 우리나라가 수입 수량 제한조치를 하였을 때 상대국(수출국)은 비관세 장벽으로 여길 수 있다. 그러므로 수입 수량 제한조치는 조치 시행일 이후 수입되는 물품에만 적용되고 필요한 범위에서 제한적으로 이루어져야 하며, 그 적용 기간은 4년을 넘어서는 안 된다. 산업통상자원부 장관이 수입 수량을 제한하는 경우 그 제한 수량은 최근의 대표적인 3년간의 수입량을 연평균수량으로 환산한 수량(기준수량) 이상으로 하여야 하며 해당 산업의 심각한 피해를 방지하거나 구제하기 어렵다고 명백하게 인정되는 경우에는 기준수량 미만으로 수입 수량을 제한할 수 있다.

(2) 수출입의 질서유지

무역거래자는 외화 도피의 목적으로 물품 등의 수출 또는 수입가격을 조작해서는 안 된다. 무역거래자는 상호 간이나 교역상대국의 무역거래자와 물품 등의 수출·수입과 관련하여 분쟁이 발생한 경우에는 정당한 사유 없이 분쟁의 해결을 지연시켜서는 안 된다.

 특정거래

1) 특정거래의 개념

(1) 대외무역법상의 정의[20]

① 수출 또는 수입의 제한을 회피할 우려가 있는 거래
② 산업 보호에 지장을 초래할 우려가 있는 거래
③ 외국에서 외국으로 물품 등의 이동이 있고, 그 대금의 지급이나 영수(領收)가 국내에서 이루어지는 거래로서 대금결제 상황의 확인이 곤란하다고 인정되는 거래
④ 대금결제 없이 물품 등의 이동만 이루어지는 거래

(2) 특정거래 형태

특정거래 무역형태에는 중계무역, 외국인도수출, 외국인수수입, 위탁가공무역, 위탁판매수출, 수탁판매수입, 임대수출, 임차수입이 있다.

2) 특정거래형태의 종류

(1) 중계무역(中繼貿易)

중계무역(intermediary trade)은 수출할 것을 목적으로 물품을 수입하여 이를 제3국으로 수출하는 수출입거래방식으로써 수입한 상품을 원상태 그대로 수출하여 수출대금 영수액과 수입대금 지급액과의 차액에 해당하는 가득액을 취하는 거래방식이다. 이때 취하는 가득액은 수출가액(FOB)에서 수입금액(CIF)을 공제한 금액으로써 이를 중계차액이라 하며, 이 중계차익만을 수출실적으로 인정한다.

(2) 외국인도수출(外國引度輸出)과 외국인수수입(外國引受輸入)

외국인도수출이란 국내에서 수출 통관되지 않은 물품을 외국에서 외국으로 인도하여 매각하고 그 대금을 국내에서 영수하는 거래방식을 말한다. 그리고 외국인수수입이란 물품을 외국에서 조달하여 외국의 사업현장에서 인수하고 그 대금을 국내에서 지급하는 거래방식을 말한다.

---

20) 대외무역법시행령 제20조 제1항

(3) 위탁가공무역(委託加工貿易)과 수탁가공무역(受託加工貿易)

위탁가공무역은 가공임을 지급하는 조건으로 가공할 원자재의 전부 또는 일부를 통상 무상으로 외국의 거래 상대방(임가공업자)에게 수출하여 이를 가공한 후 가공 물품을 국내에 재수입하거나 제3국에 판매하는 수출입거래를 말한다. 그리고 수탁가공무역은 위탁가공무역과 정반대의 거래형태로서 가공임을 취득할 목적으로 외국의 거래 상대방의 위탁에 따라 원자재의 전부 또는 일부를 무상으로 수입하여 이를 국내에서 가공한 후에 외국의 위탁자 또는 위탁자가 지정하는 제3자에게 재수출하는 거래를 말한다.

(4) 위탁판매수출(委託販賣輸出)과 수탁판매수입(受託販賣輸入)

"위탁판매수출"이란 물품 등을 무환으로 수출하여 해당 물품이 판매된 범위 안에서 대금을 결제하는 계약에 의한 수출을 말하며 "수탁판매수입"이란 물품 등을 무환으로 수입하여 해당 물품이 판매된 범위 안에서 대금을 결제하는 계약에 의한 수입을 말한다. 위탁·수탁판매 거래는 수출자가 물품의 소유권을 수입자에게 이전하지 않고 수출자가 자기 책임 하에 수입국에 물품을 수출한 후 판매된 범위 내에서만 대금을 영수하고, 판매 잔량에 대하여는 계약 기간 만료 후 반송 받거나 제3자에게 판매하는 거래를 말한다.

(5) 임대수출(賃貸輸出)과 임차수입(賃借輸入)

"임대수출"이란 임대(사용대차를 포함한다. 이하 같다) 계약에 의하여 물품 등을 수출하여 일정 기간 후 다시 수입하거나 그 기간의 만료 전 또는 만료 후 해당 물품 등의 소유권을 이전하는 수출을 말하며 "임차수입"이란 임차(사용대차를 포함한다. 이하 같다) 계약에 의하여 물품 등을 수입하여 일정 기간 후 다시 수출하거나 그 기간의 만료 전 또는 만료 후 해당 물품의 소유권을 이전받는 수입을 말한다. 임대차방식 수출입거래는 임대차계약에 따라 물품의 임대료를 영수하거나 임차료를 지급하는 조건으로 물품을 수출하거나 수입한 후 임대차계약시간 종료 후 임대 물품이나 임차 물품을 재수입 또는 재수출하거나, 임대차계약 기간 종료 전 또는 종료 후에 소유권을 이전받는 수출입거래를 말한다.

(6) 연계무역(連繫貿易)

"연계무역"이란 물물교환(Barter Trade), 구상무역(Compensation trade), 대응구매(Counter purchase), 제품 환매(Buy Back) 등의 형태에 의하여 수출·수입이 연계

되어 이루어지는 수출입을 말하며 수출업자가 수출대금의 일부 또는 전부를 수입업자의 물품으로 지불받음으로써 수출입대금을 상호 연계시키는 무역거래이다.

① Barter Trade(물물교환)

환거래가 수반되지 않으며 하나의 계약서로 상품을 1 : 1로 교환한다.

② Compensation Trade(구상무역)

수출액의 일부 또는 전부를 상대방의 물품을 구매함으로 상계 되는 무역거래로 하나의 계약서로 거래가 성립된다. 구상무역에 사용되는 신용장은 통상 Back to Back L/C, Escrow L/C 등 특수신용장이 이용된다.

③ Parallel(Counter) Purchase(대응구매)

수출액의 일정 비율에 상당하는 상품을 대응 수입해야 한다는 점에서는 구상무역과 비슷하나, 수출과 수입이 별도의 계약서나 일반 신용장에 의해 이행된다는 점이 다르다.

④ Buy Back(제품 재구매)

수출자가 수출한 기술, 플랜트, 기계를 사용하여 생산한 제품을 다시 수입하는 계약으로써 수출대금의 회수는 생산된 제품의 구매로써 이루어진다.

3) 특정거래형태의 실무

(1) 중계무역(中繼貿易)

① 중계무역의 의의

중계무역(intermediary trade)은 수출할 것을 목적으로 물품을 수입하여 관세법 규정에 따른 보세구역 및 보세구역 외 장치의 허가를 받은 장소 또는 자유무역지역 이외의 국내에 반입하지 아니하고 이를 제3국으로 수출하는 수출입 거래방식으로써 수입한 상품을 원상태 그대로 수출하여 수출대금 영수액과 수입대금 지급액과의 차액에 해당하는 가득액을 취하는 거래방식이다. 우리나라의 대외무역법에서 인정하고 있는 중계무역은 물품이 중계국인 우리나라를 경유하는 경우는 물론 물품이 중계국을 경유하지 않고 최초 수출국에서 최종 수입국으로 직접 인도되는 경우까지를 포함하고 있다.

② 중계무역의 수출실적 인정금액

중계무역은 가득액을 수출실적 금액으로 인정하며 이때 취하는 가득액은 수출금액에서 수입금액을 공제한 금액으로써 이를 중계차액이라 하며, 현재 대외무역법상, 이 중계차액만을 수출실적으로 인정한다.

(2) 외국인도수출

① 외국인도수출의 의의

외국인도수출이란 수출대금은 국내에서 영수하지만 수출할 당시 국내에서 수출통관 절차가 일어나지 않고 외국에 소재하고 있는 수출상 소유의 물품을 외국에서 외국으로 인도하는 수출을 말한다. 외국인도수출방식은 산업설비수출, 해외건설, 해외투자 등 해외사업현장에서 사용한 기자재를 국내로 반입하지 않고 이를 다시 매각할 때나 항해 중이거나 어로 중인 선박을 현지에서 매각하는 경우에 사용하는 거래형태이다.

② 외국인도수출의 수출실적 인정금액

외국인도수출은 수입상으로부터 지급된 외국환은행의 입금액 전액을 수출실적으로 인정한다. 중계무역의 경우에는 해외에서 물품을 구입하므로 해외 공급업체로 대금결제가 이루어지지만, 외국인도수출의 경우에는 물품의 소유권이 수출상에게 있으므로 물품 대금을 결제할 필요가 없다.

(3) 외국인수수입

외국인수수입이란 수출대금은 국내에서 지급되지만 수입 물품은 외국에서 인수하는 수입을 말한다. 외국인수수입은 해외에서 산업설비수출, 해외건설, 해외투자, 위탁가공무역 등의 사업을 추진하는 데 있어서 필요한 기자재 및 원자재를 외국(제3국 또는 현지)에서 수입할 필요가 있을 때 운송시간과 경비를 절감하기 위하여 해당 물품은 외국의 사업현장에서 직접 인수하고 수입대금을 국내에서 지급하는 거래형태를 말한다.

(4) 위탁가공무역

① 위탁가공무역의 의의

위탁가공무역이란 가공임을 지급하는 조건으로 외국에서 가공(제조, 조립, 재생, 개조를 포함한다)할 원자재의 전부 또는 일부를 통상 무상으로 외국의 거래 상대방(임가공업자)에게 수출하여 이를 가공한 후 가공 물품을 국내에 재수입하거나 제3국에 판매하는 수출입거래를 말한다.

이와 같은 가공무역방식 수출입은 외국의 저렴하고 숙련된 노동력을 이용하거나

고도의 기술을 이용하고자 할 경우 해외 현지 생산의 일환으로 이용하는 수출입거래이다.

위탁가공무역은 현재 주로 중국, 베트남, 방글라데시, 스리랑카, 인도네시아, 과테말라 등의 저렴한 노동력을 활용하기 위하여 활발하게 채택되고 있으며, 향후 북한과의 교역이 활발해지면 그 활용도가 높을 것으로 예상한다.

이처럼 위탁가공무역은 섬유나 일부 전자산업 등 노동집약적인 사양산업의 경우 국내에서 생산하면 더 수출경쟁력을 유지할 수 없음에 따라 산업구조 조정과정을 통하여 국내의 유휴설비를 해외에 이전하는 해외투자와 연계하여 파악할 수 있다.

② 위탁가공무역의 수출실적 인정금액

위탁가공무역은 수입상으로부터 지급된 외국환은행의 입금액 중에서 원자재 수출금액 및 가공임을 공제한 가득액을 수출실적으로 인정한다.

5 품목관리제도

1) 무역업고유번호

무역업은 정부의 허가를 받아 할 수 있었으나 1993년 등록제로 변경되었고 1997년 무역업에 대한 관리체계를 등록제에서 신고제로 전환하였으며 이후 2000년 1월 1일 자로 무역업 신고제마저 폐지하고 완전 자유화가 이루어졌다. 무역업을 영위하고자 하는 자는 사업자소재지 관할 세무서에 방문하여 무역업 사업자등록증을 발급받고 관세청으로부터 통관고유부호를 부여받으면 누구든지 자유롭게 무역업을 영위할 수 있다. 수출입 신고 시 사업자등록번호와 통관고유부호는 필수적이다.

무역업고유번호는 한국무역협회(본부와 지역본부)로부터 부여받는데 수출입신고 시 필요한 것은 아니며 수출입실적 증빙을 위해서 필요한 번호이다. 이 번호가 없으면 한국무역협회로부터 수출입실적 증빙을 발급받을 수 없다.

① 산업통상자원부 장관은 법령에 따른 전산 관리체제의 개발·운영을 위하여 무역거래자별 무역업고유번호를 부여할 수 있다.

② 무역업고유번호를 부여받은 자가 합병, 상속, 영업의 양수도 등 지위의 변동이 발생하면 무역업고유번호를 유지 또는 수출입실적 등을 승계받을 수 있다.

③ 무역업고유번호를 부여받으려는 자는 우편, 팩시밀리, 전자우편, EDI 등의 방법으로 한국무역협회장에게 신청하여야 하며, 한국무역협회장은 접수 즉시

신청자에게 고유번호를 부여하여야 한다.

④ 한국무역협회장은 규정에 따른 무역업고유번호부여 및 변경사항을 확인하고, 무역업고유번호관리대장 또는 무역업 데이터베이스에 이를 기록 및 관리하여야 한다.

※ 대외무역관리규정 제24조(무역업 고유번호)

2) 수출입 품목관리제도

수출입 품목관리제도는 수출과 수입에 대한 직접적인 규제방식으로서 개별품목의 수출입 제한 여부에 대한 종합관리체계이다. 수출입 품목관리는 대외무역법에 근거한 수출입공고와 개별법에 따른 제한내용을 취합해서 공고하는 통합공고로 이루어져 있다.

수출입 품목관리에 대한 관리체계는 자유무역을 원칙으로 하고 제한이 필요한 경우에 한하여 수출입공고, 전략물자수출입고시 등에서 지정·고시하고 있으며 이 이외의 품목은 자유롭게 수출입을 할 수 있다.

(1) 수출입공고

이 고시는 대외무역법 규정에 따라 물품 등의 수출 또는 수입의 제한·금지·승인·신고·한정 및 그 절차 등에 관한 사항을 규정한 산업통상자원부장관의 고시를 말하며, 수출금지품목, 수출제한품목, 수입제한품목을 고시하고 있다. 수출금지품목에는 고래고기, 자연석, 개의 생 모피, 개의 모피, 개의 모피제품이 있다. 수출제한품목에는 규사, 자갈 등이 있으며, 수입제한품목에는 항공기, 우주선 관련 제품이다. 수출·수입제한품목은 관련 기관의 수출·수입승인을 받으면 수출입을 할 수 있다.

품목별로 수출입을 금지하거나 제한하고 있지 않으면 자유롭게 수출입을 할 수 있다. 수출입공고는 산업통상자원부 홈페이지에 방문하여 확인할 수 있다.

• www.motie.go.kr → 예산·법령 → 고시 → 수출입공고
  별표 1 : 수출금지품목, 별표 2 : 수출제한품목, 별표 3 : 수입제한품목

┃표 1-5┃ 수출입공고

구분	내용
별표 1	수출금지품목 : 다음의 것은 수출할 수 없음. HS 0208(고래고기) : 0208.40, 0210.90, 0210.92 HS 2516(자연석) : 2516.10, 2516.11, 2516.12, 2516.20 HS 4301(개의 생 모피) : 4301.80, 4301.90 HS 4302(개의 모피) : 4302.10, 4302.19, 4302.20, 4302.30 HS 4303(개의 모피제품) : 4303.90
별표 2	수출제한품목 : 다음의 것은 한국골재협회의 승인을 받아 수출할 수 있음. HS 2505(천연 모래) : 2505.10, 2505.90 HS 2517(자갈, 왕자갈, 쇄석) : 2517.10, 2517.41
별표 3	수입제한품목 : 한국항공우주산업진흥협회의 승인을 받아 수입할 수 있음. (일부 품목은 HS 4단위인 호만 기재하였으므로 10단위인 HSK는 산업통상자원부 홈페이지에서 직접 확인 바람.) HS 3920.99.1000, 4011.30.0000, 4012, 4013.90.1000, 4016.99.1010, 7007, 8407.10.0000, 8409.10.0000, 8411, 8412, 8413, 8414, 8802, 8803, 8804, 8805, 9104, 8414, 8421

(2) 통합공고

통합공고는 여러 법률에 산재되어 있는 수출입의 요건·절차에 관한 사항을 무역업자가 쉽게 파악할 수 있도록 하나의 공고에 통합하여 놓은 것으로서 대외무역법 규정에 따라 대외무역법 이외의 다른 법령에서 해당 물품의 수출입의 요건 및 절차 등을 정하고 있는 경우에 수출입 요건확인 및 통관 업무의 간소화와 무역질서 유지를 위하여 다른 법령이 정한 물품의 수출입의 요건 및 절차에 관한 사항을 조정하고 이를 통합 규정함을 목적으로 한다.

┃표 1-6┃ 통합공고

법령			
1	약사법	32	축산물위생관리법
2	마약류관리에관한법률	33	건강기능식품에관한법률
3	화장품법	34	농수산물품질관리법
4	식품위생법	35	방위사업법
5	검역법	36	수산물품질관리법 〈삭제〉(2013. 7. 3.)

법령			
6	유해화학물질관리법	37	수산업법
7	양곡관리법	38	고압가스안전관리법
8	비료관리법	39	영화및비디오물의진흥에관한법률
9	농약관리법	40	게임산업진흥에관한법률
10	가축전염병예방법	41	음악산업진흥에관한법률
11	식물방역법	42	하수도법
12	종자산업법	43	주세법
13	축산법	44	지방세법
14	품질경영및공산품안전관리법	45	총포 · 도검 · 화약류등단속법
15	전기용품안전관리법	46	출판및인쇄진흥법
16	계량에관한법률	47	의료기기법
17	석유및석유대체연료사업법	48	인체조직안전및관리등에관한법률
18	원자력안전법	49	지상파 텔레비전 방송의 디지털전환과 디지털방송의 활성화에 관한 특별법
19	전파법		
20	전기통신기본법	50	수산생물질병관리법
21	야생생물보호및관리에관한법률	51	사료관리법
22	폐기물의국가간이동및그처리에관한법률	52	생물다양성보전및이용에관한법률
23	대기환경보전법	53	폐기물관리법
24	소음 · 진동관리법	54	전기 · 전자제품및자동차의자원 순환에관한법률
25	자동차관리법		
26	산업안전보건법	55	액화석유의안전관리및사업법
27	오존층보호를위한특정물질의 제조규정등에관한법률	56	목재의지속가능한이용에관한법률
28	건설기계관리법	57	농수산생명자원의보존 · 관리및이용에 관한법률
29	먹는물관리법	58	기타특정물품의수출입절차또는 요령을정한법률및국제협약
30	자원의절약과재활용촉진에관한법률		
31	화학무기 · 생물무기의금지와 특정화학물질 · 생물작용제등의 제조 · 수출입규제등에관한법률		※ 36. 수산물품질관리법은 삭제됨. (2013.7.3.)

(3) 수출입공고와 통합공고

수출입공고상의 수출금지품목이나 수출입제한품목과 통합 공고상의 수출요령, 수입요령은 네거티브 방식(Negative List System)으로 규정하고 있으므로 수출입공고나 통합공고상에 나타나지 않은 물품은 수출·수입 승인이 자동으로 된 것으로 간주한다.

수출입공고와 통합공고는 서로 독립적으로 운영되므로 수출입공고 상에서 수출입이 금지되거나 제한되지 않는다고 하더라도 통합공고 상에서 수출입 요건이 요구되면 요건을 갖추어야 수출입이 가능하다.

표 1-7 수출입공고 및 통합공고

수출입공고	수출 금지품목 수출·수입 제한품목
통합공고	수출·수입요건을 갖추어야 수출입이 가능한 품목

3) 전략물자 수출입통제

(1) 전략물자수출입고시

전략물자수출입고시는 대외무역법에 따라 전략물자의 수출입통제에 관한 사항을 정함으로써 국제평화 및 안전유지와 국가안보에 기여함을 목적으로 한다. "전략물자"라 함은 이중용도품목 및 군용물자품목에 해당하는 물품 등(전략물자를 분리 가능한 부분품으로 포함하고 있는 물품 등을 포함)을 말한다.

(2) 전략물자의 허가기관은 다음과 같다.

① 산업통상자원부 장관 : 군용물자품목 중 일반방산 물자 및 기술

② 원자력안전위원회 위원장 : 이중용도품목, 원자력 전용품목에 해당하는 물품 등

③ 방위사업청장 : 군용물자품목에 해당하는 물품 가운데 수입국 정부가 군사목적으로 사용할 경우

- www.motie.go.kr → 예산·법령 → 고시 → 전략물자수출입고시

(3) 전략물자 사전판정제도

물품 등의 무역거래자는 전략물자관리원에 전략물자 사전판정을 신청할 수 있다. 전략물자 사전판정의 유효기간은 2년이다.

(4) 상황허가제도(Catch-All)

상황허가제도란 전략물자에는 해당하지 아니하나 대량파괴무기 제조용으로 전용될 가능성이 큰 경우 물자에 상관없이 모두(all) 통제(Catch)하는 제도이다.

표 1-8 전략물자 유효기간

내용	유효기간
수출허가, 상황허가, 중개허가 유효기간	1년
전략물자 및 상황허가 판정의 유효기간	2년
전략물자 판정에 관한 서류 보관 기간	5년

※ 대외무역법시행령 제36조, 42조, 대외무역법 제24조)

6 품목분류번호(HS)

1) 품목분류번호(HS)의 의의

HS는 "통일 상품명 및 부호체계에 관한 국제협약(The international convention on the Harmonized commodity description and coding System)"이며 HS는 Harmonized System의 약자이다. 이 협약에 의해 무역 거래 물품에 부여된 숫자를 HS라 한다. 수입물품의 관세율이나 수출입 요건, 전략물자 해당 여부 등은 모두 HS를 기준으로 하므로 HS를 정확하게 결정하는 것은 매우 중요하다.

품목분류체계에서 6단위까지는 세계적으로 통일된 분류체계이며 나머지 단위는 국가별로 다른 관리체계를 가지고 있다.

2) HSK

우리나라의 수출입 상품은 이 HS 분류에 의하여 관리되고 있는데 6단위 HS에 4단위를 합하여 모두 10단위 분류체계를 사용하고 있으며 이것을 HSK(The Harmonized System of Korea)라고 한다. HSK(HS of Korea)란 우리나라의 HS를 말한다. HSK는 총 10개의 숫자로 구성되어 있다. 이를 '10단위'라고 한다. 이 중 앞의 2단위를 '류(chapter)'라고 하고, 4단위까지를 '호(heading)'라고 하며, 6단 위까지를 '소호(sub-heading)'라고 한다. 10단위 중에서 앞의 6단위(소호)까지는 국제 공통이며, 뒤의 숫자들은 우리나라에서 별도로 부여한 것이다. 우리나라와 미국 등 많은 나라가

10단위를 사용하고 있지만, 중국은 8단위, 일본은 9단위를 사용한다. HS Code 결국 상품을 품목별로 체계화하여 부여한 고유번호이다.

3) 품목분류번호(HS)의 구성

구분	내용
부(section)	1-21부로 구성되어 있다.
류(chapter)	HS 앞부분 2단위를 의미하며 1-97류로 구성되었으며, 77류는 유보이다.
호(heading)	2단위인 류(Chapter)를 품목에 따라 세분한 것으로서 HS Code의 앞부분 4자리를 말한다.
소호 (sub heading)	4단위인 호를 품목에 따라 세분한 HS Code의 앞부분 5, 6자리를 말하며 소호(6자리)까지 국제적으로 공통으로 사용하며, 7단위부터는 각국이 자국의 상황에 맞게 통계 등의 목적으로 세분하여 사용할 수 있다. 우리나라는 10단위 체계를 사용하고 있으며 이를 HSK(HS of Korea)라 한다.
HSK 분류사례	(HSK 분류체계의 예) 61 02 30 2010 (류) (호) (소호) - 61 : Knit, 62 : Woven - 02 : 여성용 자켓, 오버코트, 01 : 남성용 - 30 : 인조섬유, 10 : 양모, 20 : 면제, 90 : 기타 - 2010 : 재질(100% Polyester)

| 표 1-9 | HS의 구조

대분류	중분류	소분류	세분류	세세분류
21부	97류	1,228호	5,609소호	11,293개
부	류	호	소호	통계부호
	Chapter	Heading	Sub-Heading	HSK
	2단위	4단위	6단위	10단위

4단위 호와 6단위 소호는 국제협약인 HS 품목분류에 의한 것이므로 기획재정부장관이나 관세청장이 임의로 변경할 수 없다.

4) 품목분류 사전심사제도

품목분류번호를 명확하게 파악하기 어려운 신제품이나 복합 상품의 경우에는 관세청에 품목분류 사전심사제도를 이용하면 된다. HS 품목분류에 의문이 있는 수출입자는 수출입신고를 하기 전에 관세청장에게 질의해 유권 해석을 받을 수 있다. 수출입자가 직접 품목분류 사전심사를 신청하거나 관세사가 대리인으로 신청할 수 있다. 사전심사 처리기한은 접수일로부터 30일 이내이며 사전심사 통지를 받은 날로부터 30일 이내 재심사를 신청할 수 있다.

※ 품목분류번호(HS) 검색

(1) www.customs.go.kr
관련누리집 → 관세법령포탈정보 → 세계 HS → 속견표

(2) www.tradenavi.or.kr

※ 외국 관세율 검색

(1) www.customs.go.kr
관련누리집 → 관세법령포탈정보 → 세계 HS → 속견표
오른쪽 희망국가 → 국기 click

※ 품목분류 번호 03 어패류를 확인한다면 그 요령은 다음과 같다.

◎ www.customs.go → 관련누리집 → 관세법령포탈정보 → 세계 HS → 속견표 → 03 → 0301110000 : 관세율뿐만 아니라 수출요령 및 수입요령을 확인할 수 있다.

| 표 1-10 | 품목분류번호(HS)

	0	1	2	3	4	5	6	7	8	9
0		산동물	육과	어패류	낙농품	동물성	산수목	채소	과실	커피
10	곡물	밀가루	종자	식물성	동물성	유지	어류	당류	코코아	곡물
20	채소	식품류	음료	사료	연초	토석류	광	연료	화합물	화합물
30	의료	비료	염료	향료	비누	효소	화약	필름	화학	플라스틱
40	고무	원피	가죽	모피	목재	코르크	조물	펄프	판지	서적
50	견	양모	면	섬유	인조	섬유	부직포	양탄자	직물	직물
60	Knit	Knit	Woven	기타	신발류	모자류	우산	우모	시멘트	도자
70	유리	귀금속	철강	철강	동	니켈	알루미늄	유보	연	아연
80	주석	비금속	비금속	비금속	보일러	전기	철도	차량	항공기	선박
90	광학	시계	악기	무기	가구류	완구	잡품	예술		

※ 수출입 요령 실습

◎ www.customs.go → 관련누리집 → 관세법령포탈정보 → 세계HS → 속견표 → 03 → 0301110000

국가		한국	해당년도	2020년
품목번호		0301.11-1000	단위(중량/수량)	KG / 단위표기
품명	국문	비단잉어		
	영문	Fancy carp		
간이정액환급				
원산지		원산지표시대상 (Y) [적정표시방법]		

I 세율 세율적용 우선순위

구분기호	2020년	관세구분
A	10%	기본세율
C	10%	WTO협정세율
R	0%	최빈국특혜관세
U	0%	북한산
FAS1	0%	한・아세안 FTA협정세율(선택1)
FAU1	0%	한・호주 FTA협정세율(선택1)
FCA1	0%	한・캐나다 FTA협정세율(선택1)
FCECR1	6%	한・중미 FTA협정세율_코스타리카(선택1)
FCEHN1	6%	한・중미 FTA협정세율_온두라스(선택1)
FCENI1	6%	한・중미 FTA협정세율_니카라과(선택1)
FCESV1	8%	한・중미 FTA협정세율_엘사바도르(선택1)
FCL1	0%	한・칠레FTA협정세율(선택1)

요건사항

• 수입

세관장확인	[수입수산물 원산지관리] [농수산물의 원산지 표시에 관한 법률] 농수산물의원산지표시에관한법률 [수입수산동물검역증명서] [수산생물질병 관리법] [수산생물질병 관리법] . 살아 있는 것으로서 이식용, 식용, 관상용, 시험·연구조사용으로 수입하는 것은 국립수산물품질관리원장에게 검역을 신청하고 수산생물검역관의 검역을 받아야 한다.(수산생물질병 관리법 제24조에 따른 수입금지지역에서 생산 또는 발송되었거나 그 지역을 경유한 지정검역물은 수입할 수 없음) [국제적멸종위기 동식물 수입허가서] [야생생물 보호 및 관리에 관한 법률] [야생생물 보호 및 관리에 관한 법률] . 통합공고 별표6에 게기된 국제적 멸종위기종(CITES)은 유역환경청장 또는 지방환경청장의 허가를 받아 수입할 수 있음. . 통합공고 별표8에 게기된 멸종위기야생생물은 유역환경청장 또는 지방환경청장의 허가를 받아 수입할 수 있음.
수출입공고	
통합공고	국립수산물품질관리원장(지원장포함)에게 검역을 신청하고 수산생물검역관의 검역을 받아야 한다.(수산생물질병관리법 제24조의 규정에 의한 수입금지지역에서 생산 또는 발송되었거나 그 지역을 경유한 지정검역물은 수입할 수 없음) [수산생물질병 관리법] 2. 통합공고 별표6에 게기된 CITES 규제대상품목은 유역환경청장 또는 지방환경청장의 허가를 받아 수입할 수 있음 [야생생물보호및관리에관한법률] 3. 통합공고 별표8에 게기된 멸종위기야생동 · 식물은 유역환경청장 또는 지방환경청장의 허가를 받아 수입할 수 있음 [야생생물보호및관리에관한법률]

• 수출

세관장확인	[수출허가서] [야생생물 보호 및 관리에 관한 법률] [야생생물 보호 및 관리에 관한 법률] . 통합공고 별표6에 게기된 국제적 멸종위기종(CITES)은 유역환경청장 또는 지방환경청장의 허가를 받아 수출할 수 있음. . 통합공고 별표8에 게기된 멸종위기야생생물은 유역환경청장 또는 지방환경청장의 허가를 받아 수출할 수 있음.
수출입공고	
통합공고	통합공고 별표6에 게기된 CITES 규제대상품목은 유역환경청장 또는 지방환경청장의 허가를 받아 수출할 수 있음. 통합공고 별표8에 게기된 멸종위기 야생생물은 유역환경청장 또는 지방환경청장의 허가를 받아 수출할 수 있음. [야생생물보호및관리에관한법률] 1. 통합공고 별표 9에 게기된 국외반출승인대상 생물자원은 지방환경관서의 장의 승인을 받아 수출할 수 있음 [생물다양성보전 및 이용에 관한 법률]

• 전략물자

전략물자 분류번호	품명	전략물자통제명	모델규격명	전략물자 통제상세 내용	제조자상호	비고내용
조회결과가 존재하지 않습니다.						

• 기타

조회결과가 존재하지 않습니다.

7 수출·입 절차

1) 매매계약전의 수출·입 절차

수출상과 수입상이 창업 시부터 거래 상대방과의 매매계약 체결 전까지의 수출·입을 위한 준비과정은 다음과 같다.

① 무역창업 결심(수출입 영업형태 결정)
② 업무 공간 마련(사무실 임대 계약 등)
③ 사업자등록증 신청 및 교부(세무서)
④ 통관고유부호 신청(관세청), 무역업 고유번호 신청(한국무역협회)
⑤ 수출·입 제품 결정
⑥ 제품에 대한 HS 확인 및 수출·입 요령 확인
⑦ 회사소개서와 거래제의서 작성
⑧ 홈페이지와 전자 카달로그 제작
⑨ 수출·입 경쟁력 분석(수입상 : 제품 soucing)
⑩ 해외시장조사 및 국내 시장조사(수입상)
⑪ 시장조사내용 분석
⑫ 거래대상국 선정
⑬ 바이어(혹은 Seller) 발굴
⑭ 거래제의서 발송
⑮ 수출입 청약 및 sample 발송(입수), 협상
⑯ 매매계약서 체결

2) 무역거래 기본 당사자와 수출·입 절차

(1) 매도인

물품을 수출하는 자로서 seller, exporter, shipper, consignor라 칭하며 신용장 거래 시에는 beneficiary라고 한다.

(2) 매수인

물품을 수입하는 자로서 buyer, importer, consignee라 칭하며 신용장 거래 시에는 applicant라고 한다.

(3) 수출입 절차

송금 결제방식의 거래는 수출입 절차가 단순하다. 반면에 신용장 방식은 송금이나 추심방식보다 절차가 복잡하다.

표 1-11 무역거래 기본 당사자

거래내용	수출상		수입상	
매매 관계	Seller	매도인	Buyer	매수인
무역 관계	Exporter	수출상	Importer	수입상
신용장 관계	Beneficiary	수익자	Applicant	개설의뢰인
환어음 관계	Drawer	발행인	Drawee	지급인
운송 관계	Shipper	선적인	Consignee	수하(화)인
	Consignor	송하(화)인		
계정 관계	Accounter	대금수령인	Accountee	대금결제인

■ 수출·입 절차

① 수출상이 해외 시장조사 등을 통해서 바이어에게 회사소개서 발송 혹은 수입상이 먼저 수출상에게 제품 조회(inquiry)

② 수출상이 판매 청약(offer) 혹은 수입상이 구매 청약(offer)
③ 수입상이 승낙(혹은 주문) 혹은 수출상이 승낙
④ 수입상과 수출상 간의 매매 계약서 체결(필수는 아님)

⑤ 수입상이 개설은행에 신용장 개설신청
⑥ 개설은행이 통지은행으로 신용장 개설
⑦ 통지은행이 수출상에게 신용장 통지 → 수출상은 생산 시작 혹은 구매

수출상이 세관에 수출신고
⑧ 수출상이 보험회사에 적하보험가입(가입이 의무인 경우와 위험관리차원)
⑨ 수출상이 선적준비 후 운송회사에 선적예약(S/R 발송)
⑩ 운송회사가 본선 적재 후 화물 운송
⑪ 운송회사로부터 선하증권(B/L) 수취

⑫ 수출상이 자신의 거래은행(매입은행)에 신용장 네고(nego)
⑬ 매입은행이 수출상에게 매입대금 지급
⑭ 매입은행이 개설은행으로 신용장 네고서류 발송

⑮ 개설은행이 수입상에게 서류 도착 통지
⑯ 수입상이 개설은행에게 수입신용장 대금 지급
⑰ 개설은행이 결제은행에게 대금 지급 지시
⑱ 결제은행이 매입은행으로 대금 송금

⑲ 운송회사가 수입상에게 화물 도착을 통보
⑳ 수입상이 운송회사에 B/L 혹은 L/G를 제시
㉑ 운송회사는 보세창고 앞으로 eD/O 발급 및 수입상은 물품 인수

※ 가격조건 CIF, 결제조건은 Sight L/C에 의한 해상운송 수출입 절차임.

■ 수출·입 절차 도해

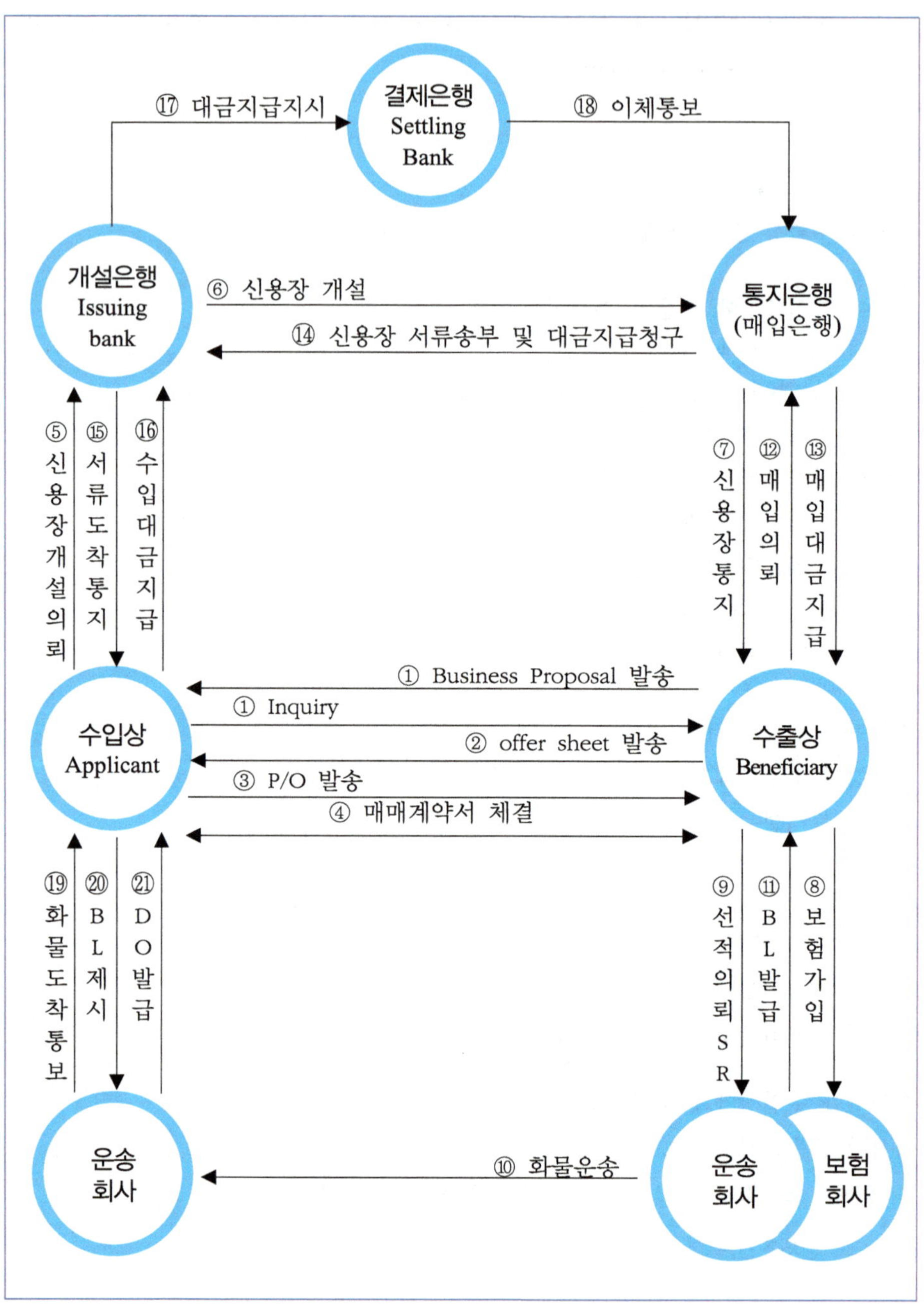

※ 가격조건 CIF, 결제조건은 Sight L/C에 의한 해상운송 수출입 절차임.

3) 수출·입 단계별 주요업무

(1) 마케팅 단계

마케팅 단계에서는 거래의 일방 당사자가 다른 당사자에게 거래제의를 하는 단계이다. 수출상이 거래제의를 먼저 할 수도 있고 수입상이 먼저 할 수도 있다.

① 수출상이 수입상에게 Business Proposal 발송 → 수입상의 거래의사표시

② 수입상이 수출상에게 Inquiry → 수출상의 거래의사표시

(2) 계약체결단계

다음에 기재된 매매계약의 내용은 매매계약의 체결 순서가 아니라 통상적인 계약 체결 방법 중 하나이다. 양 당사자가 의사의 합치만 한다면 이것 이외의 다른 방법으로도 매매계약은 성립될 수 있다.

① 수출상의 청약(Offer Sheet or Proforma Invoice) → 수입상의 승낙(Acceptance) → 매매 계약서 체결(option)

② 수출상의 청약(Offer Sheet or Proforma Invoice) → 수입상의 주문(P/O, Purchase Order) → 수출상의 주문승낙 → 매매 계약서 체결(option)

③ 수입상의 구매 청약(P/O, Purchase Order) → 수출상의 승낙 → 매매 계약서 체결(option)

④ 위의 ①, ②, ③의 과정이 없이 곧바로 수출상과 수입상이 매매 계약서 체결

(3) 결제단계

무역 대금결제방식에는 크게 3가지가 있다. 송금 결제방식, 추심결제방식, 신용장결제방식이다. 이 중에서 신용장 결제방식의 절차에 대한 설명이다.

① 개설의뢰인(applicant)의 신용장 개설신청
- 수입업체의 신용이 좋은 경우, 개설은행의 신용한도 내에서 무담보 개설
- 수입업체의 신용이 좋지 않은 경우, 개설은행은 담보 확보 후 신용장 개설

② 개설은행(issuing bank)이 통지은행(advising bank)으로 신용장 개설

③ 통지은행(advising bank)이 수출상(beneficiary)에게 신용장 통지
- 수출상은 청약서에 통지은행을 지정하여 수입상에게 요청할 수 있으나, 통지은행은 최종적으로 신용장 개설은행이 결정하여 통지함.

(4) 수출통관, 보험, 운송단계

① 수출상의 수출신고 → 세관의 수출신고 수리 → 수출신고필증 발급

② 수출상이 보험회사에 적하보험 부보
(CIF, CIP : 수출상의 의무조건, 'D'조건 : 수출상의 위험관리차원
* 선수금 결제방식을 제외하고 무역보험공사에 수출보험 가입
③ 수출상이 포워더(forwarder)에게 S/R(Shipping Request) 전송 → 운송주선인이 선박회사(Liner)에 선복(ship's space) 신청 → 본선 적재(on board) → B/L 발급(Liner → forwarder → 수출상)

(5) 선적서류 송부단계

① 송금 방식 : 수출상이 수입상에게 직접 송부
② 추심 방식 : 수출상이 추심의뢰은행에 제시
③ 신용장 방식 : 수출상이 매입은행(negotiation bank)에게 제시

(6) 네고(nego)단계

① 수출상(beneficiary)이 선적서류(shipping documents) 준비
② 수출상(beneficiary)이 매입은행(negotiation bank)에 매입(negotiation) 요청
③ 매입은행(negotiation bank)이 수출상에게 환가료 공제 후 대금 선지급
④ 매입은행이 개설은행(issuing bank)으로 선적서류 송부 및 대금 지급 요청

(7) 수입결제단계

① Sight L/C : 개설은행의 서류검토 → 개설의뢰인(applicant)의 대금결제 → 개설의뢰인(applicant)이 개설은행으로부터 서류 입수 → 개설은행이 매입은행에 즉시[21] 대금 지급
② Usance L/C : 개설은행의 서류검토 → 개설은행이 매입은행으로 인수통보(A/A, Acceptance Advise)[22] → 개설의뢰인(applicant)이 개설은행으로부터 서류 입수 → 개설의뢰인의 만기결제 → 개설은행이 매입은행에 만기에 대금 지급

(8) 수입통관단계

① 수입상이 개설은행으로부터 선적서류 입수
② 매수인의 수입신고 → 세관이 결재 → 관세 사전납부 → 세관의 수입신고 수리 → 수입신고필증 발급 → 관세 사후납부[23]

---

21) 선적서류를 접수한 다음 날로부터 늦어도 제5영업일 이내에 지급해야 한다.
22) 선적서류를 접수한 다음 날로부터 늦어도 제5영업일 이내에 인수통보를 해야 한다.
23) 수입 하주가 사후납부 요건에 해당하는 경우에는 수입신고수리일로부터 15일 이내에 관세

③ 수입상이 운송인[24]에게 선하증권(B/L) 원본 1부 혹은 L/G 혹은 Surrendered B/L 제시 → 운송인이 보세창고에 eD/O 발급 및 수입상에게 D/O(Delivery Order)[25] 사본 발급

- 신용장 방식인 경우 : 수입화물선취보증서(L/G, Letter of Guarantee)
- 무신용장 방식인 경우 : Surrendered B/L

④ 수입상이 보세창고에 방문하여 보세창고료 및 보세창고 화재보험료[26] 납부 → 수입신고필증, eD/O인 경우 사본, 종이 D/O인 경우 원본을 보세창고에 제시 → 물품 인도

를 납부할 수 있다. 국영기업, 외국인 투자기업, 3년 이상의 중소제조업체 등은 세관에 사후납부업체 신청을 하여 사후납부업체로 지정받을 수 있다.

24) 운송인이란 수입지에 있는 운송인을 의미하며, 수출국 운송인의 파트너 회사이다. 선하증권이나 항공운송장에 shipping agent(해상) 혹은 issuing carrier's agent name(항공) 등으로 기재된다.

25) 화물인도지시서

26) 보세창고 화재보험은 수입자의 의지와 상관없이 보세창고에서 가입하고 보험료는 수입자가 부담한다.

Chapter 02

무 역 계 약

1 국제규칙

1) Vienna Convention(1980)

무역거래가 국내거래와 다른 점은 국가간 서로 다른 관행과 법률일 것이다. UN 무역법위원회는 다른 사회적, 경제적 및 법률적 제도를 참작하는 통일규칙을 채택하는 것이 국제거래에서 법률적 장벽을 제거하는 데 공헌하며 또한 국제거래의 발전을 촉진할 것이라는 견지에서 "국제물품매매계약에관한 UN협약"을 제정하였다.

이 협약은 국제물품매매계약에 관한 국제법으로서 정식 영문명칭은 "United Nations Convention on Contract for the International Sale of Goods (1980)"이고 약칭하여 CISG(1980)이며 일명 "Vienna Convention(1980)"이라고 한다. 이것은 국제간 물품의 매매에만 적용되는 무역계약의 공통법으로써 UN의 국제무역법위원회(UNCITRAL)[1]가 1980년에 제정하였으며, 1988년부터 선진국을 중심으로 한 체약국[2] 간에 발효되어 무역 거래에 적용되고 있으며 우리나라는 2005년 3월 1일부터 이 협약의 적용을 받고 있다.

Vienna Convention(1980)에는 계약의 성립, 물품매매의 총칙, 매도인의 의무, 매수인의 의무, 위험 이전, 매도인과 매수인의 의무에 대한 공통규정, 계약위반 시 구제수단 등에 관한 규정을 설정하고 있다.

(1) 적용대상

Vienna Convention(1980)은 원칙적으로 다음과 같은 매매당사자의 물품매매 계약에만 적용된다.

① 서로 다른 국가 내에 영업소(place of business)를 둔 당사자 간의 매매계약이

---

1) https://uncitral.un.org/en/texts/salegoods/conventions/sale_of_goods/cisg/status
2) 2022년 1월 현재 94개국이 가입국이다.

어야 한다.

② 체약국 간의 매매인 경우에 적용됨을 원칙으로 하되, 예외적으로 간접적용도 허용된다.

③ 국제물품매매계약이어야 한다.
따라서 국내매매의 경우에는 이 협약이 적용되지 아니하며, 거래목적(대상)이 용역을 주로 하는 것인 경우에도 또한 같다.

④ 당해 계약이 민사적 성격(civil character)인지 상사적 성격(commercial character)인지 아닌지는 고려하지 않는다.
따라서 상업상의 매매계약은 물론이고, 상거래가 아닌 민사상의 매매계약 경우에도 이 협약은 적용된다.

(2) 적용배제의 대상

Vienna Convention(1980)은 위에서 설명한 원칙에도 불구하고 다음과 같은 국제매매계약에는 적용되지 아니한다.

① 물적 적용배제

가. 개인용(personal use), 가족용(family use) 또는 가사용(household use)으로 구매되는 물품

나. 주식(stock), 지분(share), 투자증권(investment security), 유통증권 (negotiable instrument) 또는 화폐(money)

다. 선박(vessel), 비행선(ship), 수상익선(hovercraft) 또는 항공기(aircraft)

라. 전력(electricity)

② 매매 방법상의 적용배제

가. 경매(auction)에 의한 매매

나. 강제집행(execution)이나 법률상의 권한에 의한 매매

③ 용역이 주된 대상이 되는 거래의 적용배제

이 협약에서는 제조 또는 생산된 물품의 공급계약은 이를 매매계약으로 본다. 그러나 다음과 같은 경우에는 이 협약이 적용되지 않는다.

가. 그 물품을 주문한 당사자가 그 제조 또는 생산에 필요한 재료의 실질적인 부분을 공급하기로 한 경우

나. 물품을 공급하는 당사자의 의무 대부분이 노무 또는 기타 용역의 제공을 내용으로 하는 경우

따라서 가공무역(processing trade) 또는 신축건물이나 산업설비(plant)의 수출입 등과 같이 용역이 주가 되는 거래는 이 협약이 적용되지 않는 것이다.

2) New York Convention(1958)

(1) 제정 취지

UN의 국제무역법위원회(UNCITRAL)[3]는 1958년에 “United Nations Convention on the Recognition and Enforcement of Foreign Arbitral Awards”의 약칭인 “New York Convention(1958)”을 제정하였다. 이것은 중재판정 효력의 국제성을 부여한 국제법으로써 중재판정의 판정결과는 외국에서도 간단한 집행판결만으로 강제집행 될 수 있다는 근거법이다. 즉, 이 협약에 가입한 협약국[4]끼리는 중재판정이 어느 국가에서 실시되었건 상관없이 가입국끼리는 집행판결을 통해 강제집행을 할 수 있다.

(2) 규정 내용

이 협약은 적용의 범위, 중재판정, 판정의 승인과 집행 절차, 승인과 집행의 신청, 승인과 집행의 거부 사유, 판정의 집행연기 등에 관한 규정을 두고 있다.

3) Incoterms 2020

인코텀즈(Incoterms : International Commercial Terms)는 무역 거래 관행상 보편적으로 사용되는 무역거래조건 해석에 관한 국제규칙으로서 1936년 국제상업회의소(ICC)가 제정한 이래 국제거래에 널리 통용되고 있는 정형거래조건(trade term)이다. 이것은 Vienna Convention(1980) 및 New York Convention(1958) 등과 같은 조약(treaty)의 성격을 지니지 못하며 국제적으로 널리 통용되는 상관습법(international customary law)의 성격을 지닌 것으로 임의규정에 해당한다. 임의규정이란 당사자의 의사에 따라 그 적용을 배제할 수 있는 규정으로 당사자가 사용하기로 계약서에 합의한 경우에만 적용될 수 있는 것을 의미한다.

Incoterms는 1953년에 개정된 후, 1967년과 1976년 보완을 거쳐 1980년에 대폭 정비 개정되었고 1990년과 2000년에 보완 개정되었으며 현재 사용되고 있는 최신 버전은 2020년 1월 1일부터 발효된 ‘Incoterms 2020’이다. ‘Incoterms 2010’ version

---

3) http://www.uncitral.org/uncitral → 검색창 : New York Convention 1958 → status : 가입국들을 파악할 수 있다.

4) 2022년 1월 현재 169개국이 가입국이다.

부터 종전의 "정형거래조건에 관한 국제해석규칙"에서 "국내 및 국제무역조건 사용에 관한 ICC규칙"으로 변경하여 국내거래 및 국제거래 겸용으로 사용할 수 있게 되었고 매매계약 조건 중 가격조건(price term)에 해당한다.

 청약과 승낙

1) 청약(offer)의 개념

(1) 청약의 정의

청약(請約)이란 영문명칭으로 offer라고 하며 매매거래의 조건을 구체적으로 상대방에게 제시하면서 그러한 조건으로 물품을 판매 또는 구매하겠다는 의사표시이다. 여기서 청약하는 자를 청약자(offeror), 청약을 받는 자를 피청약자(offeree)라 한다. Offer는 수출자인 매도인뿐만 아니라 수입자인 매수인도 할 수 있다. 그러나 현실적으로 매수인이 매도인에게 구매 청약(buying offer)을 먼저 하는 예도 있지만, 매도인이 하는 판매 청약(selling offer)이 대부분이다.

(2) 청약의 규정

Offer란 피청약자의 무조건·절대적 승낙(unconditional and absolute acceptance)이 있으면 계약을 성립시킬 것을 목적으로 한 청약자의 피청약자에 대한 일방적·확정적 의사표시이다. 오퍼는 확정적(definite)[5]이라야 하며, 상대방이 승낙(acceptance)할 경우 구속되겠다는 의사표시이다.[6]

오퍼에는 일반적으로 ① 당사자의 표시 ② 오퍼 한다는 문언 ③ 물품의 명세(품명, 규격, 소재, 용도 등), 수량, 가격조건, 선적조건, 대금결제조건, 포장과 하인 표시, 보험조건 등의 매매조건 ④ 발행 일자와 번호 ⑤ 유효기간(validity) 등이 기재된다.

Vienna Convention(1980)에서 청약의 성립요건[7]은 다음과 같다.

---

5) CISG 제14조 (1)항에서 청약은 물품(거래목적물), 수량, 가격을 정하거나 그 내용이 충분히 명확한 것으로 해야 한다고 명시하고 있다.

6) CISG(United Nations Convention on Contract for the International Sale of Goods) 제14조 1항 "A proposal for concluding a contract addressed to one or more specific persons constitutes an offer if it is sufficiently definite and indicates the intention of the offeror to be bound in case of acceptance."

7) CISG 제14조

① 1인 이상의 특정인(specific person)을 대상으로 할 것
② 그 내용이 충분히 확정적(sufficiently definite)일 것
③ 계약 체결의 제의일 것
④ 상대방(offeree)의 승낙이 있으면 계약을 성립시키겠다는 청약자(offeror)의 의사가 포함되어 있을 것

(3) 청약의 효력 발생 시기

오퍼는 상대방에게 도달하는 시점부터 효력을 발생하며[8] 상대방이 유효기간 내에 승낙(acceptance)하면 양 당사자 사이에는 계약이 성립된다.[9]

(4) 청약의 효력소멸

① 청약의 철회(withdrawal)
② 청약의 취소(revocation)
③ 청약의 거절(rejection)
④ 반대청약(counter offer)
⑤ 승낙기간(validity, expiry date)의 경과
⑥ 경상의 법칙(mirror image)에 위배되는 승낙
청약의 내용에 추가(addition), 제한(limitation) 또는 변경(modification)하여 행한 승낙이 청약자에게 도달한 때에는 청약은 그 효력을 상실한다.

(5) 반대청약

피청약자(offeree)가 청약의 내용 일부를 변경해서 원래의 청약자(offeror)에게 반대로 청약하는 것을 반대청약(대응청약, counter offer)이라 한다.

반대청약(counter offer)이 발생하게 되면 원래의 청약은 그 효력을 상실하게 된다. 따라서 원래의 청약자는 offeree가 되고 원래의 피청약자가 offeror가 된다.

(6) Firm offer(확정청약)와 Free offer(불확정청약 혹은 자유청약)

Firm offer(확정청약)는 유효기간(승낙기간)이 설정되어 있으며 일단 발행되어 그것이 법률상 청약으로써의 효력이 발생하면 당사자는 이에 구속되어 제시된 유효기간(expiry date) 내에는 청약자(offeror)가 그 내용을 변경하거나 취소(revocation)

8) CISG 제15조 제1항 : An offer becomes effective when it reaches the offeree.
9) CISG 제23조 "A contract is concluded at the moment when an acceptance of an offer becomes effective in accordance with the provisions of this Convention."

할 수 없는 청약이며 irrevocable offer이다. 이러한 확정청약은 청약자의 판매 또는 구매의 확정적 의사표시의 성격을 지니며 피청약자(offeree)가 승낙하면 그것만으로 계약이 성립된다.

Free offer(불확정청약 혹은 자유청약)는 유효기간이 설정되어 있지 않거나 혹은 유효기간이 설정되어 있더라도 offer에 제시된 매매조건이 변경될 수 있다는 문언 등이 설정된 offer이다. Free offer는 발행되어도 구속력이 없으며 청약자가 피청약자의 동의 없이도 언제든지 임의로 그 내용을 변경하거나 취소할 수 있는 revocable offer이다. Free offer는 청약자의 판매 또는 구매의 단순한 불확정적 구상이라는 성격을 지니므로 피청약자가 승낙을 하여도 그것만으로는 무역계약이 성립되지 않고 그 승낙에 대하여 청약자의 최종 확인이 있어야 비로소 계약이 성립된다는 점에 있어서 firm offer와 다르다.

표 2-1 Firm offer와 Free offer

구분	Firm Offer	Free Offer
유효기간(승낙기간)	유효기간이 제시되어 있음	유효기간이 제시되어 있지 않음
구속력	일단 발행되면 당사자는 이에 구속됨	발행되어도 구속력이 없음
취소 가능 여부	유효기간 이내에 취소할 수 없음	취소할 수 있음
최종 확인	필요치 않음	청약자의 최종 확인 필요

(7) 오퍼의 종류

① 발행 주체에 따라 : Selling offer와 Buying offer
② 발행 시기에 따라 : Original offer와 Counter offer
③ 확정력 유무에 따라 : Firm offer와 Free offer
④ 발행지에 따라 : 국내발행 offer와 국외발행 offer

(8) 청약의 거절, 철회, 취소

청약자의 청약을 피청약자가 거절(rejection)하면 그 효력이 소멸된다. 소멸 시기는 거절의 의사표시가 청약자에게 도달한 때이다.[10)]

청약의 철회(withdrawal)는 청약의 취소(revocation, cancellation)와는 달리 청약

10) CISG 제17조 : An offer, even if it is irrevocable, is terminated when a rejection reaches the offeror.

자가 청약의 효력이 발생하기 전에 임의로 의사표시를 회수함으로써 그 효력을 상실시키는 것이다.

확정오퍼(firm offer)라 할지라도 ① 그것이 상대방에게 도달하기 전에 ② 도달과 동시에 그 철회의 의사가 피청약자(offeree)에게 도달한 때에는 그 청약의 내용은 철회된다.11) 또한, 철회가 인정되는 경우에는 청약의 변경도 가능하다.

청약의 취소(revocation, cancellation)는 청약이 유효하게 성립된 후에 발생하는 것으로 청약이 유효하게 성립되기 전에 그 효력을 잃게 되는 철회(withdrawal)와는 그 의미가 다르다. 청약은 유효기간(승낙기간)이 설정되어 있지 않거나 취소 불능임이 표시되지 않은 경우에는, 상대방(offeree)이 승낙의 의사를 발송하기 전에 청약자의 청약 취소의 의사가 먼저 상대방에 도달한 때에 한하여 취소가 가능하다. 그러나 유효기간이 정해져 있거나 기타 방법으로 취소 불능임이 표시된 경우에는 청약의 취소가 불가능하다. 따라서 피청약자가 승낙의 의사를 발송한 후에는 취소가 불가능하며, 승낙의 의사가 발송되기 전이라 하더라도 위에서 열거한 취소 불능 사유에 해당하거나 승낙 의사의 발송 전에 청약자의 취소 의사가 먼저 피청약자에게 도달하지 않으면 그 의사표시는 취소할 수 없다.

2) 승낙(acceptance)의 개념

(1) 승낙의 정의

승낙이란 영문명칭으로 acceptance라 하며 승낙은 청약의 내용에 동의하여 계약을 성립시키겠다는 의사표시이다. Vienna Convention(1980)에서는 "청약에 대한 동의를 표시하는 피청약자의 진술 또는 그 밖의 행위는 승낙이 된다고 규정하고 있으며 침묵(silence)이나 어떠한 행위도 취하지 아니하는 것(inactivity) 그 자체로서는 승낙이 되지 아니한다."고 규정하고 있다.12)

(2) 의사실현에 의한 계약성립

청약(offer)에 대한 상대방(피청약자)의 승낙으로 무역계약(매매계약)이 성립되지만, 승낙의 절차를 별도로 밟지 않고서도 승낙이 있는 것으로 인정되는 경우에는 계약이 성립될 수 있다.

Vienna Convention(1980)에서는 "청약의 성격상 또는 당사자 간에 이미 확립된 관행이나 관습의 결과로서 피청약자가 청약자에게 아무런 통지 없이 물품의 발송

---

11) CISG 第15조 제2항
12) CISG 第18조 제1항

이나 대금의 지급과 같은 행위를 함으로써 동의의 취지를 표시하여도 무방한 경우에는 그 행위가 행하여짐과 동시에 승낙으로서의 효력이 발생한다."로 규정하고 있다.(Vienna Convention 제18조 제3항)

이처럼 청약을 받은 피청약자가 승낙의 절차를 거치지 않고 그 청약의 내용을 구체적으로 실행함으로써 계약을 성립시킬 수도 있는바, 이를 "의사실현에 의한 계약 성립"이라 부른다. 이러한 승낙에 갈음할 수 있는 또는 승낙을 포함하고 있는 행위 즉 청약의 내용을 적극적으로 실행하는 행위는 청약의 유효기간 내 또는 유효기간이 성립되어 있지 않은 청약의 경우에는 상당 기간 내(within a reasonable time)에 이루어져야 한다.(Vienna Convention 제18조제3항)

3) Offer sheet 작성 및 발송

오퍼에는 유효기간을 명시한 확정오퍼와 유효기간을 명시하지 않거나 유동조항이 있는 불확정 오퍼가 있다. 설정된 유효기간 내에 확실히 그 조건을 지킬 수 있는 상황이라면 유효기간을 명시한 확정오퍼를 발송해야 하겠고 반대로 원자재 가격 등락 및 기타 사유로 인하여 오퍼 조건을 변경시킬 수도 있는 상황인 경우에는 유효기간을 명시하지 않거나 혹은 유동조항을 명시함으로써 불확정 오퍼를 발송하는 것이 현명할 것이다.

매도인이 매수인에게 청약하는 서식에는 두 가지가 있다. Offer Sheet와 Proforma Invoice이다. 무역실무에서 청약은 매도인이 매수인에게 하는 selling offer가 일반적이며 청약에 사용되는 서식도 offer sheet가 일반적이다. 이와 아울러 selling offer를 할 때 사용하는 서식에는 Proforma Invoice가 있는데 실무현장에서 P/I라는 약칭으로 부른다.

■ 매도인의 Offer 양식

매도인(seller)이 매수인(buyer)에게 offer하는 서식(form)에는 두 가지가 있다.
① Offer Sheet(물품매도확약서)
② Proforma Invoice(견적송장)

iCOM CO., LTD

ROOM NO.1001, SH B/D #1500, SEOCHO GIL, SEOCHO-GU, SEOUL, KOREA
TEL : +82-2-598-1206 FAX : +82-2-598-1209

OFFER SHEET

Messrs.:

Our Ref.
Date

We are pleased to offer you on the following terms and conditions described as follow.

Origin : Republic of Korea
Shipment :
Destination :
Packing :
Payment : by
Validity :
Advising Bank :
Remark :

Unit :

No.	Commodity & Description	Q'ty	Unit Price	Amount
	Total			

Yours Very Truly.

______________________ ______________________

Accepted by

① *iCOM CO., LTD*

ROOM NO.1001, SH B/D #1500, SEOCHO GIL, SEOCHO-GU, SEOUL, KOREA
TEL : +82-2-598-1206 FAX : +82-2-598-1209

OFFER SHEET

②Messrs.: DAVID USA INC., ③Our Ref. IC200315DU
④Date Mar. 15, 2022

⑤We are pleased to offer you on the following terms and conditions described as follow.
⑥Origin : Republic of Korea
⑦Shipment : Within 30days after receipt of your L/C
⑧Destination : MANILA, PHILIPPINES
⑨Packing : EXPORT STANDARD CARTON PACKING
⑩Payment : by an irrevocable negotiable LC AT SIGHT in our favor
⑪Validity : Apr. 15, 2022
⑫Advising Bank :
⑬Remark :

⑭Unit : CIF MANILA IN USD/PC

No.	⑮ Commodity & Description	⑯Q'ty	⑰Unit Price	⑱Amount
	Total			

Yours Very Truly.

⑲Accepted by ⑳

■ Offer Sheet 작성요령 및 유의사항

번호	주요 내용
①회사명	청약자 회사이름과 주소를 기재
②Messrs	피청약자의 회사이름을 기재
③Our Ref.	Our Reference로써 청약자의 참조번호를 기재
④Date	청약하는 일자를 기재
⑤청약문구	청약한다는 문구를 기재
⑥Origin	청약하는 제품의 원산지를 기재
⑦Shipment	선적조건을 기재 선적조건 기재시 주의할 점은 선적은 몇 월, 며칠이라고 날짜를 확정하는 방법보다는 다음과 같은 방법으로 조건부로 명시하는 것이 효과적이다. - 신용장을 통지받은 날로부터 며칠 이내 혹은 T/T 선수금을 받은 날로부터 며칠 이내
⑧Destination	가격조건에 따라서 달라질 수 있으나 목적항 혹은 최종목적지를 기재한다.
⑨Packing	포장방법에 대하여 기재하며 특별한 포장방법을 합의하지 않는 경우에는 수출회사의 일반적인 포장방법을 명시한다.
⑩Payment	대금결제조건을 구체적으로 기재한다. "우리 회사를 수익자로 하는 취소불능 일람불 매입신용장"
⑪Validity	청약의 유효기간을 기재하며 free offer를 하고자 하는 경우에는 기재하지 않아도 된다.
⑫Advising Bank	신용장 결제방식의 경우에는 통지은행의 BIC(Bank Identifier Code)를 기재하고 만약 무신용장인 경우에는 송금 받고자 하는 은행의 BIC와 수출자의 은행 계좌번호(A/C)를 기재
⑬Remarks	한정된 청약서 양식으로 인하여 특별히 명시하고자 하는 기타 사항을 기재
⑭Unit	Incoterms 2020의 가격조건과 통화종류 및 제품 단위를 기재 "개(pc)당 미화로 운임보험료 포함(CIF) 가격임"
⑮Commodity	제품명과 제품의 상세 specification을 기재
⑯Q'ty	제품의 수량을 기재
⑰Unit Price	제품의 단가를 기재 이미 Unit에서 상세히 기재된 경우에는 화폐종류를 생략하고 금액만 기재하여도 된다.
⑱Amount	제품금액 총 합계를 기재
⑲Accepted By	이곳은 매수인이 서명하는 란이므로 공란으로 두면 된다.
⑳Yours Very	매도인의 대표이사 이름과 서명을 하는 곳으로써 실 서명을 하여도 되고 서명 감을 찍어도 된다.

iCOM CO., LTD.

Proforma Invoice

Messrs :

No. :

Date :

We are pleased to make the proforma invoice of the under mentioned articles as per conditions and details described as follows :

HS Code No.	Commodity & Descriptions	Quantity	Unit Price	Amount
Unit : FOB Busan in USD/PC				
Total				

Origin :
Packing :
Shipment :
Loading Port :
Destination :
Payment :
Insurance :
Inspection :
Remarks :

Thanks for your valued order. Please sign this proforma invoice and return into us an acknowledgement by fax.

Accepted by :

Yours faithfully.

______________________ ______________________

 주문과 주문승낙

1) 주문과 주문승낙의 개념

P/O는 Purchase Order의 약어로써 구매 청약(buying offer)의 기능과 주문서(order sheet)의 기능이 있다. 청약(請約)은 매도인뿐만 아니라 매수인도 할 수 있다. Offer Sheet와 Proforma Invoice가 제품을 판매할 목적으로 매도인이 매수인에게 발송하는 판매 청약(selling offer)의 서식이라면 Purchase Order는 그 반대로 매수인이 매도인에게 발송하는 구매 청약(buying offer)의 서식이며 주문서이다. 매도인의 청약에 대하여 매수인이 승낙하여도 계약이 성립되고, 그 반대로 매수인의 청약에 대하여 매도인이 승낙하여도 계약은 성립된다.

2) 매수인의 P/O 발송

매도인과 매수인이 사전에 일반거래협정문을 체결해 두지 않은 상태에서 매수인이 매도인에게 발송하는 P/O는 세 가지의 기능이 있다.

첫 번째는 이전에 거래 관계가 없었거나 혹은 매수인이 매도인의 offer를 받지 않는 상태에서 매수인이 희망하는 거래조건으로 매도인에게 P/O를 보내거나 이전에 거래 관계가 있는 경우 기존 거래조건을 기준으로 매도인에게 보내는 경우이다. 이런 경우의 P/O는 구매 청약(buying offer)이라고 말할 수 있다. 이때 매도인은 거절할 수도 있고 침묵[13]할 수도 있고 반대청약을 할 수도 있고 그 P/O가 만족스럽다면 즉시 승낙의 의사표시를 할 수도 있다. 만약 매도인이 매수인의 P/O를 승낙하였다면 매매계약은 성립된다.

두 번째는 매도인으로부터 offer를 받은 후 P/O를 보내는 경우이다. 만약에 그 P/O가 매도인의 offer와 같은 내용이라면 그 P/O는 주문서(order sheet)이다. 이런 경우에는 이미 양 당사자의 의사 합치가 이루어진 상태이므로 매도인의 별도 승낙이 없더라도 계약은 이미 성립되었다고 볼 수 있다. 그러나 추후 분쟁을 예방하기 위해서 반드시 승낙의 과정을 통해서 주문서를 확인해 주는 것이 안전하다.

마지막으로 세 번째의 경우이다. 만약 매수인이 매도인의 offer를 받고 그 내용과 다른 내용으로 P/O를 발송하였다면 그것은 counter offer라고 말할 수 있다. 이때 매도인은 그 P/O를 거절할 수도 있고 승낙할 수도 있다. P/O가 counter offer이면

---

13) 피청약자가 청약을 받고 침묵하거나 아무런 행위도 하지 않는 것은 청약의 승낙으로 볼 수 없으므로 그러한 경우에는 유효기간의 경과로 청약의 효력이 상실된다.(CISG 제18조)

침묵하지 말고 반드시 의사표시를 분명히 하는 것이 향후 분쟁을 예방할 수 있다.

매수인이 주문할 때 대부분 매수인이 매도인의 청약에 승낙하거나 P/O를 보내오지만, 일부 매수인들은 승낙의 과정을 생략하고 청약의 내용대로 직접 대금을 송금하거나 신용장을 개설하는 매수인도 있다. 무역계약은 불요식 계약적 성격이기 때문에 형식과 상관없이 양 당사자의 의사 합치만 이루어지면 계약은 성립된다. 그러나 되도록 매매 계약서를 체결하고 거래에 임할 것을 권장한다. 부득이 매매 계약서를 체결하지 않는 상태에서 거래하는 경우에는 "국제물품매매계약에 관한 UN협약"에서 명시하고 있는 매매계약의 성립요건을 충족시킨 후 거래하여야 하며 계약의 기본조건인 품질, 수량, 가격, 결제, 선적조건에 클레임 제기기한과 분쟁 해결조항, 준거법 등을 합의한 후 거래할 것을 권장한다.

John Fashion Ltd. 463 seventh avenue, 5th floor New York, NY Tel : Fax : www.johnfashion.com	**PURCHASE ORDER**

Messrs.
Junghyun Korea Co., Ltd.
2F, SH Bldg. No.337-6, Jangan-Gil,
Dongdaemoon-Gu, Seoul, Korea

P/O Number. : J23770
Date : Apr. 10, 2021

Description Ladies 100 pct Polyester Knit Jacket, CAT. 635, HTSUS NO. 6102.30.2010
Style no.15189M

Quality As per the sample no.JH102

Packing Hanging container

Quantity 2,500pcs

Unit Price US41.50

Amount USD103,750.00

Price FOB Busan Korea in USD/PC

Loading Port Busan, Korea

Discharge New York, USA

InsuranceCovered by Buyer

Payment By an irrevocable at sight Negotiation L/C in favor of JUNGHYUN KOREA CO., LTD.

Shipment 05/25/21

Authorized by David Hirsch/President

계약의 성립

1) 계약의 성립방법

(1) 승낙

청약의 내용에 동의하여 계약을 성립시키는 행위이다.

(2) 의사실현

의사실현이란 승낙의 과정을 생략하고 바로 물품 인도나 대금 지급 등의 계약 내용을 이행함으로써 매매계약을 성립시키는 행태이다.[14)]

(3) 매매 계약서 체결

매도인과 매수인이 매매 계약서에 서명함으로써 계약을 체결시키는 행위이다.

2) 매매계약의 성립

국제물품매매계약에 관한 UN협약〔Vienna Convention(1980)〕의 규정에 의하면 다음과 같은 거래의 경우는 매매계약이 성립된 것으로 볼 수 있다.

① 매도인의 판매 청약(offer)에 대한 매수인의 승낙(acceptance)
② 매도인의 판매 청약(offer)에 대한 매수인의 주문(P/O)
③ 매수인의 구매 청약(offer)에 대한 매도인의 승낙(acceptance)
④ 매도인의 판매 청약(offer)에 대한 매수인의 대금 지급(payment of the price)
가. 매도인의 T/T 선수금방식 요청에 대한 매수인의 선수금 송금
나. 매도인의 신용장 방식 요청에 대한 매수인의 신용장 개설
⑤ 매수인의 외상거래(O/A, Open Account)를 요구하는 청약에 대한 매도인의 물품 선적(dispatch of the goods) 후 선적통지
⑥ 매매 계약서의 체결

14) CISG 제18조 3항 "The offeree may indicate assent by performing an act, such as one relating to the dispatch of the goods or payment of the price, without notice to the offeror, the acceptance is effective at the moment the act is performed, provided that the act is performed within the period of time laid down in the preceding paragraph."

 계약서의 법적 성격과 개념

1) 매매계약의 법적 성격

매매란 법률적인 관점에서 보면 매도인은 물품을 인도하고 그 소유권을 양도할 것을 약속하고 매수인은 물품을 받으며 그 대금을 지급할 것을 약속하는 물품매매계약으로써 구체화한다. 국제매매계약은 다음과 같은 4가지 법률적 특성이 있다.

(1) 무역계약의 4가지 법률적 특성

① 무역계약은 매도인의 물품 인도에 대하여 매수인이 대금을 지급하는 유상계약이다.
유상계약은 무상계약의 반대 개념으로 금전적 대가를 부담하는 계약이다.

② Seller의 물품 인도(delivery) 의무와 Buyer의 대금결제(payment) 의무가 교차하는 쌍무계약(bilateral contract)이다.
쌍무계약은 매매계약의 성립과 동시에 양 당사자가 동시에 채무를 부담하는 계약이다.

③ Seller의 청약(offer)에 대한 Buyer의 승낙(acceptance) 또는 Buyer의 주문(order)에 대한 Seller의 주문승낙(acknowledgement)이 있어야 비로소 성립되는 낙성계약(consensual contract)이다. 낙성계약이란 일반의 제안에 대한 상대방의 승낙(혹은 주문승낙) 즉, 양방의 합의만 있으면 성립되는 것을 말한다.

④ 무역계약의 성립에는 일정한 형식이 필요하지 않은 불요식 계약적(informal contract) 성질을 가지고 있다. 무역계약은 특별한 요식 없이 구두나 행위 또는 서명에 의하여도 의사의 합치만 확인되면 계약이 성립된다.

(2) 계약서의 개념

무역계약은 매도인인 수출상과 매수인인 수입상 간의 책임의 범위를 명시한 문서이며 물품이 국제적으로 이동하는 수출입 물품매매계약을 비롯하여 대리점계약, 플랜트계약, 합작 투자계약 등을 포함하는 제계약을 의미한다.

무역계약의 기본적 계약은 매도인과 매수인 사이에 체결되는 국제물품매매계약(Contract for International Sale of Goods)이다. 이를 매도인 측에서 보면 수출계약(export contract)이며, 매수인 측에서 보면 수입계약(import contract)이다.

무역계약서를 체결해야 하는 이유는 양자의 의사의 합치인 청약과 승낙만으로도 계약은 성립되지만 거래 관계를 더욱더 명확하게 하려고 클레임 제기기한, 권리침

해조항, 분쟁해결방법, 준거법 등을 합의하여 향후 발생할 분쟁의 해결방법을 사전에 합의해 두기 위함이다.

무역 거래에 있어서 매매계약이 성립되어도 당사자 간에 계약서를 교부하는 것이 거래의 안전을 위하여 필요하다. 계약서의 교부와 관련하여 몇 가지 유의할 사항이 있다.

① 계약서는 "매도인과 매수인 사이에 특정의 물품을 특정의 조건으로 매매하기로 양자가 합의에 도달했다."라고 하는 인식(confirm)의 서류이다.[15] 당사자 간의 거래가 잘 이루어질 때는 계약서의 의미가 적으나 만일 분쟁이 발생하면 이를 해결하는 근거가 된다. 계약서는 계약이 유효하게 성립한 것을 확인하는 증빙서이다.

② 계약서는 매매계약의 성립을 확인하는 서류이기 때문에 매도인이나 매수인 어느 쪽이 발행하여도 상관없다.

③ 계약서는 2통을 발행하여 매도인과 매수인 양자가 서로 서명한 후 그 중 1통씩을 보관해 두어야 한다.

(3) 매매계약의 서식

매매계약을 성립시키는 서식에는 다음과 같은 것들이 있다.

구분	매도인이 작성	매수인이 작성
약식계약서[16]	Offer Sheet	Purchase Order
	Proforma Invoice	
정식계약서	Sales Note	Purchase Note
	Sales Contract	Purchase Contract

2) 무역계약의 내용

(1) 명시조건(express terms)

계약서에 명시되어 있는 조건으로, 거래의 기본이 되는 품질(quality), 수량(quantity), 가격(price), 선적(shipment), 대금 지급(payment), 포장(packing), 보험(insurance)

15) 양영환·오원석 공저, 무역영어, 삼영사, 1995, p.189.
16) 약식계약서란 정식계약서는 아니지만, 계약을 성립시키는 서식이므로 현업에서 통상 약식계약서라고 칭한다.

등의 조건과 불가항력(force majeure) 조항, 중재(arbitration) 조항 및 기타 조항 등이 있다.

명시조건 중 품질, 수량, 가격, 선적 등의 기본적 조건은 거의 거래 시마다 offer와 acceptance를 통하여 확정되는 반면 불가항력이나 중재조항 등은 거의 모든 거래에 공통적인 조항으로 거래 시마다 변동될 필요가 없는 조항이다. 그러므로 거래의 신속성과 편의성을 위해 공통적인 조항은 미리 일반협정서를 통하여 확정해 두고 전자와 같은 가변적 조항은 offer와 acceptance로 확정하는 것이 좋다.

매매당사자는 계약 체결할 때 계약 내용을 거래관습이나 준거법에 따르는 것이 불확실하다고 판단되면 이를 명시하는 것이 거래의 안정성을 위하여 바람직하다.

(2) 묵시조건(implied terms)

매매 계약서나 일반거래조건협정서에 명시되지 않는 조건은 대부분 무역관습(trade customs)에 따른다. 무역관습은 당해 무역 거래에서 확립된 관습으로 당사자들이 알고 있거나 당해 거래와 관련된 계약을 체결하는 자들에게 널리 알려져 있고 통상적으로 준수되고 있는 관행이다. 대표적인 거래관습 중 매매관습은 정형거래조건(trade terms)이다. 각 조건은 물품의 인도에 따른 당사자의 의무에 관한 내용이 내포되어 있으므로 이를 묵시조건이라고 한다.

매매당사자들을 위하여 매매관습을 정형화한 대표적인 정형거래조건이 1936년 국제상공회의소가 제정한 Incoterms이다.

(3) 준거법

준거법(governing law, proper law, applicable law)은 국제사법에 따라 어떠한 법률관계에 적용될 법률이다. 이는 법률행위(대부분이 채권행위임)의 성립 및 효력에 관하여 당사자의 의사에 의하여 적용할 법으로써 통상 계약서상에 명시된다. 만약 당사자가 계약서상에 준거법을 명시하지 않은 경우는 행위지법에 따른다. 그러나 실제적으로는 당사자의 의사가 분명하지 아니하다고 하여 바로 행위지법이 적용되는 것이 아니고 당사자들이 인정할 수 있을 만한 관습(법)이나 다른 관행이 있으면 그것을 먼저 적용하고, 그것마저도 없으면 행위지법이 적용된다고 해석되고 있다.[17]

준거법은 당사자가 체결한 매매 계약서의 해석에 관하여 분쟁이 발생하는 경우와 당사자가 사전에 합의하지 않는 분쟁이 발생하는 경우 적용되는 법률이다. 매

---

17) 한국무역협회 무역아카데미, 무역계약실무, 2002-1, p.104.

매 계약서를 체결하지 않았더라도 offer sheet나 Purchase Order에 준거법을 명시해 두면 사전에 분쟁을 예방하는 길이 될 것이다.

준거법은 계약자유의 원칙에 따라 당사자가 합의하여 정할 수 있으며 매매계약 체결 시 준거법을 명시하는 것이 좋다. 준거법은 양 당사자가 함께 받아들일 수 있어야 하며 그런 의미에서 국제적으로 인정되고 승인된 "국제물품매매계약에 관한 UN협약"을 준거법으로 하는 것이 가장 바람직하다. 만약 계약의 양 당사자 국가 모두가 "국제물품매매계약에 관한 UN협약"에 가입되었다면 준거법을 정하지 않았다 하더라도 이것이 준거법이 될 수 있으며 양 당사자 국가가 모두 "국제물품매매계약에 관한 UN협약(CISG)"에 가입되었다 하더라도 별도의 준거법을 합의해 두었다면 그 합의된 법률이 우선된다.

무역계약 시 분쟁을 중재(arbitration)로 해결하기로 합의하였다면 무역계약에는 그 계약서 자체에 대한 준거법을 정해야 하는 것은 물론, 중재의 절차에 관한 중재의 준거법도 정해두어야 한다. 중재의 준거법과 관련하여 가장 권장하고 있는 상사중재에 관한 준거법에 관하여 「UNCITRAL Arbitration」(1976)에서는 당사자 간의 합의를 최우선으로 하고 합의가 없을 때는 중재판정부가 적당하다고 생각되는 섭외사법(涉外私法)의 원칙에 따라 결정된 법을 적용하도록 규정하고 있고(제32조 제1항), New York Convention(1958)에서는 당사자 간의 합의를 최우선으로 하고 합의가 없을 때는 중재지법 또는 중재판정부의 지정법을 준거법으로 하도록 규정하고 있으므로 계약당사자는 매매계약의 체결 시에 중재조항과 중재에 관한 준거법을 명시하는 것이 좋다.[18)]

결국, 준거법은 계약서 자체에 대한 준거법[19)]과 중재의 준거법[20)] 두 가지를 모두 명시해 두는 것이 분쟁을 예방하는 지름길이 될 수 있다.

준거법 예문 1

Article 17. Arbitration → 중재에 관한 준거법 조항의 예

All disputes, controversies or differences which may arise between the parties, out of or in relation to or in connection with this contract or for the breach thereof, shall be finally settled by arbitration in Seoul, Korea in accordance with <u>the Commercial Arbitration Rules</u> of The Korean Commercial Arbitration Board.

18) 오원석, 무역계약론, 삼영사, 1998, p.24.
19) 계약의 해석에 관한 준거법
20) 중재의 절차에 관한 준거법

The award rendered by the arbitrator(s) shall be final and binding upon both parties concerned.

Article 18. Governing Law → 매매계약의 준거법 조항의 예
This Agreement shall be governed in all respects under and by the laws of Korea.

준거법 예문 2

Arbitration. 16 → 중재에 관한 준거법 조항의 예
Any disputes, controversies or differences arising hereunder, out of or in relation to the contract shall be settled through binding arbitration pursuant to the Korean-U.S. Arbitration Agreement with arbitration to take place in Seoul, Korea.

Article 21. Governing Law → 매매계약의 준거법 조항의 예
This Agreement shall be construed in accordance with the Vienna Convention(1980).

6 무역계약 체결방법

1) 개별계약(Case by Case Contract)

개별계약방법은 매 거래 건별로 거래내용을 확정한 후 수출입 계약서를 작성하는 방법이다. 개별계약방식에 의한 수출입 계약서는 표면과 이면 양면으로 구성되어 있다. 표면 약정에 포함되는 사항은 거래 건별로 확정해야 하는 개별약정 사항으로 당해 거래 물품의 품질 수준, 수량 및 가격 등 거래상품에 관한 사항과 개별 거래 별로 계약을 이행하기 위한 선적 일자, 결제방법 및 보험조건 등이 여기에 해당한다. 즉, 표면조항은 개별거래조항으로써 매 거래 시마다 결정해야 하는 사항들이다.

이면 약정사항은 「무역거래일반조건(General Terms and Conditions)」으로써 무역계약의 당사자가 계약상 권리와 의무의 당사자인 본인 대 본인 계약(Principal to Principal Basis Contract)이라는 점과 계약서 표면 약정사항인 품질, 수량, 가격 및 선적조건 등 개별약정사항을 해석하는 기준을 정하게 된다. 그리고 계약불이행과

관련한 조항으로써 불가항력 조항, 클레임 조항, 중재조항 및 준거법 조항 등 수출입 거래 시 일반적으로 적용되는 공통사항이 여기에 포함된다.

2) 포괄계약(Master Contract)

포괄계약방법은 일반적으로 같은 거래 상대방과 지속적으로 거래가 이루어지는 경우에 채택하는 방법이다. 이는 개별계약방법을 택할 경우 매 거래 시마다 수출입 계약서를 작성하는 번거로움을 피하기 위한 것이다. 이때 수출입거래당사자는 당사자 간의 향후 수출입거래준칙으로써 일반거래조건협정(Agreement on General Terms and Conditions of Business)을 수출입계약으로 작성하며, 여기에는 개별계약 체결 시 무역계약서 이면 약정사항에 포함되는 무역 거래 일반약정(General Terms and Conditions)사항과 거래 건별로 주문(order)을 확정하는 방법 등이 포함된다. 이에 따라 개별거래 시에는 총괄계약서에서 정한 방법에 따라 간단한 P/O 혹은 appendix를 교환함으로써 거래를 진행한다.

포괄계약을 의미하는 영문 표현은 아래와 같다.

- Memorandum of General Terms and Conditions of Business(일반거래조건협정서)
- General Agreement
- Master Contract

 무역계약의 기본조건

수출상인 매도인과 수입상인 매수인 사이에 물품의 매매이행에 앞서 기본적으로 매매의 기본이 되는 조건들을 합의하여 문서로 작성해 두어야 후일에 발행할 수 있는 분쟁을 예방할 수 있다.

1) 품질조건(Terms of Quality)

제품의 품명은 거래의 대상이 되는 상품의 명칭이며 품종은 그 종류이다. 품명이나 품종은 그 종류가 많고 같은 것이라도 국가에 따라 호칭이 다르므로 국제거래에서도 혼란을 피하고자 해당 상품의 품질, 규격, 등급 및 색상 등에 대하여 합의하여 두는 것이 필요하다.

오늘날 무역분쟁의 가장 많은 비중을 차지하고 있는 요인은 품질 불량이라는 현실로 볼 때, 매매계약의 당사자는 계약서에 품질의 결정방법, 품질의 결정 시기,

품질의 책임조건 등에 대하여 사전에 합의해 주는 것이 좋다.

(1) 품질의 결정방법

① 견본품 매매(sales by sample)

견본은 매매되는 물품 일부이지만 전체를 대표하는 역할을 한다. 따라서 일반 물품의 거래에서 품질의 기준으로 견본을 주로 이용하고 있다. 견본매매란 매도인이 인도하는 물품이 견본과 일치할 것을 약정하는 것을 말한다.[21)]

매도인이 제시한 견본을 기준으로 할 때 그 견본을 seller's sample이라 하고, 매수인이 제시한 견본을 buyer's sample이라고 한다. 또한, 당사자 일방이 제시한 견본품(original sample)에 대하여 수정 제시할 때 counter sample이라고 하고, 최종적으로 seller가 보낸 sample을 제품의 견본으로 하기로 바이어에 의하여 최종 confirm 된 sample을 approved sample 혹은 quality sample이라고 한다. 그러므로 견본품 매매란 결국 바이어가 승인한 quality sample로 거래한다는 의미이다.

가. 매도인의 입장에서 견본품 매매에 적절한 표현

- Quality to be as per sample(○)
- Quality to be similar to sample(○)

나. 매도인의 입장에서 견본품 매매에 적절하지 않은 표현

- Quality to be same as sample(×)

② 명세서 매매(sales by specification/description)

선박, 선반, 공작기계, 대형 운반기계, 의료기기, 철도차량 등 내구재의 거래나 산업설비(plant) 등의 거래 시에는 물품의 소재, 구조, 규격 등을 기재하고 그 설계도를 청사진(blue print)으로 설명한 명세서(specification)나 설명서(description)로 물품의 품질을 약정하는 방식이다.

- Description(설명서)
- Specification or Dimensions(명세서)
- Illustrated catalogue(도해목록)
- Plan or Blue print(설계도 또는 청사진)

---

21) 매매 계약서 조항의 예 : "The sellers shall guarantee all shipment to conform to samples with regard to quality and conditions."

③ 상표매매(sales by trade mark or brand)

국제적으로 품질이 널리 알려진 상표(trade mark)나 brand에 의한 품질 결정방법이다. 이 경우는 견본을 보낼 필요도 없이 상표 자체로 무역거래가 가능하다.

- 휴대전화의 GALAXY
- 자동차의 EQUUS
- 카메라의 Cannon, Nikon
- 의류 accessory의 Pierre Gardin
- 지퍼의 YKK
- 위스키의 Johnnie Walker

④ 표준품 매매(sales by standard)

표준품 매매란 표준품을 제시하여 이를 품질의 기준으로 삼는 것을 말한다.

- FAQ(Fair Average Quality) : 평균중등품질조건이라고 한다.
  이 조건은 계약물품의 품질을 선적이나 출하지역 및 시기에 있어서 전년도 수확물 가운데에서, 평균적이고 중등의 품질을 표준품질로 결정하는 방법이다. 곡물, 과실류, 차, 면화 등의 농산물 거래에서 많이 이용되고 있다.
- GMQ(Good Merchantable Quality) : 판매적격품질조건이라고 한다.
  이 조건은 계약물품의 인도 시에 그 품질이 당해 품질의 성질과 상관습에 비추어 판매가 가능한 판매 적격성을 지닌 것임을 매도인이 보증하는 품질조건이다. 원목, 목재, 냉동 어류의 품질 결정에 많이 이용된다.
- USQ(Usual Standard Quality) : 보통품질조건이라고 한다.
  이 조건은 당해 생산물을 관장하는 공인기관의 판정 때문에 보통수준의 품질의 것을 인도하기로 약정하는 보통품질조건이다. 이 조건은 우리나라의 경우 인삼이나 오징어, 미국 등의 경우 원면(raw cotton)이나 생사(raw silk) 등의 거래에서 쓰이는 특수한 조건이다.

⑤ 규격 매매(sales by grade)

규격매매는 특정 국가의 관계법규나 규정으로 정해진 규격이나 등급에 의하여 물품의 품질을 결정하는 방법이다. 국제적으로 통일된 규격을 가지고 있는 상품에 해당한다.

한국의 KS, 독일의 DIN, 미국의 ASTM, 일본의 JIS, 영국의 BSS 등은 국제적으로 인정되고 있는 규격이므로, 견품에 의하지 않고 안심하고 품질 결정을 할 수 있다.

⑥ 점검 매매(sales by inspection)

매수인이 물품을 실제로 확인하거나 점검하고 그 품질에 만족하면 품질로 결정하는 방법을 말하며 BWT(Bonded Warehouse Transaction) or COD (Cash On Delivery) 거래에서 활용된다.

매도인이 매수인에게 offer를 할 때, 'offer on approval' 또는 'offer on sales or return'의 조건을 제시하는 경우가 있다. 전자는 매수인이 물품을 점검(approval)하고서 품질을 결정한 다음 승낙 여부를 결정하는 방식이고, 후자는 품질을 확인하고 판매한 후에 잔품(unsold goods)은 반품(return)하는 조건의 offer로써, 모두 점검 매매의 일종이다.

(2) 품질의 결정 시기

곡물류, 농수산물, 기타 운송 중에 품질이 변하는 물품에 대한 품질조건에서는 품질보증에 대한 책임 한계를 명백히 밝히어야 한다. 인도될 물품이 약정된 품질인지 아닌지를 확인하여 증명하는 시점이 바로 품질의 기준시기이다. 이를 결정하는 방법으로 선적 품질조건(shipped quality terms)과 양륙 품질조건(landed quality terms)이 있다.

① 선적 시 품질조건(shipped quality terms)

매도인은 계약물품의 품질을 선적 시까지 책임을 지고, 선적 이후의 변질에 대해서는 매수인이 책임진다. 따라서 매도인은 물품이 선적 시점에서 약정된 품질임을 증명하는 품질보증서(certificate of quality)를 매수인에게 제공한다. 일반적으로 실무에서는 매수인이 지정하는 검사기관이나 매수인의 대리인이 발행하는 검사증명서(I/C, Inspection Certificate)를 사용한다.

매매 계약서에 품질의 결정 시기에 대하여 명시해 둘 필요가 있으나[22] 이에 관한 명시규정이 없을 때는 정형거래조건에 따른다. 즉, 적출지 인도 조건인 FCA, FOB, FAS의 'F' Group과 CFR, CIF, CIP 및 CPT의 'C' Group은 모두 선적 시의 품질을 기준으로 한다.

곡물류의 거래에 사용되는 선적품질조건으로 T.Q와 S.D가 있다. T.Q는 'Tale Quale'[23]의 약어이며 매도인이 선적 시까지 물품의 품질을 책임지고 선적 이후 운송 중에 발생하는 조류, 변질, 기타 손실에 대해서는 매도인이 책임을 지지 않는다.

---

22) 선적지의 품질을 기준으로 하는 경우의 곡물 계약서 문언 예 : "Goods shall be guaranteed by the seller be equal to the fair average of the season's crop at the place of shipment."
23) 'Tale Quale'은 'As it is'나 'Just as they come'의 뜻이다.

S.D는 'Sea Damaged'의 약어로 해상 운송 중에 발생하는 유손(濡損, damaged by wet)[24], 습손(濕損, moisture damage) 및 이로 인하여 발생하는 부패, 곰팡이의 발생, 발효, 품질손상에 대한 책임이 추가되는 조건이다.

② 양륙 시 품질조건(landed quality terms)

매도인은 계약물품의 품질을 도착지에 양륙할 때까지 책임지므로, 운송 중에 변질한 물품에 대해서는 매도인이 부담한다. 매매당사자가 계약 체결할 때 양륙 품질조건을 희망하면 이를 명시하는 것이 좋다.[25] 양륙 품질조건에서는 품질에 대한 거증책임(擧證責任)[26]이 매수인에게 있으므로 매수인이 양륙지에서 검사기관에 의뢰하여 감정보고서(survey report)를 취득하여 이를 매도인에게 송부함으로써 손해배상을 요구할 수 있다.

품질의 결정 시기에 대하여 별다른 약정이 없는 경우 정형거래조건에 따른다. 즉 DAT, DAP, DDP와 같은 'D' Group이 이에 해당하며 표준품 매매에서 GMQ도 양륙지 품질을 기준으로 한다.

2) 수량조건(Terms of Quantity)

무역 거래에서 수량조건은 무엇을 그 기준으로 하는가 하는 수량 기준 단위의 문제와 어느 시점의 수량을 기준으로 하는가 하는 수량의 결정 시점이 문제이다.

(1) 수량의 단위

① 중량(weight)

중량에는 킬로그램(kg), 파운드(Lb) 등이 있으나 톤(Ton)을 가장 많이 사용하고 있다. 톤에는 다음과 같이 3종류가 있다.

- Ton의 나라별 사용기준
  - 1 English ton : 1,016Kg
  - 1 American ton : 907Kg
  - 1 Metric ton : 1,000kg(우리나라, 독일, 프랑스)

---

24) 濡損은 海水濡(wet by sea water), 雨濡(wet by rain) 등이 있다.

25) 양륙지의 품질을 기준으로 하는 경우의 계약서 문언 예 : "Goods sold on sample shall be guaranteed by the seller to conform exactly to sample upon arrival at destination."

26) 소송에서 자기에게 유리한 사실을 주장하기 위해 증거를 들어 법원이 심증을 얻게 하는 책임.

② 용적(measurement)

용적으로 거래되는 상품은 곡물, 액체, 주류, 목재 등 다양하다. 상자(box)와 같은 육면체 화물의 용적은 Cubic Meter(CBM), Cubic Feet(CFT)가 사용되고 있다.

용적에서는 용적톤(measurement ton : M/T)을 사용하는 데 1CBM(Cubic Meter)은 가로×세로×높이 즉, 1㎥를 1M/T로 하고 있다.

액체에서는 Barrel, Gallon, Liter(ℓ)가 사용된다. 원유나 석유의 매매에 많이 사용되는 Barrel은 영국에서는 1 Barrel = 35 Gallon, 미국에서는 1 Barrel = 42 Gallon에 해당한다.

③ 개수(number)

- 1pc(piece) = 1개
- 1set = 1조
- 1doz(dozen) = 12pcs(pieces)
- 1gross = 12doz(dozen) = 144pcs(= 12 × 12)
- 1great gross = 12gross = 1,728pcs(= 12pcs × 12 × 12)

④ 포장(package)

포장의 단위는 상자(case), 곤포(bale), 포대(bag), 통(barrel), 묶음(bundle), 드럼(drum) 등의 단위가 있고, 면화, 시멘트, 석유 등의 거래에 이들 단위가 이용된다.

⑤ 길이(length)

길이의 단위는 미터(meter, meter)나 야드(yard)를 주로 사용한다.

- 1 meter = 1.0936 yard
- 1 yard = 0.9144 meter

⑥ 면적(square measure)

면적을 나타내는 단위로는 유리, 합판, 타일 등에 쓰이는 평방피트(SF: Square Feet)나 평방미터(SM: Square Meter)가 있다.

⑦ 컨테이너(container)

컨테이너 단위는 20피트와 40피트가 사용되고 있다.

- TEU(Twenty Feet Equivalent Unit
- FEU(Forty Feet Equivalent Unit

(2) 수량의 결정 시기

① 선적 수량조건(shipped quantity / weight terms)

선적 수량조건은 계약상품을 선적 시에 무게를 잰 수량이 계약서에 명시한 수량과 일치하면 매도인이 수량에 관한 책임이 이행되는 것이며, 운송이나 하역작업 중에 발생하는 감량에 대해서는 매도인이 책임을 지지 아니한다.

② 양륙 수량조건(landed quantity / weight terms)

양륙 수량조건은 계약물품이 목적 항에 도착했을 때 무게를 잰 수량이 계약된 수량과 일치하여야 하는 조건이므로, 매도인으로서는 운송이나 하역 중에 감량에 대비해서 상당한 주의를 기울이지 않으면 안 된다.

(3) 과부족 용인 조건(M/L Clause : More or Less Clause)

유지류(油脂類)와 같이 휘발성이 있거나 누손이 되는 물품, 그리고 곡물, 광물, 석탄과 같은 감량이 발생하기 쉬운 산적화물(bulk cargo) 등은 계약 수량과 실제로 인도하는 수량 사이에 과부족이 생길 것을 예상하여 계약서에 이를 명시하게 되는데 이를 과부족용인조건이라고 한다. 이 조건의 범위 내의 수량에 대하여는 계약 이행으로 본다.

신용장 거래에서 산적화물의 경우 과부족용인 제도는 오랜 관습이었기 때문에 비록 과부족용인조건이 없어도 신용장상 금지규정이 없는 한 5%의 수량 과부족은 인정하고 있다.[27] 그러나 신용장 방식이 아닌 무신용장 방식(T/T, Collection)에 의하면 신용장통일규칙이 적용되지 않으므로 과부족용인조건을 설정해 두어야 한다. 또한, 수량 또는 단가와 관련하여 사용된 'about', 'approximately'라는 단어는 그것이 언급하고 있는 금액, 수량 또는 단가에 관하여 10%를 초과하지 않는 범위내에서 과부족이 허용된다.[28]

- More or less : 수량에 대하여 +/- 5% 허용(신용장 방식에서 bulk cargo는 자동으로 인정하지만, 어음 발행의 총액이 신용장 금액을 초과하지 않아야 함.)

---

27) UCP 600 제30조 b : A tolerance not to exceed 5% more or 5% less than the quantity of the goods is allowed, provided the credit does not state the quantity in terms of a stipulated number of packing units or individual items and the total amount of the drawings does not exceed the amount of the credit.

28) UCP 600 제30조 a : The word "about" or "approximately" used in connection with the amount of the quantity or the unit price stated in the credit are to be construed as allowing a tolerance not to exceed 10% more or 10% less than the amount, the quantity or the unit price to which they refer.

- About, approximately : 금액, 수량 또는 단가의 +/- 10% 허용
  그러나 신용장 방식이 아닌 D/A나 D/P 계약서에 의하면 신용장 통일규칙이 적용되지 않으므로 과부족용인조건을 설정해 두어야 한다.

3) 가격조건(Terms of Price)

가격은 매수인의 처지에서 보면 구매를 결정하는 중요한 요인이며, 매도인의 처지에서 보면 판매 결정의 요인이다. 물품의 품질과 가격이 매매를 성립시키는 최대의 결정요인이다.

매도인과 매수인 중 누가 어떤 비용을 부담할 것인가를 정하는 것이 가격조건이다. 가격조건을 매도인과 매수인이 합의하여 정할 수도 있지만 이미 정형화된 조건을 이용할 수도 있다. ICC가 이미 정형화된 조건을 제정하였는데 이것이 'Incoterms'이다. 가격조건에서는 결제통화의 종류를 정하고 FOB, CIF 등 Incoterms 2020조건 중 하나를 선택하여 계약한다.

4) 선적조건(Terms of Shipment)

(1) 선적 시기의 결정방법[29]

① 특정 일 선적조건의 예 : not later than July 31, 2021
② 특정 월 선적조건의 예 : March, 2021 shipment
③ 조건부 선적조건의 예 : within 60days after receipt of L/C
④ 신용장 거래 시 사용해서는 안 되는 표현 : immediately, as soon as possible, prompt UCP 600 제3조에서 위와 같은 용어는 무시된다고 규정하고 있다. 그러므로 선적은 신용장의 유효기간(expiry date) 이내에 선적하면 되는 것으로 해석된다.
⑤ Shipment의 on or about의 해석 : 앞뒤로 5일씩 총 11일을 선적일로 간주한다.
ex) Shipment on or about Feb. 15 : 2월 15일 전으로 5일 15일 이후로 5일이므로 선적일은 2월 10일부터 2월 20일까지 총 11일 이내에 이행하여야 한다.

29) UCP 600 제3조

※ UCP 600상의 기간 용어(제3조)

아래의 단어가 선적일과 함께 사용되는 경우에는 다음과 같이 해석한다.

① from, to, till, until - 당해일을 포함한다.

② before, after - 당해일을 제외한다.

③ on or about - 지정일의 5일 전에서 5일 후로 이루어지는 기간을 의미하며 기간 산정 시 당해 지정일은 제외한다. 선적은 양 끝날(end day)을 각각 포함하며 총 11일 동안 선적하는 것으로 해석한다.

④ 당해월의 first half, second half - 당해월의 전반(1일~15일)과 후반(16일~말일)을 의미한다.

⑤ 당해월의 beginning, middle, end - 당해월의 상순(1일~10일), 중순(11일~20일) 및 하순(21일~말일)을 의미한다.

(2) 분할선적과 환적

① 분할선적 여부 : partial shipment(allowed or prohibited)

② 환적 여부 : transshipment(allowed or prohibited)

표 2-2 분할선적과 할부선적

분할선적(分割船積)	할부선적(割賦船積)
Partial Shipment	Installment Shipment
선적일 : 최종선적일	선적일 : 수회로 정해짐
최종선적일 이내 수차례 선적 가능	정해진 수량과 회수를 지켜야 함
Seller's option	Buyer's option
선적 시 차수 제한이 없다	선적횟수, 수량에 제한이 있다
신용장에 별도의 허용 문구가 없어도 금지 문구만 없으면 분할선적 자동허용	선적 미이행 시 해당 할부분과 향후 할부분 모두 효력상실(L/C거래)

표 2-3 분할선적과 할부선적

분할선적(分割船積)	할부선적(割賦船積)		
수량 : 400대	1차	100대	1/31
Shipping Date : 4/30	2차	100대	2/28
Seller 마음대로 4/30까지 나누어서 선적하여도 됨(Seller's option)	3차	100대	3/31
	4차	100대	4/30

※ 할부선적은 정해진 수량과 선적기일을 지키지 못하면 효력을 잃음.

※ 분할선적과 할부선적에 관한 UCP 600상의 규정

① 분할선적(partial shipment)의 허용 여부에 관련해서는 L/C상에 분할선적 금지의 명시가 없는 한 분할선적의 허용조항이 없어도 분할선적은 인정된다고 규정하고 있으며 (UCP 600 제31조 a.)

② 또한, 분할선적의 정의와 관련해서는 비록 선적일, 적재항, 수탁지 또는 발송지가 각각 상이하게 표시된 다수의 운송서류가 발행되었더라도 항로와 운송수단 및 목적지가 같은 것으로 표시하고 있다면 그러한 경우에는 분할선적으로 보지 않는다고 규정하고 있다. (UCP 600 제31조 b)

③ 한편 할부선적(installment shipment)의 미이행 효과에 대하여는 할부선적에서 어느 할부분의 선적이 이행되지 않으면 해당 할부분과 향후 할부분에 대하여 더 이상 이용될 수 없다고 규정하고 있다.

If a drawing or shipment by instalments within given periods is stipulated in the credit and any instalment is not drawn or shipped within the period allowed for that instalment, the credit ceases to be available for that and any subsequent instalment. (UCP 600 제32조)

| 표 2-4 | 할부선적(Installment Shipment)

차수	수량	선적 수량	선적일	미선적 수량
1차	100대	100대	1/31	0
2차	100대	100대	2/28	0
3차	100대	80대	3/31	20
4차	100대			100

※ 1차선적분부터 2차 선적분까지는 수량과 선적일을 준수하였으나 만약 3차분 선적에서 20대의 미선적 수량이 발생하는 경우, 3차분의 20대뿐만 아니라 4차분의 100대 모두가 효력을 상실한다.(UCP 600 제32조)

5) 결제조건(Terms of Payment)

무역대금결제방식은 크게 송금방식(T/T), 신용장 결제방식(L/C), 추심결제방식(Collection)으로 구분할 수 있다. 구체적인 결제방식은 결제편에서 후술하기로 한다.

6) 포장조건(Terms of Packing)

(1) 포장 방법

① Solid Packing

Color, model, style, size별로 구분하여 같은 계열끼리 포장하는 방법이다. 대부분의 경우 이 방법을 사용한다.

② Assorted Packing

서로 다른 color, model, style, size를 같은 비율로 섞어서 포장하는 방법이다.

(2) 하인(shipping mark)

하인(荷印)[30]은 화물의 식별을 용이하게 하기 위해서 또한 화물의 취급을 정확하고 용이하게 하기 위해서 외장에 특정의 기호나 문자 따위를 표시하는 것이다. 하인은 매수인이 지정하는 것과 매도인이 선택하는 때도 있는데 계약 체결할 때 별도의 약정이 없는 한 매도인이 하인을 선택한다.

- Main mark(주하인), counter mark(부하인), quality mark(품질표시), goods mark (제품표시), quantity mark(수량표시), port mark(도착항표시), case number(일련번호), country of original(원산지표시), caution mark(주의 표시), attention mark(지시표시)

컨테이너 화물에는 FCL[31]과 LCL[32]이 있는데, FCL은 컨테이너 안에 하나의 수입상 화물만을 선적하기 때문에 수입상이 컨테이너 통째로 자신의 최종목적지로 운송하면 분실의 염려가 없다. 그러나 LCL이나 컨테이너에 적입하지 않는 화물의 경우에는 반드시 하인을 표시해 두어야 수입지에서 물품을 구별하는데 용이하게 된다. 하인 가운데 main mark와 port mark 및 case mark는 반드시 표시해야 하는 필수적인 것들이다. 이러한 중요 하인의 표시가 누락된 화물을 NM Cargo(No Mark Cargo)라 한다. 국제해상운송법인 Hague Rule(1924)에 의하면 중요 하인이 누락된 화물에 대해서는 운송인이 면책된다는 취지로 규정되어 있으므로 유의해야 한다.

7) 보험조건(Terms of Insurance)

해상운송 중인 물품에 대한 손해가 발생할 수도 있으므로 그 위험을 담보 받기 위해서는 매도인이나 매수인은 적하보험을 체결하여야 한다.

(1) 정형거래조건에 의한 부보의무

적하보험에 대한 당사자 간의 별도 약정이 없는 한 정형거래조건에 따라 결정되

---

30) 하인(荷印)을 화인(貨印)이라고도 하며 동일한 의미이다.
31) Full Container Load cargo의 줄임말
32) Less than Container Load cargo의 줄임말

며 FCA, FAS, FOB, CFR, CPT, DAT, DAP, DDP의 조건에서는 매도인에게 적하보험의 부보의무가 없다. 그러나 CIF나 CIP 조건에서는 매도인이 매수인을 위하여 적하보험을 부보하기 때문에 보험계약내용을 사전에 약정하지 않으면 안 된다.

(2) 적하보험약관

구 약 관	신 약 관
현재 사용하고 있는 약관은 1963년에 개정된 약관이다.	1982년 1월부터 사용하고 있으며, 2009년도 개정하였다.
ICC 약관은 14개 조항으로 구성되어 있으며 그 중 5조(위험약관)만 제외하고 나머지 13개 조항은 그 내용이 같으며 5조의 내용에 따라 A/R, W.A, F.P.A로 구분된다.	본문약관과 난외(중요)약관에 추가하여 19개 조항의 ICC 약관으로 구성되어 있다. ICC 약관의 담보위험과 면책위험 조항에 따라 A, B, C 조건으로 구분된다. 구약관의 애매한 부분들을 더욱 정확하게 하였고 보험자의 면책이 추가되었다.
ICC A/R : All Risks(전위험담보)	ICC (A)
ICC W.A : With Average(분손담보)	ICC (B)
ICC F.P.A : Free From Particular Average(단독해손부담보)	ICC (C)
현재 우리나라에서는 1984년부터 신구약관을 함께 사용하고 있다.	

8) 기타조건

무역계약의 기타조건으로는 불가항력조항(Force Majeure), 클레임조항(Claim Clause), 중재조항(Arbitration Clause), 준거법(Governing Law) 등이 있다.

(1) 불가항력조항(Force Majeure)

불가항력(不可抗力)이란 당사자들의 통제를 벗어나는 사고(accidents beyond the control of the parties)로써 천재지변(天災地變), 전쟁, 내란, 소요 등이 여기에 해당한다. 무역계약의 이행과정에서 우발적으로 발생하는 불가항력은 매매당사자들의 의무 이행을 불가능하게 하므로 매매계약 시 구체적으로 각 상황을 제시하는 것이 좋다.

매매당사자들이 계약을 이행하는 과정에서 발생하는 frustration[33]은 계약목적의

33) Frustration은 계약의 성립 후에 물품의 재산권이 매수인에게 이전하기 전에 양 당사자에게 과실이 없이 계약이 법적으로 이행불능이 되든가, 또는 계약을 이행하려는 상황이 계약 시

달성을 불가능하게 하거나 계약의 좌절을 초래한다.

매도인은 불가항력으로 인하여 선적이 지연되는 상황이 발생할 수 있으므로, 매매 계약서에 반드시 불가항력 조항을 명시해 두는 것이 좋다. 일반적으로 일반거래조건 협정서에 규정하고 있는 선적지연에 관한 불가항력 조항은 아래와 같다.

Force Majeure 조항 예

The Seller shall not be responsible for the delay in shipment due directly or indirectly to force majeure including mobilization, war, riots, civil commotions, hostilities, blockades, requisition of vessels, prohibition of export, fires, floods, earthquakes, tempests, strikes, lockouts and any other contingencies, which prevent shipment within the period stipulated. In the event of any of the aforesaid causes arising, documents proving its occurrence of existence shall be submitted by the Seller to the Buyer without delay.

(매도인은 동원, 전쟁, 폭동, 소요, 교전, 봉쇄, 선박징발, 수출금지, 화재, 홍수, 지진, 폭풍우, 파업, 폐쇄 및 약정된 기간 내의 선적을 방해하는 기타 일체의 우발사고를 포함하는 불가항력에 직접 또는 간접으로 기인하는 선적지연에 대해서는 책임을 지지 아니 한다. 위에 언급한 어떠한 사유가 발생하는 경우에는 그 발생 또는 존재를 증명하는 서류를 매도인이 지체 없이 매수인에게 보내야 한다.)

매도인이 고의적인 과실이나 태만(intentional fault or negligence)으로 인해 선적이 불이행되거나 지연되었을 때에는 당연히 매도인의 책임이지만, 위와 같은 천재지변(Act of God)이나 불가항력 조항에 의거 발생한 선적지연에 대해서는 면책을 받게 된다.

(2) Hardship 조항

계약 체결 당시에는 전혀 예기치 못했던 경제적 또는 정치적 사태가 계약 체결 후에 발생함으로써, 당초의 계약대로의 이행이 불가능하지는 않으나 심히 곤란해져 계약의 본질적 변경이 불가피해진 경우에는 당사자는 계약 내용의 변경을 요구할 수 있고, 그때에는 상대방은 반드시 이에 응해야 한다는 조항을 hardship clause(사

예상했던 것과는 달리 현저하게 변화되었기 때문에 이행할 수 없게 된 경우로서 매매계약이 좌절되는 것을 말한다.

전변경조항)라 한다.[34)]

계약 체결 후에 정치·경제정세 등 주위의 정세로 대폭적인 변화가 발생했기 때문에 계약에 정한 채무의 이행이 불가능하지는 않지만 현저하게 곤란한 사태로 되는 경우가 있다. 불확실성의 시대라 말해지는 오늘날, 이러한 사태는 계약 기간이 장기간일수록 발생할 위험성이 높다고 말할 수 있을 것이다.

이러한 사태는 채무의 이행이 불가능한 것은 아니므로 불가항력 사항에는 해당하지 않으므로 채무자는 이행책임을 면할 수 없다. 그러나 계약당사자가 예견할 수 없었던 곤란한 사태의 발생에도 불구하고 채무의 이행을 강제하는 것은 채무자에게는 존망이 걸린 중대한 문제이다.

이 같은 사정을 고려해서 양 당사자 간에 있어서 사정변경에 따른 위험을 고려하고, 현시점에 있어서 원활한 거래의 성립을 꾀하기 위해 타당한 산물로서 나온 것이 hardship 조항이다.

따라서 사정변경을 감안하지 않는 조건 하에 있어서 계약 내용을 정하는 한편, hardship 조항을 만들어서 당사자가 예측 못한 사정변경이 발생해서 채무의 이행이 불가능하지는 않지만, 계약대로 이행하는 것이 계약당사자가 각각 그 계약을 통해서 기대하는 이익에 계약 체결 시에는 생각할 수 없었던 불균형이 발생할 시에는 그 불균형을 시정하기 위해 계약의 수정에 응하는 것을 규정하는 것이다.

Hardship 조항 예[35)]

1. Should the occurrence of events not contemplated by the parties fundamentally alter the equilibrium of the present contract thereby placing an excessive burden on one of the parties in the performance of its contractual obligation that party may proceed as follows:
2. The party shall make a request for revision within a reasonable time from the moment it become aware of the event and of its effect on the economy of the present contract. The request shall indicate the grounds on which it is based.
3. The parties shall then consult one another with a view to revising the contract an equitable basis, in order to ensure that neither party suffers excessive prejudice.
4. The request for revision does not of itself suspend performance of the contract.

---

34) 무역계약, 한국무역협회무역아카데미, 2011, p.147.
35) 국제상공회의소(I.C.C.)의 Hardship 조항 시안(試案)

다음의 A, B, C, D의 4가지 clause 중 어느 한 가지를 선택해서 규정하는 것이 가능하다.

A. If the parties fail to agree on the revision of the contract within a time-limit of 90 days of the request, the contract remains in force in accordance with its original terms.

B. Failing an agreement of the parties on the revision of the contract within a time-limit of 90days of the request either party may refer the case to the ICC Standing Committee for the Regulation of Contractual Relations in order to obtain the appointment of a third person (or a board of three members) in accordance with the provisions of the rules for regulation of contractual relations of the ICC. The third person shall give his opinion to the parties as to whether the conditions for revision provided in paragraph 1) are satisfied. If so, he shall recommend an equitable revision of the contract which ensures that neither party suffers excessive prejudice. The opinions and recommendations of the third person shall not be binding on the parties.

C. If the parties fail to agree on the revision of the contract within a time-limit of 90 days of the request, either party may bring the issue of revision before the arbitral forum, if any, provided for in the contract, or otherwise the competent courts.

D. Failing an agreement of the parties on the revision of the contract within a time-limit of 90days of the request, either party may refer the case to the ICC Standing Committee for the Regulation of Contractual Relations in order to obtain the appointment of a third person (or a board of three members) in accordance with the provisions of the rules for the regulation of contractual relations of the ICC. The third person shall decide on the parties' behalf whether the conditions for revision provided in paragraph 1) are satisfied. If so, he shall revise the contract on an equitable basis in order to ensure that neither party suffers excessive prejudice. The decision of the third person shall be binding on the parties and shall be deemed to be incorporated in the contract.

(3) 클레임(claim) 조항

클레임 조항에서 가장 중요한 것이 클레임 제기기한이다. 클레임 조항에서는 클레임 제기기한, 제기방법 등을 합의한다.

클레임이 발생하면 ① 당사자들의 교섭에 의한 화해(amicable settlement), 타협(compromise), ② 제3자인 조정인(mediator)에 의한 조정(mediation or conciliation), ③ 중재인(arbitrator)에 의한 중재(arbitration) 그리고 ④ 사법기관에 의한 소송(litigation)에 의해서 해결한다.

(4) 중재조항(仲裁條項)

중재(arbitration)란 분쟁당사자간의 합의에 의거 사법상의 법률관계를 법원 소송절차에 의하지 않고 중재기관에 신청하여 최종적으로 중재인(arbitrator)의 판정에 맡겨 그 판정에 복종함으로써 분쟁을 해결하는 방법이다.

8 Incoterms 2020

1) 정형거래조건의 개요

국제물품매매계약은 상거래 관습이 서로 다른 나라끼리의 거래이기 때문에 계약서상에 명시된 명시조건만으로는 거래에 필요한 모든 계약 내용을 소화할 수 없다. 계약서상에 명시되지 않은 사항은 관습에 따르게 되며 국가마다 관습이 서로 다르므로 각국의 관습의 최대공약수를 모아, 이를 통일하여 공통된 부호로 표시하고 이들 부호에 대한 해석규칙을 국제규칙으로 제정하여 이들 부호 중 하나를 선택함으로써 명시되지 않는 계약 내용을 보완할 수 있다.

이러한 통일된 거래관습으로 국제물품매매계약의 당사자들은 1936년 국제상업회의소(ICC)가 제정한 Incoterms를 사용하고 있으며 Incoterms는 International Commercial Terms의 약어로서 가장 최근 버전이 2020년에 개정된 Incoterms 2020이다. 이것은 제8회의 개정 과정을 거쳐 현재 사용하고 있으며 Incoterms의 가장 큰 기능은 명시조건의 보완적 기능이라고 할 수 있다. 따라서 계약 체결 시 정형거래조건에 관해서는 "Incoterms 2020"에 따른다는 내용의 조항을 명시함으로써 정형거래조건의 해석에 관한 분쟁을 예방할 수 있다.

결국, 무역계약 내용의 구성은 명시조건, 묵시조건 및 준거법의 확정을 통하여 결정되며 이들 간의 보완적 기능을 통하여 법적 공백이 해소된다.

2) Incoterms 2020의 규정 내용

Incoterms 2010에서는 물품에 대한 위험부담의무의 귀속, 비용부담의무의 귀속, 매도인의 서류제공의무, 기타 의무의 귀속에 관하여 규정하고 있다.

(1) 물품에 대한 위험부담의무의 귀속

물품의 멸실이나 손상에 대한 책임 즉, 물품에 대한 위험부담이 어느 시점 어느 장소에서 매도인(seller)으로부터 매수인(buyer)에게로 이전되는가에 관한 위험부담의 분기점을 규정함으로써 분명히 하고 있다.

Incoterms 2020에서는 원칙적으로 물품 인도(delivery)와 위험(risk)부담의 분기점을 동일하게 규정하고 있다.

(2) 비용부담의무의 귀속

물품의 생산에서부터 최종목적지에 이르러 물품을 수화인에 인도할 때까지 발생하는 여러 가지 요소비용 가운데 어느 시점 어느 장소 이전에 발생하는 비용은 매도인(seller)이 부담하고, 그 이후의 모든 비용은 매수인(buyer)의 부담으로 귀속시킬 것인가의 문제를 비용부담의 분기점으로 규정함으로써 분명히 하고 있다.

| 표 2-5 | 위험(risk) 분기점(A) & 비용부담(cost) 분기점(B)

A(Risk)	B(Cost)
매도인의 위험부담이 매수인에게 넘어가는 시점을 위험부담분기점 이라하며 그러한 장소 이후로부터의 발생하는 제품의 멸실, 손상에 대하여 매도인은 더 이상 책임을 지지 않는다.	매도인의 비용부담이 매수인에게 넘어가는 시점을 비용부담분기점 이라하며 그러한 장소 이후로부터의 발생하는 모든 비용에 대하여 매도인은 더 이상 책임을 지지 않는다.
물품의 인도와 위험부담분기점은 서로 동일한 의미이다. 즉, 매도인의 물품인도가 끝났다면 위험부담의 의무도 끝났다는 의미이다. 결국 delivery가 끝났다는 의미와 risk가 끝났다는 의미는 동일하다.(위험부담분기점 = 인도)	Incoterms 2020에서는 위험부담분기점과 비용부담분기점이 동일한 조건도 있고 서로 상이한 조건도 있다. 상이한 조건의 경우에는 위험부담이 먼저 완료된다.

(3) 매도인의 서류제공의무

매도인(seller)이 매수인(buyer)에게 제공해야 할 서류의 종류와 그 적격요건이 어떠한가의 문제를 규정하고 있다. 매도인(seller)이 제공하는 서류는 필수적 서류와 임의적 서류로 크게 나눌 수 있다. 전자는 매수인(buyer)이 별도로 요청하지 않더라도 매도인(seller) 자신의 위험과 비용부담으로 조달하여 당연히 제공해야 하는 서류이며, 후자는 매수인(buyer)이 요청하는 때에만 매수인(buyer) 위험과 비용부담하에 그 조달에 협조할 의무만을 부담하는 서류이다.

(4) 기타 의무의 귀속

Incoterms는 이상에서 설명한 여러 가지 의무 이외에도 운송계약체결의무, 적하보험부보의 의무, 수출행정수속의무, 수입행정수속의무, 각종 통지의무(물품 인도/선적통지의무) 및 각종 협조 의무가 어떤 내용으로 누구에게 또한 어떻게 귀속되는가에 관한 규정을 설정하고 있다. 이밖에도 매매에서 공통적이고 기본적인 의무인 매도인의 물품 인도 의무와 매수인의 물품 인수 및 대금 지급의무에 관하여도 규정하고 있다.

(5) 적하보험부보

① 매도인의 적하보험부보의무

Incoterms 2020에서 CIF와 CIP는 매도인의 적하보험부보 의무조건이다. 그러므로 매도인은 적하보험에 부보하여 적하보험증권이나 적하보험증명서를 매수인에게 제공하여야 한다.

| 표 2-6 | 매도인의 적하보험부보 의무조건인 CIF와 CIP

보험계약자	피보험자
매도인(Seller)	매수인(Buyer)

② 매수인의 적하보험부보의무

Incoterms 2020에서는 매수인의 적하보험부보의무에 대하여 규정하고 있지 않으므로 매도인이 보험에 가입하는 것이 의무조건인 CIF와 CIP 조건을 제외한 조건으로 계약을 체결한 경우, 매수인은 반드시 의무적으로 해상보험에 가입할 필요는 없다.

③ 'D'조건에서의 매도인의 적하보험부보의무

D조건은 양륙지 인도조건으로써 매도인이 수입국가의 지정장소까지 물품을 인도하여야 한다. 그러므로 매도인은 자신의 위험을 방지하기 위하여 해상적하보험에 가입하는 것이 좋으나 반드시 가입해야 할 의무는 없다.

3) Incoterms 2020의 주요내용

(1) 공식명칭

Incoterms 2010 이전에는 "정형거래조건에 관한 국제해석 규칙(International Rules for the Interpretation of Trade Terms)"으로 칭하였으나 Incoterms 2010부터 "국내 및 국제무역조건 사용에 관한 ICC규칙(ICC Rules for the use of domestic and international trade terms)"으로 변경하여 국내거래 및 국제거래 겸용으로 사용할 수 있게 되었다.

(2) Incoterms®의 상표등록[36)]

Incoterms 2010부터 ICC의 상표등록에 따라 〈Incoterms® 2020〉으로 등록상표가 되었다. 따라서 이제는 'incoterms'로 하여 'i'를 소문자로 표기하거나 'Incoterm'이라는 단수형을 사용하는 것은 옳지 않다. 계약의 당사자가 인코텀스를 사용하기 위해서는 반드시 'Incoterms(2020)'이라고 명확히 지칭해야 한다.

(3) 운송방식에 따른 분류

Incoterms 2010 이전에는 E(Departure), F(Main carriage unpaid), C(Main carriage paid), D(Arrival)그룹으로 분류하였으나 'Incoterms 2010'부터는 운송방식에 따라서 2가지로 분류하였다. '운송방식 불문규칙(Rules for any mode or modes of transport)'과 '선박운송 전용규칙(Rules for sea and inland waterway transport)'으로 분류하였다.

표 2-7 Incoterms 2020의 분류

제1그룹(운송방식 불문 규칙)		제2그룹(선박운송 전용 규칙)	
(Rules for any mode or modes of transport) 어떠한 단일 또는 복수의 운송방식에 사용 가능한 규칙		(Rules for Sea and Inland waterway transport) 해상운송과 내수로 운송에 사용 가능한 규칙	
EXW	Ex Works	FAS	Free Alongside Ship
FCA	Free Carrier	FOB	Free On Board
CPT	Carriage Paid To	CFR	Cost and Freight
CIP	Carriage and Insurance Paid to	CIF	Cost Insurance and Freight
DPU	Delivered at Place Unloaded		
DAP	Delivered At Place		
DDP	Delivered Duty Paid		

36) ®은 Registered Trade Mark의 약어이다.

(4) 포괄적인 계약조건

Incoterms는 계약조건 중 가격조건이다. 그러나 이것은 단순한 가격조건 만을 의미하는 것은 아니다. 운송, 보험, 통관업무의 당사자 및 비용과 위험의 분기점을 구분해 주는 포괄적인 계약조건이다.

(5) 임의규정

Incoterms는 국제규칙이다. 그러나 매매계약에 자동으로 사용되는 규칙이 아니다. 당사자가 적용하기로 하는 경우에만 적용되는 임의규칙이다. 따라서 당사자가 개정된 'Incoterms 2020'을 적용하려면 계약서에 'Incoterms 2020'에 의하여 적용받는다는 취지의 문구[37]를 명시하여야 한다.

표 2-8 Incoterms 2020 요약

E Group	• EXW(Ex Works, 공장인도) : 매도인이 물품을 (공장이나 창고와 같은) 지정장소에서 매수인의 처분하에 두는 때 그리고 그 지정장소는 매도인의 영업구내일 수도 있고 아닐 수도 있다.
F Group	• FCA(Free Carrier, 운송인인도) : 매도인이 물품을 매수인에게 다음과 같은 두 가지 방법 중 어느 하나로 인도하는 것을 의미한다. ① 매도인의 영업구내 : 물품이 매수인이 마련한 운송수단에 적재된 때 ② 그 밖의 장소 : 매도인의 운송수단에 적재되어서 지정장소에 도착하고 매도인의 운송수단에 실린 채 양하준비된 상태로 매수인이 지정한 운송인이나 제3자의 처분하에 놓인 때 • FAS(Free Alongside Ship, 선측인도) : 지정선적항에서 매수인이 지정한 선박의 선측에 물품이 놓인 때 또는 이미 그렇게 인도된 물품을 조달한 때 • FOB(Free On Board, 본선인도) : 지정선적항에서 매수인이 지정한 선박에 적재함 또는 이미 그렇게 인도된 물품을 조달함
C Group	• CFR(Cost and Freight, 운임포함인도) : 목적항까지 해상운임을 매도인이 부담한다. 그러나 물품의 멸실 또는 훼손의 위험은 물품이 선박에 적재된 때 이전한다. • CIF(Cost Insurance and Freight, 운임·보험료포함인도) : 목적항까지 해상운임과 보험료를 매도인이 부담한다. 운송 도중에 발생할 수 있는 물품의 멸실 또는 훼손에 대비하여 매도인이 매수인을 위해 적하보험에 가입할 의무를 진다는 것 이외에는 CFR과 동일하다. • CPT(Carriage Paid To, 운송비지급인도) : 매도인은 수입국 지정목적지까지 운송비를 지급한다. 그러나 물품의 멸실 또는 훼손의 위험은 물품이 운송인에게 인도된 때 이전된다.

37) Trade terms : The trade terms used in this Contract shall be governed and interpreted by the provisions of Incoterms 2020 unless otherwise specially stated.

	• CIP(Carriage and Insurance Paid To, 운송비·보험료지급인도) : 매도인은 수입국 지정목적지까지 운송비와 보험료를 지급한다. 운송 도중에 발생할 수 있는 물품의 멸실 또는 훼손에 대비하여 매도인이 매수인을 위해 적하보험에 가입할 의무를 진다는 것 이외에는 CPT와 동일하다.
D Group	• DPU(Delivered at Place Unloaded, 도착지양하인도) : 물품이 지정목적지에서 또는 지점에서 도착운송수단으로부터 양하된 상태로 매수인의 처분하에 놓인 때 인도하고 위험을 이전한다. • DAP(Delivered at Place, 도착지인도) : 물품이 지정목적지에서 또는 지점에서 도착운송수단에 실어둔 채 양하준비된 상태로 매수인의 처분하에 놓인 때 인도하고 위험을 이전한다. • DDP(Delivered Duty Paid, 관세지급인도) : 물품이 지정목적지 또는 지점에서 수입통관 후 도착운송수단에 실어둔 채 양하준비된 상태로 인도하고 위험을 이전한다.

※ Free의 의미 : Incoterms 2020에서 사용되고 있는 'free'는 매도인(seller)이 위험과 비용으로부터 자유롭다는 의미이다. FOB의 경우, 매도인이 제품을 본선에 인도한 이후부터 위험과 비용을 더 이상 부담하지 않는다는 의미이다.

┃표 2-9┃ Incoterms 2020의 주요내용

구 분	A. 물품의 인도시기 (위험부담 분기점) A = Risk	B. 비용부담시기 (비용부담 분기점) B = Cost	수출입 통관의무자
1. EXW(Ex Works) (공장인도조건)	매도인의 영업장 구내 또는 그 밖의 지정장소	매도인은 A까지 제비용 부담	• 수출통관 매수인 의무 • 수입통관 매수인 의무
2. FCA(Free Carrier) (운송인인도조건)	매도인의 영업장 구내 또는 그 밖의 지정장소	〃	• 수출통관 매도인 의무 • 수입통관 매수인 의무
3. FAS(Free Alongside Ship)(선측인도조건)	매수인이 지정한 선박의 선측에 물품이 놓인 때 또는 이미 인도된 물품을 조달	〃	〃
4. FOB(Free On Board) (본선인도조건)	매수인이 지정한 선박에 적재하거나 이미 인도된 물품을 조달	〃	〃

구 분	A. 물품의 인도시기 (위험부담 분기점) A = Risk	B. 비용부담시기 (비용부담 분기점) B = Cost	수출입 통관의무자
5. CFR(Cost and Freight) (운임포함인도조건)	매도인이 선박에 적재하거나 이미 인도된 물품을 조달	매도인은 FOB + 목적까지의 운임 부담	〃
6. CIF(Cost Insurance and Freight) (운임보험료 포함 인도조건)	매도인이 선박에 적재하거나 이미 인도된 물품을 조달	매도인은 FOB + 목적까지의 운임 및 보험료 부담	〃
7. CPT(Carriage Paid To) (운송비지급인도조건)	매도인과 계약한 운송인에게 물품을 교부하거나 그렇게 인도된 물품을 조달	매도인은 FCA + 지정된 목적지까지의 물품 운송비(복합운송 개념에서의 운송비)	〃
8. CIP(Carriage and Insurance Paid To) (운송비 보험료 지급 인도조건)	매도인과 계약한 운송인에게 물품을 교부하거나 그렇게 인도된 물품을 조달	매도인은 CPT + 지정된 목적지까지의 적하보험료	〃
9. DPU(Delivered at Place Unloaded) (도착지양하인도)	물품이 지정목적지에서 또는 지점에서 도착운송수단으로부터 양하된 상태로 매수인의 처분하에 놓인 때	매도인은 A까지 제비용 부담	〃
10. DAP(Delivered At Place) (도착장소인도조건)	물품이 지정목적지에서 또는 지점에서 도착운송수단에 실어둔 채 양하준비된 상태로 매수인의 처분하에 놓인 때	매도인은 A까지 제비용 부담	〃
11. DDP(Delivered Duty Paid) (관세지급인도조건)	물품이 지정목적지에서 또는 지점에서 수입통관 후 도착운송수단에 실어둔 채 양하준비 된 상태로 매수인의 처분하에 놓인 때	매도인은 A까지 제비용 부담(단, 관세포함)	• 수출통관 매도인 의무 • 수입통관 매도인 의무

| 표 2-10 | 위험(risk)부담 분기점과 비용(cost)부담 분기점

구분	EXW	FCA	FAS	FOB	CFR	CIF	CPT	CIP	DPU	DAP	DDP
작업장	R/C										
운송인		R/C					R	R			
수출선측			R/C								
수출본선				R/C	R	R					
수입부두					C	C			R/C		
목적지							C	C	R/C		
최종목적지										R/C	R/C
관세부담											○
보험료						○		○			
선박전용			○	○	○	○					

(해설) 위험부담분기점, C : 비용부담분기점
① R : 위험부담분기점, C : 비용부담분기점
② R/C : 위험부담분기점과 비용부담분기점이 동일하다는 의미
③ 위험부담분기점과 비용부담분기점이 동일한 조건 : EXW, FCA, FAS, FOB, DAP, DPU, DDP
④ 위험부담분기점과 비용부담분기점이 상이한 조건 : CFR, CIF, CIP, CIP
⑤ CIF, CIP : 매도인이 적하보험 가입이 의무조건이며 매도인이 적하보험료를 부담
⑥ DPU : 목적지에서 양하된 상태로 인도
⑦ DAP : 최종목적지에서 양하 준비된 상태로 인도
⑧ DDP : 매도인이 수입관세를 부담하고 수입통관 후 최종목적지에서 양하 준비된 상태로 인도

4) 11가지 Trade Terms의 주요내용

(1) EXW(Ex Works, 공장인도)

① 인도와 위험

"공장인도"는 매도인이 다음과 같이 한 때 매수인에게 물품을 인도하는 것을 의미한다.

가. 매도인이 물품을 (공장이나 창고와 같은) 지정장소에서 매수인의 처분하에 두는 때

나. 그 지정장소는 매도인의 영업 구내일 수도 있고 아닐 수도 있다.

인도가 일어나기 위하여 매도인은 물품을 수취용 차량에 적재하지 않아도 되고, 물품의 수출통관이 요구되더라도 이를 수행할 필요가 없다.

② 인도장소 또는 정확한 인도지점

당사자들은 단지 인도장소만 지정하면 된다. 그러나 당사자들은 또한 지정인도장소 내에 정확한 지점을 가급적 명확하게 명시하는 것이 좋다.

(2) FCA(Free Carrier, 운송인인도)

① 인도와 위험

"운송인인도(지정장소)"는 매도인이 물품을 매수인에게 다음과 같은 두 가지 방법 중 어느 하나로 인도하는 것을 의미한다.

가. 지정장소가 매도인의 영업 구내인 경우, 물품이 매수인이 마련한 운송수단에 적재된 때

나. 지정장소가 그 밖의 장소인 경우, 매도인의 운송수단에 적재되어서 지정장소에 도착하고 매도인의 운송수단에 실린 채 양하 준비된 상태로 매수인이 지정한 운송인이나 제3자의 처분하에 놓인 때

② 인도장소 또는 인도지점

인도장소 또는 인도지점은 위험이 매수인에게 이전하는 곳이자 또한 매수인이 비용을 부담하기 시작하는 시점이 되므로 당사자들은 인도장소나 인도지점을 명확하게 명시하는 것이 좋다.

(3) FAS(Free Alongside Ship, 선측인도)

① 인도와 위험

"선측인도"는 매도인이 지정선적항에서 매수인이 지정한 선박의 선측에(예컨대 부두 또는 barge에) 물품이 놓인 때 또는 이미 그렇게 인도된 물품을 조달한 때 인도하는 것을 의미한다.

② 운송방식

본 규칙은 당사자들이 물품을 선측에 둠으로써 인도하기로 하는 해상운송이나 내수로 운송에만 사용되어야 한다.

(4) FOB(Free On Board, 본선인도)

① 인도와 위험

"본선인도"는 매도인이 지정선적항에서 매수인이 지정한 선박에 적재함 또는 이미 그렇게 인도된 물품을 조달함으로써 물품을 매수인에게 인도하는 것을 의미한다.

② 운송방식

본 규칙은 당사자들이 물품을 선측에 둠으로써 인도하기로 하는 해상운송이나 내수로 운송에만 사용되어야 한다.

(5) CFR(Cost and Freight, 운임포함인도)

① 인도와 위험

"운임포함인도"는 매도인이 물품을 선박에 적재함 또는 이미 그렇게 인도된 물품을 조달함을 매수인에게 인도하는 것을 의미한다,

② 위험과 비용

물품의 위험부담은 매도인이 선박에 적재함으로 종료되나 비용은 목적항까지 운임을 매도인이 부담한다.

(6) CIF(Cost Insurance and Freight, 운임·보험료포함인도)

① 인도와 위험

"운임·보험료포함인도"는 매도인이 물품을 선박에 적재함 또는 이미 그렇게 인도된 물품을 조달함을 매수인에게 인도하는 것을 의미한다,

② 위험과 비용

물품의 위험은 매도인이 선박에 적재함으로 종료되나 비용은 목적항까지 운임과 적하 보험료를 매도인이 부담한다.

③ 적하보험

매도인은 협회적하약관의 C약관이나 그와 유사한(F.P.A) 약관에 따른 제한적인 담보조건으로 부보하여야 한다. 그러나 당사자들은 더 높은 수준의 담보조건으로 부보하기로 합의할 수 있다.

(7) CPT(Carriage Paid To, 운송비지급인도)

① 인도와 위험

"운송비지급인도"는 매도인이 매도인과 운송계약을 체결한 운송인에게 물품을 교부함으로써 또는 그렇게 인도된 물품을 조달함으로써 인도하는 것을 의미한다. 매도인은 사용되는 운송수단에 적합한 방법으로 그에 적합한 장소에서 운송인에게 물품의 물리적 점유를 이전함으로써 물품을 인도할 수 있다.

② 위험과 비용

물품의 위험은 매도인이 운송인에게 물품을 교부함으로써 종료되나 비용은 매수인과 목적지로서 합의된 장소 또는 지점(있는 경우)까지 운송비를 매도인이 부담한다.

(9) CIP(Carriage and Insurance Paid To, 운송비·보험료지급인도)

① 인도와 위험

"운송비·보험료지급인도"는 매도인이 매도인과 운송계약을 체결한 운송인에게 물품을 교부함으로써 또는 그렇게 인도된 물품을 조달함으로써 인도하는 것을 의미한다. 매도인은 사용되는 운송수단에 적합한 방법으로 그에 적합한 장소에서 운송인에게 물품의 물리적 점유를 이전함으로써 물품을 인도할 수 있다.

② 위험과 비용

물품의 위험은 매도인이 운송인에게 물품을 교부함으로써 종료되나 비용은 매수인과 목적지로서 합의된 장소 또는 지점(있는 경우)까지 운송비와 적하 보험료를 매도인이 부담한다.

③ 적하보험

매도인은 협회적하약관의 A약관이나 그와 유사한 약관(A/R)에 따른 광범위한 담보조건으로 부보하여야 한다. 그러나 당사자들은 더 낮은 수준의 담보조건으로 부보하기로 합의할 수 있다.

(9) DPU(Delivered at Place Unloaded, 도착지양하인도)

① 인도와 위험

"도착지양하인도"는 매도인이 물품이 지정목적지에서 또는 지정목적지 내에 어떠한 지점이 합의된 경우에는 그 지점에서 도착운송수단으로부터 양하된 상태로 매수인의 처분하에 놓인 때에 인도하는 것을 의미한다. 당사자들은 매도인이 양하의 위험과 비용을 부담하기를 원하지 않는 경우에는 DPU를 피하고 그 대신 DAP를 사용하여야 한다.

② 위험과 비용

매도인은 물품을 지정목적지까지 가져가서 그곳에서 물품을 양하하는 데 수반되는 모든 위험과 비용을 부담한다.

(I) DAP(Delivered at Place, 도착지인도)

① 인도와 위험

"도착지인도"는 매도인이 물품이 지정목적지에서 또는 지정목적지 내에 어떠한 지점이 합의된 경우에는 그 지점에서 도착 운송수단에 실어둔 채 양하 준비된 상태로 매수인의 처분하에 놓인 때에 인도하는 것을 의미한다.

② 위험과 비용

매도인은 물품을 지정목적지까지 또는 지정목적지 내의 합의된 지점까지 가져가는 데 수반되는 모든 위험과 비용을 부담한다.

(II) DDP(Delivered Duty Paid, 관세지급인도)

① 인도와 위험

"관세지급인도"는 매도인이 물품이 지정목적지에서 또는 지정목적지 내에 어떠한 지점이 합의된 경우에는 그 지점에서 수입통관 후 도착 운송수단에 실어둔 채 양하 준비된 상태로 매수인의 처분하에 놓인 때에 인도하는 것을 의미한다.

② 위험과 비용

매도인은 물품을 지정목적지까지 또는 지정목적지 내의 합의된 지점까지 가져가는 데 수반되는 모든 위험과 비용을 부담한다.

③ 매도인을 위한 유의사항

DDP에서는 인도가 도착지에서 일어나고 매도인이 수입관세와 해당하는 세금의 납부책임을 지므로 DDP는 11개의 모든 인코텀즈 규칙 중에서 매도인에게 최고 수준의 의무를 부과하는 규칙이다.

5) 위험부담과 비용부담 분기점

Incoterms 2020에서는 CFR, CIF, CPT, CIP와 같은 C-terms(C-Group)를 제외하고 모든 정형거래조건에서는, 비용부담의 분기점은 위험부담의 분기점과 동일하게 규정하고 있다. 따라서 C-term의 경우만 위험과 비용의 분기점이 다르다는 사실에 유의할 필요가 있다.

표 2-11 Incoterms 2020의 주요 내용

구분	위험부담분기점(A)과 비용부담분기점(B)
EXW, FAS, FCA, FOB, DAT, DAP, DDP	서로 동일하다.(A = B)
CFR, CIF, CPT, CIP	서로 상이하다

※ C group의 경우만 위험부담 분기점과 비용부담의 분기점이 서로 다르다.

9 무역클레임

1) 무역클레임의 개념과 예방책

(1) 무역클레임의 개념

무역클레임이란 계약 상대방의 계약위반으로 인하여 피해를 본 당사자가 이를 구제받기 위하여 손해배상을 청구하거나 대체품 인도 요청 또는 계약해제 등의 방법으로 그 손해를 청구하는 것을 의미한다.

무역클레임에는 타당한 이유가 있어서 제기하는 정상적인 클레임(normal claim)과 주로 수입지의 시장 상황 악화로 인하여 자신의 손해를 만회하기 위하여 상대방이 받아들일 수 없는 사소한 하자를 이유로 제기하는 market claim이 있다. 정상적인 클레임이란 매도인이 선적기일을 상당 기간 위반하였거나 계약물품과 상이하지 않은 제품을 선적하였다든가 매수인이 대금결제를 일부 이행하거나 미이행하는 경우 등을 의미한다. 반면에 market claim은 일방이 실질적으로 계약을 위반하지 않았지만, 상대방이 자신의 손해를 만회하기 위하여 신용장 거래 시 서류상의 사소한 하자 이유로 unpaid를 한다든지 아니면 일방적으로 제품의 품질이 계약과 일치하지 않는다는 억지 주장을 하는 경우 등이다. 정상적인 클레임의 경우 얼마든지 합리적인 범위 내에서 서로 합의하여 문제를 해결할 수 있지만, market claim의 경우는 받아들일 수 없는 범위의 고의적인 클레임이므로 문제 해결이 쉽지 않다. Market claim을 예방하려는 방법으로는 상대방에 대한 철저한 신용조회 및 수시로 수입국의 시장을 점검해야 한다.

(2) 무역클레임의 예방책

① 철저한 신용조사

② 정확한 제품의 품질조건 합의

③ 무역보험 등을 통한 안전한 결제방법
④ UCP 600, ISBP 745에 의한 정확한 신용장 선적서류 작성
⑤ 선적 기간, 분할선적(partial shipment) 혹은 할부선적(installment shipment) 여부, 환적(transshipment) 여부, 수량조건, 과부족용인조건(more or less clause) 등의 계약조건에 대한 세밀한 합의
⑥ 국제규칙 및 무역 관련 상관습에 대한 정확한 이해
⑦ 매매 계약서에 준거법(governing law) 명시

2) 상대방의 구제수단

Vienna Convention(1980)에서는 계약위반이 있는 경우 상대방이 취할 수 있는 구제수단(remedies)을 다음과 같이 규정하고 있다.

(1) 매도인의 계약위반에 대한 매수인의 구제수단

매도인(seller)이 계약을 위반하는 경우 상대방인 매수인(buyer)은 다음과 같은 조처를 할 수 있다.

① 계약대로의 이행의 청구(특정이행의 청구, 강제이행의 청구)
② 이행기의 연장
③ 하자보완의 청구
④ 대체품 인도의 청구
⑤ 대금 감액의 청구
⑥ 계약해제(avoidance)
⑦ 손해배상의 청구

(2) 매수인의 계약위반에 대한 매도인의 구제수단

매수인(buyer)이 계약을 위반하는 경우 상대방인 매도인(seller)은 다음과 같은 조처를 할 수 있다.

① 계약대로의 이행의 청구(특정이행의 청구, 강제이행의 청구)
② 이행기의 연장
③ 물품명세의 확정
④ 계약해제(avoidance)
⑤ 손해배상의 청구

3) 당사자에 의한 클레임 해결방법

(1) 클레임 포기(Waiver of claim)

클레임 제기자가 스스로 클레임을 철회하는 것이다.

(2) 화해(amicable settlement, compromise)

당사자 쌍방 또는 중개인의 교섭으로 당사자 간에 우위적으로 클레임을 해결하는 민사상의 화해이다.

4) 제3자에 의한 클레임 해결방법

(1) 알선(Intercession, Recommendation)

당사자의 일방 또는 쌍방의 의뢰에 따라 한국무역협회 등 제3의 기관이 해결방안을 제시하거나 조언함으로써 클레임을 해결하는 방법이다.

(2) 조정(Conciliation, Mediation)

당사자 쌍방의 조정합의에 따라 공정한 제3자를 조정인(conciliator)으로 선임하고, 그가 제시하는 조정안에 쌍방이 동의함으로써 클레임을 해결하는 방법으로 조정인이 제시하는 조정안을 당사자가 구속되지 않으므로 조정안을 수락해야 할 의무는 없다. 그러나 조정안이 당사자에 쌍방에 의하여 수락됨으로써 조정이 성립되면 중재판정과 동일한 효력 즉, 법원의 확정판결과 동일한 효력이 발생하여 당사자는 이에 구속된다.

(3) 중재(Arbitration)

당사자 쌍방의 중재 합의에 따라 공정한 제3자를 중재인으로 선정하여 중재판정부를 구성하고, 그 판정부에서 내려진 중재판정에 당사자가 무조건 승복함으로써 무역분쟁 및 클레임을 해결하는 방법이다. 중재의 효력은 법원의 확정판결과 같아 구속력, 확정력 및 집행력을 지닌다.

(4) 소송(Litigation)

법관에 의한 법원의 판결로 즉, 소송절차에 의하여 무역분쟁을 해결하는 방법이다.

┃표 2-12┃ 소송에 의한 해결과 중재에 의한 해결의 비교

비교 대상	소송에 의한 해결	중재에 의한 해결
해결결과	구속력, 확정력, 집행력 등 모든 실체적 효력	구속력, 확정력, 집행력 등 모든 실체적 효력
신속성	복잡한 절차, 삼심제 등으로 시일 소요	절차가 간단하고 신속성 보장
경비	상대적 고액, 지속적 지출	단심제 등으로 경비 축소
전문성	비교적 낮음	전문 중재인에 의한 전문성 및 거래 실정에 맞는 합리적 해결
공개 여부	공개주의로 비즈니스 분쟁에는 부적합한 측면	비공개비밀주의로 대외신용도 등 보장
국제적 집행력	속지주의(민사소송법 제217조) (외국재판의 승인 판정 후 강제집행)	국제주의
	국제적인 집행력이 보장되지 않음	New York Convention(1958)에 의해서 집행력이 보장됨

5) 중재제도

(1) 중재의 장점

① 자발적인 분쟁해결방법

② 우의적인 분위기와 절차

③ 중재인의 전문성

④ 신속한 해결[38)]

⑤ 적은 비용

⑥ 중재절차의 비공개

⑦ 외국에서의 강제집행

(2) 뉴욕협약(New York Convention, 1958)

중재의 판정결과는 재판에서의 판결과는 달리 항상 외국인을 구속하며, 국제적으로 단심제에 의하므로 중재판정의 내용은 외국법원에 의해서도 간단한 집행판결만으로 그대로 강제 집행된다.

이것이 중재가 지니는 가장 중요한 장점이며, 중재판정에 이러한 효력을 부여한

38) 대한상사중재원의 중재 규칙에 의하면 심리(hearing)의 종결일로부터 30일 이내에 판정함을 원칙으로 하고 있다.(중재 규칙 제48조 제1항)

국제협약이 "New York Convention(United Nations Convention on the Recognition and Enforcement of Foreign Arbitral Awards, 1958)"이다. 결국 'New York Convention (1958)'의 취지는 중재판정의 장소 즉, 중재지가 계약의 당사자 국가이건 제3국이건 상관없이 이 협약국가끼리는 외국에서의 판정결과를 법원의 확정판결로 인정해 주자는 취지이다.

(3) 중재합의의 형태

중재는 법관이 아닌 민간인인 중재인(arbitrator)으로 구성되는 중재판정부의 판정에 당사자가 구속되는 제도이므로 그 구속력의 근거로써 중재 합의가 필수적으로 요구되는 것이다. 분쟁을 중재로 해결하기 위해서는 반드시 서면 합의가 필수적이며 이를 근거로 당사자 일방이 중재신청을 하게 되는 것이므로 중재 합의가 없으면 절대로 그 사건은 중재에 의한 해결이 불가능한 것이다.[39)]

중재 합의는 분쟁이 발생하기 전 미리 하는 사전중재 합의도 가능하고 분쟁이 발생한 후에 그 분쟁을 중재 때문에 해결하기로 하는 합의 즉, 사후중재 합의도 가능하다.

(4) 중재합의의 형식과 요소

대한민국 중재법과 대한상사중재원의 중재 규칙, 영국 중재법 및 New York Convention(1958)에 의하면 중재 합의는 서면주의에 의하도록 규정되어 있으므로 반드시 문서로 하여야 하며 구두 합의는 무효이다. 그리고 중재합의문에는 중재지, 중재기관, 준거법(governing law)[40)] 등의 3요소가 포함된다. 여기에서 준거법이란 매매 계약서의 준거법을 의미하는 것이 아니고 중재의 절차에 관한 준거법을 의미한다.

중재합의의 표준문구 예

All disputes, controversies, or differences which may arise between Seller and Buyer, out of or in relation to or in connection with this contract, or for the breach thereof, shall be finally settled by arbitration in Seoul, Korea accordance with the Commercial Arbitration Rules of the Korean Commercial Arbitration Board and under the Laws of Korea. The award rendered by arbitrator(s) shall be final and binding upon both parties concerned.

---

39) 대한상사중재원의 중재 규칙 제9조 및 제10조 제1항1호

40) The arbitration rules of The Korean Commercial Arbitration Board and under the law of Korea.

(5) 중재합의의 효력

대한민국의 중재법에서는 중재합의의 대상인 분쟁에 대하여 소송이 제기된 경우 그 소송의 피고가 중재 합의가 있었음을 들어 '중재합의 존재의 항변' 즉 방소(妨訴)의 항변(抗辯)[41]을 하면 법원은 그 소를 각하해야 한다고 함으로써 중재합의가 있는 경우에는 당해 분쟁 사건은 반드시 중재 때문에 해결하여야 하며 법원에 소송을 제기할 수 없다는 '직소금지(prohibition of direct suit)의 효력'을 인정하고 있다.

(6) 당사자의 출석과 협조

당사자의 일방이 출석하지 아니하거나, 출석해서 심리에 응하지 아니할 때도 심리절차는 그대로 진행할 수 있다. 그러나 당사자가 제출한 서면이나 기타의 증거가 있을 때는 이를 진술 또는 제출할 것으로 본다.

당사자 쌍방이 심리의 일시, 장소가 정당하게 통지 또는 고지되었음에도 2회 이상 출석하지 않거나 출석해서도 심리에 응하지 않을 때는 중재판정부는 중재절차의 종료를 선언할 수 있다.

(7) 중재판정

중재 규칙에 의하면 원칙적으로 심리종결 후 30일 이내에 판정을 내리기로 되어 있으나 이 기간은 중재판정부의 결정에 따라 연장될 수 있다. 그러나 신속 절차에 의한 중재의 경우에는 심리종결일로부터 10일 이내에 중재판정을 내려야 한다.

중재판정은 국제적으로 단심제에 의하므로 판정내용에 불복하여 어느 나라에서든 다시 중재할 수 없으며 소송도 제기할 수 없다. 그러나 다만 중재판정의 절차에 오류 혹은 하자가 있거나 판정이 위법이면 법원에 '중재판정 취소의 소'를 제기할 수 있다.[42]

---

41) 방소항변(妨訴抗辯, demurrer)은 민사소송의 절차로 피고가 원고가 제기한 소의 문제를 들어 변론을 거부하는 것을 말한다.

42) 대한민국 중재법 제36조

10 무역계약서

1) 개별계약(Case by Case Contract)

개별계약방법은 매 거래 건별로 오퍼(offer)나 오더(order)를 확정한 후 수 출입 본계약서를 작성하는 방법으로서 통상 거래 상대방과 최초 거래 시나 거래 초기에 활용하는 방법이다. 개별계약방식에 의한 수출입 본계약서는 표면과 이면 양면으로 구성되어 있다. 표면약정에 포함되는 사항은 거래 건별로 확정해야 하는 개별약정 사항으로 당해 거래 물품의 품질 수준, 수량 및 가격 등 거래상품에 관한 사항과 개별 거래 별로 계약을 이행하기 위한 선적 일자, 결제방법 및 보험조건 등이 여기에 해당한다. 즉, 표면조항은 개별거래조항으로서 매 거래 시마다 결정해야 하는 사항들이다.

이면 약정사항은 「무역거래일반조건(General Terms and Conditions)」으로서 무역계약의 당사자가 대리인이 아니라 계약상 권리와 의무의 당사자인 본인 대 본인 계약(Principal to Principal Basis Contract)이라는 점과 계약서 표면 약정사항인 품질, 수량, 가격 및 선적조건 등 개별약정사항을 해석하는 기준을 정하게 된다. 그리고 계약불이행과 관련한 조항으로써 불가항력조항, 클레임조항, 중재조항 및 준거법 조항 등 수출입 거래 시 일반적으로 적용되는 공통사항이 여기에 포함된다.

2) 포괄계약(Master Contract)

포괄계약방법은 일반적으로 동일한 거래 상대방과 지속해서 거래가 이루어질 때 채택하는 방법이다. 이는 개별계약방법을 택하면 거래 시마다 수출입 본계약서를 작성하는 번거로움을 피하기 위한 것이다. 이때 수출입거래당사자는 당사자 간의 향후 수출입거래준칙으로써 일반거래조건협정(Agreement on General Terms and Conditions of Business)을 수출입 본계약으로 작성하며, 여기에는 개별계약 체결 시 무역계약서 이면 약정사항에 포함되는 무역 거래 일반 약정(General Terms and Conditions) 사항과 거래 건별로 오퍼나 오더를 확정하는 방법 등이 포함된다. 이에 따라 개별거래 시에는 총괄계약서에서 정한 방법에 따라 간단한 Purchase Order 혹은 appendix 등을 교환함으로써 거래를 진행한다.

포괄계약을 의미하는 영문 표현은 아래와 같다.

- Memorandum of General Terms and Conditions of Business(일반거래조건협정서)
- General Agreement
- Master Contract

수입계약도 수출계약과 마찬가지로 개별계약과 포괄계약 그리고 에이전트 계약으로 구분할 수 있다.

개별계약서 표면 예시

ICOM CO., LTD.

Address

SALES CONTRACT

ICOM CO., LTD., as seller, hereby confirms having concluded the sales contract with (buyer name), as buyer, to sell following goods on the date and on the terms and conditions hereinafter set forth. The Buyer is hereby requested to sign and return the original attached hereto.

MESSRS	CONTRACT DATE		CONTRACT NO
COMMODITY DESCRIPTION	QUANTITY	UNIT PRICE	AMOUNT

Time of Shipment:
Port of Shipment:
Port of Destination:
Payment:
Insurance:
Packing:
Special Term & Conditions:
Subject to the general terms and conditions set forth on back hereof:

Accepted by
(Buyer)
(Signature)

(Name & Title)
Date

ICOM CO.,LTD.
(Seller)
(Signature)

(Name & Title)
Date

개별계약서 이면 예시

General Terms and Conditions

1. Principal to Principal Basis : This contract recognize the fact that it is of a principal to principal basis between Seller and Buyer.
2. Quantity : Quantity is subject to a variation of five percent(5%) plus or minus at Seller's option.
3. Shipment : The on board date of bill of lading shall be taken as the conclusive date of shipment. Partial shipment and/or transshipment shall be permitted.
   Unless otherwise stated on the face hereof, Seller shall not be responsible for nonshipment or late shipment in whole or in part by reason of Force Majeure such as fires, floods, earthquakes, tempests, strikes, lockouts, and other industrial disputes, mobilization, war, threat of war, riots, civil commotion, hostilities, blockade, requisition vessel, and any other contingencies beyond Seller's control.
4. Price : The price(s) is (are) FOB Busan Korea basis. The freight and insurance premium shall be borne by Buyer.
5. Inspection : Inspection performed under the export regulation of Korea is final respect of quality and/or conditions of the contracted goods, unless otherwise stated on the face hereof.
6. Trade Terms : The trade terms used in this Contract shall be governed and interpreted by the provisions of Incoterms 2020 unless otherwise specially stated.
7. Infringement : Buyer shall hold Seller harmless from liability for any infringement with regard to patent, trade mark, design and/or copyright originated or chosen by Buyer.
8. Claim : Any claim by Buyer must be made in writing within fourteen(14) days of receipt of the goods at destination stated on the face hereof, and no claim will be recognized if they are used.
9. Arbitration : All disputes, controversies, or differences which may arise between Seller and Buyer, out of or in relation to or in connection with this contract, or for the breach thereof, shall be finally settled by arbitration in Seoul, Korea in accordance with the Commercial Arbitration Rules of the Korean Commercial Arbitration Board. The award rendered by arbitrator(s) shall be final and binding upon both parties concerned.
10. Governing Law : This Contract shall be governed and construed in all respects by The United Nations Convention on Contract for the International Sale of Goods(1980).

포괄 계약서

■ **Sales Agreement**

This Agreement("Agreement") is made this [1st] day of [March 2012 by and between [ABC Corp.], with its registered office at [140, West 51st Street, New York, N.Y., U.S.A] ("Buyer") and HAN KOOK Co., Ltd.], with its registered office at [159, Samsung-dong, Kangnam-ku, Seoul, Korea]("Seller") :

이 계약은 [2012.3.1] [ABC] 사(이하 매수인 : 미합중국 뉴욕주 뉴욕시 웨스트 51가 140소재)와 [한국상사(주)] (이하 매도인 : 대한민국 서울특별시 강남구 삼성동 159소재)간에 체결되었다.

해 설

계약의 체결일은 계약서의 머리말 부분 중 당사자 표시란 직전에 있는 계약체결일 부분에 표시되는 것이 일반적이나, 때로는 계약서 말미 부분의 서명란에서 서명과 함께 표시되기도 한다.

계약의 체결은 계약내용 및 조건의 확정을 의미하므로 엄격한 의미에서 본다면 계약의 발효(effectiveness)와는 구별된다. 계약의 발효에 관하여 별도의 규정이 없다면 계약의 체결일(서명일)로부터 당해 계약은 효력을 갖게 되지만, 발효일(effective date)의 규정이 별도로 있는 경우에는 이에 따라 계약이 발효된다.

- 'is made' : 계약의 체결을 의미한다. 그러므로 'is made' 이하의 'this(1st) day of(March 2012)' 즉, 2012년 3월 1일이 계약의 체결일이다.
- by and between [ABC Corp.] and HAN KOOK Co., Ltd.],
  계약서상에서 위와 같은 문구는 계약 당사자를 의미한다. 계약서의 서문 혹은 서명란에 기재된 ABC Corp와 HAN KOOK Co., Ltd.는 계약의 당사자로서 당해 계약서에 실질적으로 서명한 자만을 구속한다. 그러므로 서명하지 않은 당사자 및 증인(witness)은 이에 구속되지 않으며, 계약서 본문에서 특정한 의무를 부담하도록 규정된 제3자도 이에 구속될 필요가 없다.

■ **WITNESSETH**

WHEREAS, the Buyer desires to purchase from the Seller and the Seller desires to sell to the Buyer [five million sets of T.V] during a period of [5] years. Now, THEREFORE, in consideration of the premises and covenants herein contained, the parties hereto agree as follows :

매수인과 매도인은 향후 [5]년간 [500]만 대의 T.V를 매매하고자 희망하므로 여기에 기재된 약속을 약인으로 하여 당사자들을 다음과 같이 합의한다.

해설

- WHEREAS

  영문계약서에서는 당사자 표시란에 이어서 WHEREAS 등으로 시작되는 부분이 있는데, 이 부분을 전문(前文), WHEREAS조항 또는 RECITAL 조항이라고 부른다. 이 전문에서는 통상 계약체결을 위한 당사자간의 목적, 의도, 영위사업의 개요 및 계약내용의 요약, 계약체결의 경위 및 경과 사항 등을 표시하고 있다. 앞으로 전개될 계약서 본문의 내용을 개략적으로 파악할 수 있다.

  WHEREAS는 법률이나 조약문, 국제계약서 등에 자주 쓰이며 ~인 까닭에, ~때문에, ~라는 사실에서 보면(in a view of fact that) 등으로 해석된다.

- in consideration of

  WHEREAS 다음에 나오는 위와 같은 표현을 약인조항(Consideration Article)이라고 부른다.

  'in consideration of'는 '~을 고려하여'라는 의미가 아니라 ~을 약인으로 하여'라고 번역하는 것이 보다 적절하다.

  약인이란 예를 들어 물품 매매계약에 있어서 물품인도 약속에 대한 대금의 지급(또는 그 약속), 그 반대로 대금지급 약속에 대한 물품의 인도(또는 그 약속) 등과 같이 계약상의 약속의 대가로써 제공되는 행위를 말하는 것으로써, 그 기본 개념은 대가의 상호교환이라고 할 수 있다.

Article 1. Sale of Goods

1.1 The Buyer shall purchase form the Seller and the Seller shall sell to the Buyer newly manufactured TV set ("Goods") subject to the terms and conditions herein provided.

제1조(상품매매)

1.1 매수인과 매도인이 계약에 규정된 조건으로 신제품(T·V set)(이하 상품)을 매매하기로 한다.

Article 2. Quantity, Specification and Quality

2.1 For (5) years commencing(March 1, 2012), the Buyer shall purchase from the Seller and the Seller shall to sell the Buyer [one million(1,000,000) pieces] of the Goods per year to make the total quantities of the sale of the Goods [five million(5,000,000) pieces] during [March 1, 2012] to [February 28, 2017]

제2조(수량·규격·품질)

2.1 2012. 3. 1.부터 2017. 2. 28.까지 향후 5년간, 매수인은 매도인으로부터 매년 100

만 대씩 총 500만 대의 상품을 매입하고 매도인은 이를 매수인에게 판매한다.

2.2 The Specification of the Goods shall be prescribed and specified in Specification attached hereto as Exhibit [1].

2.2 상품의 명세서는 첨부된 표(1)의 명세서에 기재된 바와 같다.

해설

- 본 계약의 목적물을 특정 짓는 조건의 하나로 대상 상품의 수량을 기재할 필요가 있다. 포괄계약시에는 전체 수량만 기재할 뿐 건별 수량은 결정하지 않고 바이어의 appendix, P/O 등의 방법으로 하기로 정하는 경우가 있다.
- Here to : 'Here + 전치사' 형태의 표현에서 'here'는 통상적으로 'this agreement'의 의미와 표현으로 사용되는 경우가 대부분이다. 그러나 경우에 따라서는 'this Article' 또는 'in the followings(이하에서)'의 의미로 쓰이는 경우도 있다. 본 계약서에서는 'to this agreement'의 의미이다.
- herein = in this agreement
- hereto = to this agreement
- thereof = of this agreement
- 계약서의 명시조건으로 삽입하는 경우 계약서자 산만해 질 수 있다. 이런 경우에는 별도로 합의하는 경우가 있는데 이런 경우 통상 본 계약서처럼 Exhibit, Annex, Appendix 등의 부가서로 합의하기도 한다.

Article 3. Price

3.1 The agreed unit price of each Goods('Price') is [Two Hundred United States Dollars(US$200)] on [C.I.F. New York] basis.

3.1 합의된 상품의 단가는 운임보험료 포함가격으로 미화 200불이다.

3.2 The Price is fixed and effective up to shipments performed on or before [the end of September, 2012] and thereafter the Price shall be readjusted every 6 months according to Seller's request.

3.2 위의 가격은 2012. 9월 말 이전에 선적된 상품에 적용되고, 그 이후의 가격은 매도인의 요청에 의하여 매 6월마다 조정한다.

해설

- 국제매매계약에서는 운임, 보험료 등의 여러 가지 경비가 관련되기 때문에 가격의 계산기준으로 FOB, CIF 등의 무역조건이 쓰이고 있으므로 이를 명확히 하여 가격조항을 명기해야 한다.

Article. Payment

4.1 Except otherwise agreed by the parties, all the payment for the Goods shall be made in United States Dollars by an irrevocable letter of credit [confirmed by first class international bank designated by the Seller] in the favor of the Seller. The letter of credit shall be established by the Buyer at least two months prior to each scheduled shipment date to be stipulated in Exhibit(2) and to be negotiable at sight against draft and to be valid for no less than thirty (30) days after the latest date allowed for the shipment. The Buyer shall bear all banking expenses associated with the establishing of the letter of credit. Partial shipment, transshipment and partial negotiations of letter of credit shall be permitted and the letter of credit shall be worded accordingly.

제4조(지급)

4.1 당사자간에 달리 합의하지 않는 한, 상품대금은 매도인을 수익자로 하는 (매도인이 지정한 국제적인 제1급 은행이 확인한) 취소불능신용장으로 결제하여야 한다. 신용장은 표(2)에 기재한 예정 선적일자보다 최소한 2개월전에 개설되어야 하며 동 신용장은 일람출급 화환어음으로 결제되며, 허용된 최후 선적일로부터 최소한 30일 동안 유효한 조건이어야 한다. 매수인은 신용장 개설과 관련한 은행비용을 부담한다. 분할선적, 환적, 신용장에 의한 부분적인 결제 등이 허용되는 조건이 신용장에 명시되어야 한다.

4.2 Delay by the Buyer in establishing the letter of credit shall extend the time for performance of this Agreement by the Seller to such extent as may be necessary to enable it to make delivery in the exercise of reasonable diligence after such letter of credit has been established. Should opening the letter of credit be delayed for causes for which the Buyer is liable, Buyer shall pay the Seller amount equal to [two-tenth of one percent(0.2%)] of the amount of relevant letter of credit per each full week as liquidated damages in net cash or sight draft within three days from receipt of relevant bill from the Seller. However, the total amount of liquidated damages shall not be more than [one percent(1%)] of the amount of relevant letter of credit. Should opening of letter of credit be delayed by more than five(5)full weeks, the Seller may terminate the Agreement without prejudice to the Seller's rights under the Agreement, including claim of said liquidated damages.

4.2 매수인이 신용장을 지연하여 개설하는 경우, 이 계약의 이행기간은 신용장개설 후,

합리적으로 노력하여 상품을 인도할 수 있을 만큼 연장된다. 매수인의 귀책사유로 신용장의 개설이 지연되는 경우에는, 매수인은 지연되는 1주일마다 관련신용장 금액의 0.2%를 예정손해금으로 매도인의 청구를 받은 후 3일 이내 현금이나 일람출급 어음으로 매도인에게 지급하여야 한다. 그러나 예정손해금은 관련신용장 금액의 1%를 초과하지 못한다. 신용장의 개설이 5주 이상 지연되는 경우에는 매도인은 위 예정 손해금의 청구를 포함하여 이 계약에 의한 매도인의 권리를 침해함이 없이 이 계약을 해제할 수 있다.

해설

- 국제매매계약에서의 지불은 일반적으로 신용장이나 전신환송금방법 등이 채용되고 있으나 계약 당사간의 합의에 따라 여러 가지 방법을 채용할 수 있는데 이에 관해 명확히 기재할 필요가 있다. 지불방법은 지불통화, 지불할 곳, 지불기일 등에 관해 명시한다.
- liquidated damages

  어느 일방 당사자의 계약위반에 대한 타방 당사자의 권리 구제책으로 자주 사용되는 방법 중에 손해배상제도가 있다. 현실적으로 입은 손해를 금전으로 배상함으로써 계약이 이행된 것과 동일한 효과를 가져 오게 하려는 제도이다.

  국제계약에서 손해가 발생할 경우 계약위반자가 지급하여야 할 손해배상액을 미리 사전에 규정하여 둘 필요가 있다. 이와 같은 제도를 손해배상액의 예정(Liquidated Damages)이라고 부른다.

  손해를 입은 당사자는 손해배상예정액의 확실한 회수를 위하여 채무자로 하여금 보증서(bond) 등을 구비하여 제출하도록 하는 경우도 있으며 국제거래에서 활용되고 있는 보증서의 종류에는 다음과 같은 것들이 있다.

  ① 입찰보증서(Tender bond 또는 Bid bond)

  ② 계약이행보증서(Performance bond, Performance guarantee)

  ③ 선수금환급보증서(Advance Payment bond)

  ④ 하자보상보증서(Retention bond)
- 단수형태인 damage는 손해를 의미한다. 반면에 이러한 손해들이 모여서 손해들의 군집을 이루는 복수 형태의 damages는 손해의 구체적 크기인 금액(손해액, 배상액 등)을 나타낸다.

Article 5. Shipment of the Goods

5.1 The Goods shall be delivered by the Seller to the Buyer at(any Korean port) in accordance with the Shipment Schedule attached hereto as Exhibit 2 (shipment schedule).

제5조(선적)

5.1 표2에 첨부된 선적일정에 따라, 매도인은 상품을 대한민국의 항구에서 매수인에게 인도한다.

5.2 The Seller shall arrange the suitable vessel of any flag, subject to freight being available, to transport the Goods to the destination,(New York, U.S.A.) or other seaport designated by the Buyer on relevant letter of credit provided that C.I.F. price is not increased.

The Seller shall notify by telex or facsimile, the Buyer of necessary information at least 7 days before each shipment so that the Buyer may make arrangement for receipt and inland transportation, if necessary, of the Goods.

5.2 매도인은 미국 뉴욕이나 C.I.F.가격이 증가하지 않는 범위내에서, 관련 신용장에서 매수인이 지정한 기타 항구를 목적항으로 운송하는 운임 선급의 적절한 국적선을 수배하여야 한다. 매도인은 매수인이 상품의 인수 및 내륙수송을 위해 필요한 조처를 할 수 있도록 선적 시마다, 선적일 7일 전에 텔렉스나 팩스로 매수인에게 관련 정보를 통지하여야 한다.

Article 6. Late Shipment

6.1 In the event that the Seller delays shipment of the Goods in accordance with the shipment Schedule for reasons solely attributable to the Seller, the Buyer shall grant the Seller (7 days) grace, without liquidated damage on each specified delivery.

After that (7 days) grace, the Buyer have the right to claim [one percent(1%)] of the contract price of the Goods of which shipment shall have been delayed, per each full week from (seven days) after the scheduled shipment date until actual shipping date thereof.

The total amount of the liquidated damage under the Agreement shall be limited to[six percent (6%)] of the contract price of the Goods delayed.

제6조(선적지연)

6.1 매도인의 귀책 사유로, 선적 일정에 의한 선적이 지연되는 경우에는, 매수인은 예정된 선적에 관한 예정손해금 없이 7일간의 유예기간을 허용해야 한다. 7일간의 유예기간 후, 매수인은 예정된 인도기일 7일 후부터 실제로 선적된 일자까지 매주 선적이 지연된 상품의 계약금액의 1%를 손해배상으로 청구할 권리를 가진다. 예정손해금의 총액은 지연된 상품의 계약금액의 6%를 초과하지 못한다.

6.2 If the aforesaid delay of delivery exceeds six full weeks, the Buyer have the right to avoid the Agreement, without prejudice to Buyer's right under the Agreement, including claim of said liquidated damage.

6.2 상품의 인도가 6주 이상 지연되는 경우, 매수인은 위 예정손해금의 청구를 포함하여 이 계약에 의한 매수인의 권리를 해함이 없이 계약을 해제할 권리를 가진다.

6.3 In the event of Force Majeure, liquidated damage for late delivery shall not be applied.

6.3 불가항력의 경우, 인도 지연에 대한 예정손해금은 적용되지 아니한다.

Article 7. Packing and Marking

7.1 The Goods shall be packed and marked in the manner customary for exporting. In case special instruction are necessary, Buyer shall furnish Seller with such instructions in time for preparation or shipment of the goods.

제7조(포장과 하인)

7.1 상품은 수출 시 사용하는 관례적인 방법으로 포장되고 하인이 표시되어야 한다. 특별지시가 필요한 경우에는 매수인은 매도인에게 상품 선적을 위한 적절한 시일 내 동 지시를 통지하여야 한다.

Article 8. Insurance

8.1 Seller shall effect marine insurance on all shipments on [A/R] for 110% of the invoice amount.

제8조(보험)

8.1 매도인은 모든 적하에 대하여 송장 금액의 110%에 상당한 금액으로 협회적하약관 A/R 조건의 해상보험에 부보하여야 한다.

Article 9. Warranty

9.1 Each Goods supplied by the Seller is hereby expressly warranted to be free from defect in material and workmanship under normal use and service.

9.1 매도인이 인도한 모든 상품에 대하여 정상적인 사용을 조건으로 재료와 기술상의 하자가 없음을 명시적으로 담보한다.

9.2 This Warranty shall be limited to a period of 12months after delivery thereof to the Buyer under storage in a roofed warehouse.

9.2 하자 담보는 매수인의 창고에 입고된 후부터 12개월까지 유효하다.

9.3 The above warranty shall not apply to the Goods, which is used for a purpose for which it was not designed or which has been subject to normal wear and tear, demage caused by accident, misuse, abuse, damage occurring during shipment.

9.3 위 담보책임은 상품이 예정 외의 목적에 사용되거나, 상품이 마멸, 사고에 의한 손상, 오용, 남용, 운송 중 손상 등의 경우에는 적용되지 않는다.

9.4 The Seller's liability under this warranty shall be IN LIEU OF ALL OTHER LIABILITIES OF THE SELLER for defect in material or workmanship of the Goods or ANY OTHER WARRANTIES, EXPRESS OR IMPLIED, statutory or at common law WHICH THE BUYER HEREBY WAIVES. In no event shall the seller be liable for consequential or indirect damages regarding the Goods.

9.4 이 담보조항에 따른 매도인의 책임은, 상품의 재료나 기술상의 하자에 대한 매도인의 기타의 모든 책임으로 대신할 수 있거나, 명시적으로 또는 묵시적으로 매수인이 유보하는 성문법이나 보통법상의 기타 담보책임으로 대신할 수 있다. 그러나 어느 경우에든 매도인은 상품에 관한 파생적, 간접적 손상에 대하여는 책임을 지지 않는다.

해설

Warranty는 계약당사인 매도인 자신이 직접 공급한 상품에 대하여 품질, 성능, 수량, 내구성 등에 대하여 보증하는 것을 말한다. 이러한 보증사항에 위반될 때는 당사자 자신에게 손해배상책임이 수반된다.
반면에 Guaranty는 계약의 당사자가 아닌 제3자에게 일정한 요건의 충족을 전제로 의무(채무)이행을 대신케 하는 것이다.

Article 10. Claim

10.1 Any claim by the Buyer of whatever nature arising under this contract shall be made by cable within thirty(30) days after arrival of the goods at the destination specified in the bills of lading. Full particulars of such claim shall be made in writing, and forwarded by registered mail to Seller within fifteen(15) days after cabling. The Buyer must submit with particulars sworn surveyor's reports when the quality or quantity of the goods delivered is in dispute.

제10조(클레임)

10.1 이 계약으로 인하여 발생하는 어떠한 종류의 매수인의 클레임도 상품이 선하증권에 기재된 목적지에 도착한 후 30일 이내 전신으로 제기하여야 한다. 전신 후 (15일) 이내에 동 클레임의 명세는 서면으로 작성되어 등기우편으로 매도인에게 송

부하여야 한다. 상품의 품질이나 수량이 문제가 되는 경우에는 매수인은 상세한 검사보고서를 제시하여야 한다.

Article 11. Force Majeure

11.1 Except for the payments due for the Goods delivered by the Seller, any party ("Affected Party") hereto shall not be responsible to the other party("Non-Affected Party") for nonperformance either in whole or in part or delay in performance of the terms and conditions of the Agreement, due to war, war like operation, acts of God, riot, strikes, sabotage or other labor disturbances in the manufacturing plant; lockout of the manufacturing plant; epidemics, floods, earthquakes, typhoon, embargoes, laws and regulations of the Buyer's country or seller's country or any other causes beyond the control of the parties.
In case of any such event the terms of this Agreement relating to time and performance shall be suspended during the continuance of the event.

제11조(불가항력)

11.1 매도인이 인도한 상품대금의 지급을 제외하고, 어느 당사자도 전쟁·준전시상태·천재지변·폭동·파업·태업 또는 기타 노동쟁의, 공장폐쇄·전염병·홍수·지진·폭풍·수출금지·매수인 또는 매도인 국가의 법규·기타 당사자가 통제할 수 없는 사유로 계약조건을 불이행(전부 혹은 일부)하거나 이행을 지연한 경우에는 상대방에 대하여 그로 인한 책임을 부담하지 않는다.
위의 경우, 기간 및 이행에 관한 이 계약의 조건은 불가항력사유가 지속되는 동안만큼 연기된다.

11.2 Within five(5)days from the date of commencement of the event, the Affected Party shall advise the Non-Affected Party by telex, facsimile or cable of the date when such delay in performance commenced, and the reasons therefor as enumerated in this Agreement; likewise, within five (5) days after the delays ends, the Affected Party shall advise Non-Affected Party by telex, cable or facsimile of the date when such delay ended, and shall also specify the redetermined time by which the performance of the obligation hereunder is to be completed.

11.2 채무불이행 당사자는 불가항력 사유가 발생한 날로부터 5일 이내에 상대방에게 텔렉스, 팩스 또는 전신으로써 지연사유의 개시일자와 이 계약에 열거된 지연 사유를 통보하여야 한다. 또한 채무불이행 당사자는 지연사유가 종료된 후 5일 이내에 상대방에게 텔렉스, 팩스 또는 전신의 방법으로 지연사유의 종료일자와 예상되는 계약의무이행 완료일자를 통보하여야 한다.

해설

특정한 사유로 인하여 어느 당사자에게도 책임을 물을 수 없는 사유로 계약서에서 예정된 의무의 이행이 중단 또는 지연될 경우에 이에 대비하여 의무이행의 연기나 면제를 규정해 두는 조항을 불가항력조항(Force Majeure Article)이라고 한다.

불가항력조항은 자기측의 입장, 거래의 규모, 제품의 특성 및 거래 당사국의 국내 정세 등 모든 상황을 종합적으로 고려하여 규정해야 하며 통상적으로 공급자의 입장에서라면 불가항력 사유를 넓게 규정해 두는 것이 유리하다고 할 수 있다.

Article 12. Breach, Indemnity

12.1 In the event either party breaches an obligation under this Agreement or toward a third party, delays or interferes with the other party in the performance of this Agreement, it shall be liable to the other party for any reasonable direct damages thereby sustained by the other party. In the event a third party commences any proceeding for which a party thereto intends to claim indemnity, such party shall promptly notify the other party and allow suitable participation in all stages of the proceeding and settlement thereof. Failure to promptly notify or allow equitable participation by the other party shall reduce the right of indemnity by the extent of actual resultant prejudice.

제12조(계약위반, 보상)

12.1 일방 당사자가 계약상 또는 제3자에 대한 의무를 위반하거나, 계약이행을 지연하거나, 상대방의 계약이행을 방해하는 경우에는 상대방이 입은 합리적인 직접손해에 대하여 책임을 진다. 제3자가 법적인 절차를 개시하고, 동 절차에 의하여 일방은 즉시 타방에게 통지하여 타방당사자가 위 절차 및 그의 해결을 위한 모든 과정에 적절히 참여할 수 있도록 하여야 한다. 일방이 위의 통지를 하지 못한 경우에는, 그 상대당사자가 입은 실질적인 손해만큼 배상권리가 경감된다.

12.2 It is specifically understood and agreed by both parties that the Buyer shall be solely responsible for the observance of any restriction against importation of the Goods imposed by any federal or local authority and shall defend and save harmless the Seller from any liabilities and obligations under the restriction or any claims arising out of the infringement of the restriction.

12.2 특히, 양 당사자는 매수인만이 미국연방 또는 지방당국이 부과하는 상품수입에 관한 규제사항을 준수할 책임이 있으며 또 규제사항에 의한 책임과 의무 또는 규제사항 위반에 의한 어떠한 클레임에 대해서도 매도인을 보호하여야 하며, 매도인은 면책되는 것으로 양해하고 합의한다.

해설

양당사자 합의한 계약서의 내용대로 실현하지 못하는 것을 계약의 불이행 또는 계약의 위반이라고 한다.

계약의 위반에는 이행이 가능함에도 불구하고 이를 이행하지 않는 이행지체(failure to perform), 계약이 유효하게 성립된 후 어느 당사자의 귀책사유로 추후에 이행이 불가능하게 되는 이행불능(impossibility), 계약이행의 의사가 없음을 적극적으로 표시하는 이행거절 등이 있다.

이와 같은 계약위반의 경우가 발생하면 계약위반의 상대방은 그러한 '위반에 대한 구제(remedies for breach)'를 강구할 수 있어야 하는데, 그 구제의 방법으로는 다음과 같은 것들이 있다.

① 계약의 해제(avoidance)

② 손해배상(demage) 청구

Article 13. Taxes/Duties, Contingent Charges

13.1 Any duties, tariffs for import and export or other taxes or charges which are now assessed or imposed or which may hereafter be assessed or imposed by U.S.A Government or other competent authorities other than Korea in connection with the Goods and/or transactions thereof shall be borne and paid by the Buyer.

13.1 상품 또는 이 거래와 관련하여, 미국정부 또는 한국 이외의 기타 당국에 의하여 부과되거나 부과될 수 있는 수입과 수출의 조세, 관세 혹은 기타 세금, 경비 등은 매수인의 부담으로 매수인이 지급한다.

13.2 Increase in freight, insurance premiums and/or surcharge, due to war, threat of war, warlike conditions, port congestion or other emergency or contingency unforeseen or not existent at the time of concluding the Agreement, shall be for the Buyer's account.

13.2 계약체결시 예상할 수 없었거나, 존재하지 않았던 전쟁이나 전운, 전쟁상태, 항만적체 혹은 기타 긴급상황으로 인한 운임인상, 보험료 인상 그리고 혹은 추가경비 등은 매수인의 부담으로 한다.

Article 14. After Sales Service

14.1 The Seller may, upon request of the Buyer and consent of the Seller, dispatch some experiences technicians to some places in U.S.A for the purpose of rendering effective after service in connection with the Goods.

제14조(사후판매서비스)

14.1 매수인의 요청과 매도인의 동의에 따라, 매도인은 이 건 상품과 관련하여 효율적

인 사후서비스를 위하여 미국내로 유능한 기술자를 파견한다.

Article 15. Infringement

15.1 The Buyer shall be liable for and hold the Seller harmless from and against all losses and damages incurred and suits and claims brought by third party due to possible infringement of trademark, patent, copyright or other proprietary rights of the third party in connection with the Seller's manufacture and sale of the Goods according to the Specification attached hereto as Exhibit [1].

제15조(권리침해)

15.1 표 [1]로써 첨부된 명세서에 따라 제조된 상품과 관련하여 매수인은 상표, 특허, 저작권 또는 기타 제3자의 재산권 침해로 인하여 제3자가 제기한 손해 및 손실 그리고 소송이나 클레임에 대하여 책임을 지며, 매도인은 면책이 된다.

해설

매도인은 매수인의 주문(order)에 의하여 제조를 하게 되므로 특허, 상표, 저작권 등과 같은 내용에 대하여 사전에 정확한 정보를 보유하지 못하게 되고 이로 말미암아 제3자로부터 자신이 재산권의 침해를 받았다는 이유로 매도인에게 소송 등을 제기할 수 있다. 이런 경우 매도인은 면책되며 매수인이 이와 관련한 모든 책임을 지겠다는 조항이다.

Article 16. Termination

16.1 This Agreement may be terminated upon occurrence of any of the following event :

i) Agreement may writing of the parties;

ii) By the non-defaulting party, upon default by the other party in the performance of any of its obligations under the Agreement, if not remedies within 30days after receipt of written notice from the non-defaulting party;

iii) By the other party, upon either party's (a) making an assignment for the benefit of creditors, being adjudged bankrupt, or becoming insolvent; (b) having a reasonable petition filed seeking its dissolution or liquidation not stayed or dismissed within sixty(60) days; or (c) ceasing to do business for any reason ;

iv) By the Seller, if the Buyer fails to open relevant letter of credit by more than five(5) full weeks as stipulated in Article 4.2 hereof ;

v) By either party, if a force majeure condition under Article 11 hereof makes it unreasonable to proceed with the Agreement in the foreseeable future.

제16조(계약종료)

16.1 이 계약은 다음 경우에 종료한다.

1. 서면에 의한 당사자의 합의에 의하여;
2. 계약의무불이행이 있고, 이에 따른 채무불이행 당사자가 상대방의 서면에 의한 이행 최고 후 30일 이내 구제조치를 하지 않을 때, 그 상대방에 의하여;
3. 일방이 (a) 일부 채권자들만의 이익을 확보해 주기 위한 사해행위를 하거나, 파산선고를 받거나, 지급불능인 상태가 되는 경우 (b) 해산 또는 청산을 구하는 소가(60일)이내 정지되지 않거나, 기각되지 않은 경우 (c) 기타 이유로 영업을 중단할 경우, 그 상대방에 의하여;
4. 이 계약 제4조 제2항에 규정된 바와 같이 매수인이 5주 이상 관련 신용장을 개설하지 않은 경우, 매도인에 의하여;
5. 이 계약 제11조 불가항력 상황으로 인하여 계약을 지속한 다는 것이 불합리한 경우에, 어느 일방 당사자에 의하여;

16.2 Upon termination of the Agreement, neither party shall be discharged from any antecedent obligations or liabilities to the other party under the Agreement unless otherwise agreed in writing by the parties.

16.2 이 계약이 종료되는 경우, 상대방에 대하여 종료이전의 이 계약에 의한 책임과 의무를 지지 않는다. 다만, 당사자들이 서면으로 이와 다른 약정을 할 경우에는 그러하지 아니하다.

16.3 Nothing in the Agreement shall prevent either party from enforcing the provision thereof by such remedies as may be available in lieu of termination.

16.3 이 계약의 어느 조항도, 어느 일방이 계약 종료를 대신하여 이용 가능한 구제조치로써 이 계약의 조항을 강제하는 것을 방해하지 못한다.

해설

어떠한 사유로 인하여 계약 당사자간의 계약관계가 해소되는 것을 계약의 종료(termination)라고 하며 당초 계약기간의 만료에 의한 만기종료(expiration)와 만기를 다 채우지 못하고 일정 사유로 인해 조기에 종료되는 조기종료(earlier termination)가 있다.

계약의 조기종료의 원인은 다음과 같다.

① 취소에 의한 경우

중대한 착오, 사기, 강박, 부당 위압 및 타방 당사자에 의한 부실 표시(misrepresentation)로 인한 착오 등의 경우에는 이를 이유로 당해 계약은 취소 가능하다.

② 계약위반(breach)에 의한 경우

어느 일방의 귀책 사유로 인한 중대한 계약의 위반시 타방은 당해 계약을 종료시킬 수 있는데, 일반적으로 계약의 본질적 내용인 조건(condition)에 대한 위반일 경우에 한정된다.

③ 합의에 의한 경우

기존 계약을 종료시키기로 당사자들이 새로이 합의하는 경우

④ 약정사유에 의한 경우

계약체결 당시에 미리 약정해 둔 사유가 발생될 경우에 종료시키는 유형으로써 일반적으로 계약 당사자의 신용악화를 사유로 한다.

⑤ 기타

불가항력 사유 및 계약의 목적달성 불능을 이유로 계약을 조기종료시키는 경우이다.

계약이 종료되면 당사자들은 계약관계로부터 자유로운 상태로 되돌아가지만 종료시점 이전에 이미 발생했던 권리·의무는 이행시까지 계속 유효하다. 만약 이로 인하여 상대방에게 손해를 끼친 경우에는 손해배상 등의 책임을 지게 된다.

Article 17. Arbitration

17.1 All disputes, controversies, or differences which may arise between the parties, out of or in relation to or in connection with this contract or for the breach thereof, shall be finally settled by arbitration in Seoul, Korea in accordance with the Commercial Arbitration Rules of The Korean Commercial Arbitration Board. The award rendered by the arbitrator(s) shall be final and binding upon both parties concerned.

제17조(중재)

17.1 이 계약으로부터, 또는 이 계약과 관련하여 또는 이 계약의 불이행으로 말미암아 당사자 간에 발생하는 모든 분쟁, 논쟁 또는 의견 차이는 대한민국 서울특별시에서 대한상사중재원의 상사중재규칙에 따라 중재에 의하여 최종적으로 해결한다. 중재인(들)에 의하여 내려지는 판정은 최종적인 것으로 당사자 쌍방에 대하여 구속력을 가진다.

해설

어느 일방이 제기한 claim에 대하여 상대방이 이의를 제기하고 이를 수용하지 않는 경우에 그러한 클레임은 분쟁(dispute)으로 발전하게 된다. 이러한 분쟁의 해결방법에는 크게 법원에 의한 사법적 해결과 민간기구에 의한 중재로 나눌 수 있다.

Article 18. Trade Terms and Governing Law

18.1 The Trade Terms under this agreement shall be governed and interpreted under the provisions of Incoterms 2020.

제18조(무역조건의 해석기준 및 준거법)

18.1 이 계약에 의한 무역조건은 Incoterms 2020에 의하여 준거되고 해석된다.

18.2 This Agreement shall be governed by and construed in all respects under and by the laws of Korea.

18.2 이 계약은 한국법에 의하여 준거되고 해석된다.

18.3 In the event of conflict between the laws of Korea and Incoterms 2010, Incoterms 2020 shall prevail and govern.

18.3 Incoterms 2020과 한국법이 상충되는 경우에는 Incoterms 2020이 우선적으로 적용된다.

해설

문화 및 상거래가 서로 상이한 국제간의 거래에서 표현이 같아도 법률이 상이하면 그 의미, 해석이 다를 수 있고 당해 거래의 내용과 조건에 대하여 아무리 상세하게 규정한다 해도 이에는 한계가 있게 마련이다. 장래의 사안에 대하여 완벽히 합의·규정한다는 것은 사실상 불가능하고, 합의해 둔 사항이라고 하더라도 그 의미와 해석을 두고서 견해를 달리할 수 있다.

이와 같은 경우를 대비하여 이미 합의된 내용에 해석기준(준거)을 제공하고, 합의에서 누락되어 있지만 계약의 이행을 위하여 필요한 사항을 보완하는 기능의 법규를 정해둘 필요가 있다. 이러한 계약해석의 기준이 되는 법률을 준거법(Governing Law)이라고 하여 계약의 일반조항에서 규정하고 있다.

Article 19. Assignment

19.1 Either party shall not assign this Agreement to any other person without the other parties prior consent in writing. In the event of assignment with the written consent of the other, the one shall not be relieved from its obligations under this Agreement and shall be held responsible for its performance.

제19조(계약의 양도)

19.1 어느 일방 당사자도 상대방의 서면에 의한, 사전동의 없이는 이 계약을 제3자에게 양도하지 못한다. 상대방의 서면동의에 의하여 계약을 양도하는 경우 양도한 당사자는 이 계약에 대한 의무를 면하지 못하며 계약이행에 대하여 책임을 진다.

해설

계약서상에 양도에 관한 명시적 규정이 없을 경우에는 준거법에 따라 양도 가능 여부를 판단해야 하며 각국의 법규들이 서로 상이함으로 이를 계약서상에 명시적으로 합의해 두는 것이 필요하다. 계약의 양도는 완전히 금지하기보다는 본 계약서와 같이 상대방의 서면동의에 의하여 계약이 양도가능 하도록 하고 있는 경우가 많다. 글로벌 시대의 경영환경을 반영하여 사업구조 조정상의 사업의 양도, 계약의 양도 등이 빈번히 발생하므로 인하여 양도조항의 규정이 필요하다.

Article 20. Non–Waiver

20.1 No claim right of either party under this Agreement shall be deemed to be waived or renounced in whole or in part unless the waiver or renunciation of such claim or right is acknowledge and confirmed in writing by such party.

제20조(권리불포기)

20.1 이 계약에 따른 당사자의 클레임이나 권리의 전부 또는 일부는, 그러한 클레임이나 권리의 포기를 서면으로 승인하거나 확인하지 않는 한 포기한 것으로 간주되지 않는다.

해설

국제계약에서 권리의 행사는 제때 행사하여야 하나 권리의 행사를 제때 하지 못할 수도 있다. 이와 같이 권리의 불행사 또는 실패가 있더라도 이것이 곧 권리행사의 포기를 의미하는 것이 아니며, 또한 추후에 동 조항 또는 조건의 이행 청구권의 포기로 간주하여 이를 박탈할 수 없으며 당해 권리를 행사하는 데 아무런 지장이 없도록 하기 위한 조항이 권리불포기(Non-Waiver)조항이다.

권리행사의 지연 또는 실패가 자주 생길 수 있는 국제비즈니스 계약에 있어서 이러한 권리불포기 조항은 결코 무시할 수 없는 일반조항이라고 볼 수 있다.

예문 1

Article 20. Non Waiver

The failure or delay of either party to require performance by the other party of any provision of this Agreement shall not constitute a waiver of, or shall not affect, its right to require performance of such provision.

예문 2

Article 20. Non Waiver

Failure of either party to insist upon the strict and upon punctual performance of any provision hereof shall not constitute waiver of or estoppel against asserting the right to require such performance, nor should a waiver or estoppel in one case constitute a waiver or estoppel with respect to a later breach whether of similar nature or otherwise.

Article 21. Notice

21.1 Unless otherwise agreed by the parties, all notices, invoices and communications under this Agreement shall be sent to the parties at their addresses set forth in the initial paragraph of the Agreement. All notices shall be sent by registered airmail and where circumstances require, notices may be sent by cable, facsimile or telex which shall be confirmed by registered air mail.

제21조(통지)

21.1 당사자간에 달리 합의하지 않는 한, 이 계약에 의한 모든 통지, 송장, 통신 등은 이 계약의 서두에 기재된 주소로 송부되어야 한다. 모든 통지는 등기우편으로 이뤄져야 하며 상황에 따라, 전신, 팩스, 텔렉스로 통지하는 경우에는 항공등기우편으로 확인하여야 한다.

해설

통지조항(Notice Article)이란 국제계약의 원만한 이행을 위하여 의사소통에 관한 구체적인 수단, 방법 및 효력발생 시기 등을 명시적으로 규정하는 조항이다.

통지의 효력발생 시기에 있어서 특정 통지의 발송과 수령 시점 중 어느 것을 기준으로 당해 통지의 효력이 발생되도록 할 것인가의 문제가 있다. 발송(발신) 시점을 기준으로 하는 발신주의와 실제의 도착(수령·도달)을 기준으로 삼는 도달주의가 있다. 어느 것이든 당사자가 자유로이 합의할 수 있다.

Article 22. Entire Agreement

22.1 This Agreement constitutes the entire agreement between the parties, all prior representations having been merged therein, and may not be modified except by a writing signed by a duly authorized representatives of both parties.

제22조(통합조항)

22.1 이 계약은 당사자가 합의한 모든 것이며 종전의 모든 표시는 이 계약에 통합되어 있으며 양 당사자간의 정당한 권한을 가진 대리인의 서명이 있는 서면에 의하지 않고는 변경할 수 없다.

해설

완전합의조항(Entire Agreement)이란 당해 계약서에 포함·기재되어 있는 합의사항(내용)이 당사자간의 합의의 전부이고, 계약서의 체결에 앞서서 교환·협의·합의된 일체의 내용이나 문서는 일절 효력을 갖지 못한다는 취지의 내용을 완전합의조항이라고 한다.

이러한 완전합의조항은 당 계약서에 관하여 최종적으로 합의되어 체결되는 계약서의 이전 단계에서 주고받은 각종 문서(Letter, Letter of Intent, Memorandum of Understanding,

Certificate 등)들과 최종 계약서간의 상충되는 내용을 조정·정리하는데 꼭 필요하다.

Article 23. Effective Date and Term

23.1 This Agreement shall become effective upon signing of the duly authorized representatives of both parties and remain in full force and effect up to February 28, 2017 unless terminated earlier pursuant to Article 16.

제23조(효력발생일 및 기간)

23.1 이 계약은 정당한 권한을 가진 양 당사자의 대리인이 서명한 즉시 효력을 발생하며 2017. 2. 28.까지 유효하다. 다만, 제16조에 따라 계약이 조기에 종료하는 경우에는 그러하지 아니하다.

IN WITNESS WHEREOF, the parties hereto have executed this Agreement as of the day and year first above written.

제23조(효력발생일 및 기간)

이상의 사실을 증명하기 위하여, 양 당사자는 서두에 기재된 일자에 본 계약을 작성한다.

해설

계약서의 말미문언으로 계약체결(서명)의 적법성 및 정당성을 강조하고, 계약체결의 사실관계 및 이의 증빙에 관한 기술이 중심을 이룬다.

말미문언으로 빈번히 쓰이는 예문은 다음과 같다.

"IN WITNESS WHEREOF, both parties have ---------

[ABC CORP.]	[HAN KOOK CO.,LTD]
By :	By :
Title :	Title :

Chapter 03

대 금 결 제

 무역결제방식

1) 무역결제 방식의 의의

무역결제방식에는 크게 송금(Remittance), 추심(Collection), 신용장(L/C : Letter of Credit)결제방식으로 구분된다. 송금(Remittance) 결제방식은 송금수표, 우편송금, 전신송금 등의 방법이 있으나 무역거래에서는 전신송금(T/T : Telegraphic Transfer)이 주로 사용되므로 이 책에서는 송금결제방식을 T/T로 통일하기로 한다.

2) 무역결제 방식

결제방식	시기	영문명칭	명칭
송금 T/T	CWO	Cash With Order	사전송금
	CAD	Cash Against Document	서류상환
	COD	Cash On Delivery	현물상환
	O/A	Open Account	사후송금
추심 Collection	D/P	Documents Against Payment	지급인도
	D/A	Documents Against Acceptance	인수인도
신용장 L/C	Sight	At Sight	일람지급
	Usance	At (날짜) days after Sight or after B/L date	연지급

3) 무역결제방식과 환어음

결제방식	환어음	발행인(Drawer)	지급인(Drawee)
송금결제방식 T/T	발행 않음	×	×
추심결제방식 Collection	발행함	수출상	수입상
신용장결제방식 L/C	발행함	수출상	개설은행 또는 지정은행

4) 무역결제방식에 따른 은행명칭

결제방식	수입국 은행	수출국 은행
송금결제방식 T/T	송금은행 (Remittance Bank)	지급은행 (Paying Bank)
추심결제방식 Collection	추심은행 (Collecting Bank)	추심의뢰은행 (Remitting Bank)
신용장결제방식 L/C	개설은행 (Issuing Bank)	통지은행(Advising Bank) 매입은행(Negotiation Bank)

※ 환어음

어음에는 크게 약속어음과 환어음 두 가지가 있다. 국내거래에서 사용하는 어음은 약속어음(Promissory Note : P/N)이라고 하며 약속어음은 채무자가 채권자에게 일정금액을 일정기간에 지급하겠다는 증서이다.

반면, 환어음(Bill of Exchange : B/E 혹은 Draft)은 무역거래에서 사용하는 증서로써 무역거래에서 대금을 지급받을 수출상이 발행하여 대금을 청구하는 대금지급 청구서이며 대금지급 지시서이다.

Drawee : 수출상이 발행하는 환어음의 대금을 지급하는 자이며 신용장 방식에서 drawee는 개설은행 혹은 개설은행이 권한을 준 제3의 은행이 될 수 있다. 반면, 추심결제방식에서 drawee는 수입상이 된다.

약속어음(Promissory Note) 서식 예

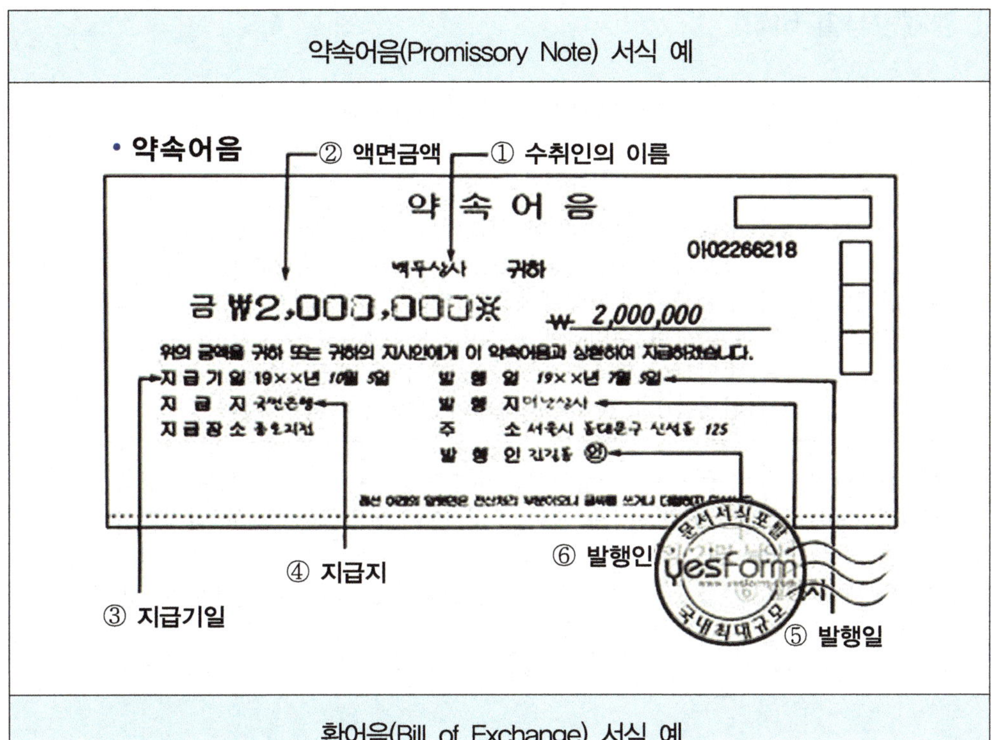

환어음(Bill of Exchange) 서식 예

NO. 123456 **BILL OF EXCHANGE** MAR. 30, 2022 SEOUL, KOREA

FOR US $28,836.25

AT ×××× SIGHT OF **FIRST BILL OF EXCHANGE** (SECOND OF THE SAME TENOR AND DATE BEING UNPAID) PAY TO (6) KOREA EXCHANGE BANK OR ORDER THE SUM OF SAY US TWENTY EIGHT THOUSAND EIGHT HUNDRED THIRTY SIX DOLLARS TWENTY FIVE CENT ONLY VALUE RECEIVED AND CHARGE THE SAME TO ACCOUNT OF Kalmax Garments FTY.LTD.

DRAWN UNDER HSBC BANK HONG KONG

L/C NO. MGK248186 (11) DATED 2022/03/20

TO HBSC BANK HONG KONG MONGKOK OFFICE

EXPORTER'S NAME AND SIGN

(1) Sight 환어음 표기방법 : At ×× Sight

(2) Usance 환어음 표기방법 : At (날짜) days after sight or At (날짜) days after

5) 결제방식별 비교

■ 결제방식별 선적서류발송 flow

결제방식	내 용
송금결제방식 (T/T)	은행이 대금청구 및 결제에 개입하지 않는 거래 당사자의 신용을 바탕으로 하는 당자사간의 거래 수출상이 수입상에게 직접 발송 수출상이 수입상에게 직접 대금 청구 수입상이 약속한 날에 자발적으로 대금 송금 환어음(Bill of Exchange)이 발행되지 않는 거래
추심결제방식 (Collection)	수출상 → 추심의뢰은행(수출상측) → 추심은행(수입상측) → 수입상에게 대금 청구 → 추심의뢰은행으로 결제
신용장결제방식 (L/C)	수출상 → 매입은행(수출상측) Nego → 개설은행(수입상 측) → 매입은행으로 결제

■ 송금과 추심(신용장)의 차이점

송금	추심, 신용장
선적서류를 Seller가 Buyer에게 직송	선적서류를 은행이 은행으로 발송
수입상이 약속한 때가 되면 자발적으로 결제(송금결제방식)	추심은행이 수입상에게 청구 (추심결제방식) 개설은행 자신이 직접 대금 지급 (신용장결제방식)
순환(順換) 매매계약시 약속한 결제 시기가 도래하면 수출상이 청구절차를 취하지 않더라도 수입상이 자발적으로 결제하는 방식	역환(逆換) 수출상이 선적을 완료하였다 하더라도 은행을 통해서 수출대금을 청구해야만 대금이 지급되는 방식
환어음을 발행하지 않는다.	추심 : 환어음을 발행한다. 신용장 : 환어음을 발행한다. 그러나 지급, 연지급신용장은 환어음을 요구하지 않으므로 발행하지 않는다.

송금결제방식

1) 송금결제 방식의 의의

송금결제(T/T) 방식이란 은행이 선적서류 송부 및 대금청구에 일절 개입하지 않는 당사자 간의 거래이다. 무역계약의 내용에 따라 수출상이 물품을 선적한 후 별도의 대금청구 절차를 밟지 않더라도 계약 당시 합의한 때가 되면 수입상이 자발적으로 물품 대금을 수출상에게 보내주는 방식의 무역거래를 의미한다.

수입상이 수출상에게 물품 대금을 보내주는 시기에 따라 계약물품을 인수하기 전에 지급하는 선수금방식(CWO), 서류 인도와 함께 이루어지는 서류상환방식(CAD), 물품의 인도와 함께 이루어지는 현물상환방식(COD), 물품 선적일로부터 혹은 수령일로부터 일정 기간 경과 후 지급되는 외상방식, 이렇게 4가지 방식으로 구분할 수 있다.

2) 송금결제 방식의 특징

송금결제는 다른 결제방식에 비하여 다음과 같은 특징을 지니고 있다.

첫째, 이 방식을 규제하는 국제규칙이 존재하지 않는다.

신용장 거래는 신용장 통일규칙(UCP 600 : Uniform Customs and Practice for Documentary Credits)과 국제표준은행관행(ISBP 745 : International Standard Banking Practice), 추심 결제는 화환어음 추심에 관한 통일 규칙(URC 522 : Uniform Rules for Collection of the Commercial Paper)이라는 국제규칙이 있기 때문에 이러한 거래방식으로 거래를 하면 당사자는 모두 이 규칙에 구속된다.

그러나 송금결제방식에는 이것을 규제하는 국제규칙이 없으므로 거래당사자는 필요에 따라 얼마든지 거래조건을 자신에게 유리한 방향으로 변형하여 운영할 수 있다.

둘째, 대금결제와 선적서류(또는 물품)의 인수도가 완전히 분리된 거래이다.

대금결제는 송금을 통하여 수출상에게 바로 이루어지고 선적서류는 은행을 경유하지 않고 수출상이 수입상 앞으로 직접 송부한다. 따라서 이 결제방법을 환의 흐름으로 분석하면 모두 순환(順換)방식이 되며 이 점에서 신용장과 추심결제(D/P, D/A)방식이 역환(逆換)방식인 것과 구분된다. 또한, 순환방식이기 때문에 수출상이 수입상 앞으로 환어음을 발행할 필요가 없는 무어음 거래가 된다.

셋째, 송금의 시기 여하에 따라 위험부담자가 달라진다.

송금 시기가 선적 전이면 수입자가 위험을 부담하게 되나, 선적 후 송금이면 수출상이 위험을 부담하게 된다.

사전송금방식(Payment in advance)인 CWO에서는 계약 체결과 동시에 수입상이 물품 대금을 미리 보내야 하므로 수출상이 신용이 없는 자일 경우 수입상이 위험해지고 선적 후 지급방식인 CAD, COD, O/A에서는 수입상이 물품과 서류를 받고도 인수 거절하거나 대금을 제때 보내지 않으면 수출상이 위험을 부담해야 한다.

넷째, 은행이 개입하지 않는다.

선적서류 송부 및 대금청구에 은행이 일절 개입하지 않는다. 완전한 당사자 간의 거래이다.

다섯째, 외상대금을 수입상이 결제하지 않는 경우 은행에 소문이 나지 않는다.

수입업체가 수입대금을 수출상에게 지급하지 않더라도 은행에 소문이 나지 않는다. 반면에 추심결제방식의 경우에는 모든 선적서류를 수입상의 거래은행인 추심은행을 경유하여 전달되기 때문에 수입상의 미결제 내역이 거래은행에 속속들이 알려지게 된다.

3) 전신송금(Telegraphic Transfer)

송금인의 의뢰에 따라 은행이 자기 책임하에 지급지시서를 보내는 것이며 지시 방법이 우편이 아닌 전신이라는 점에서 T/T라고 하며 이는 안전하고 신속·정확하다.

실무적으로 T/T를 'wire transfer'라고 사용하는 경우도 있는데 Telegraphic Transfer와 같은 의미이다. 전신(Telegraphic)은 주로 cable방식을 이용해 왔는데 최근에는 SWIFT방식이 대부분이다. SWIFT란 "Society for Worldwide Interbank Financial Telecommunication"의 약자로써 국제 은행간 자금결제 통신망이란 의미이다. 이는 원래 유럽 은행들끼리 가입하여 사용해 왔는데 요즘에는 전 세계 유명은행이 이 SWIFT망에 가입되어 있고 우리나라의 외국환은행 모두가 가입되어 있다.

4) 대금결제 시기에 의한 구분

(1) 사전송금방식(Advance Payment)

사전송금방식은 수출상의 제품 선적 전(before shipment)에 수입상이 무역대금 일부 혹은 전액을 수출상에게 미리 송금하여 지급하는 방식이다.

사전송금방식을 단순송금방식, 선지급방식 등으로 칭하며 국제적으로 사용하는 공식 영문명칭으로는 'CWO(Cash With Order)'이며 실무에서는 'T/T in Advance', 'Advance Payment', 'Payment in Advance', 'Cash in Advance', 'Prior to Ship' 등의

명칭이 사용된다. 수출상의 입장에서 대금을 미리 받는 방법이므로 가장 좋은 대금결제방식이다.

■ CWO Process

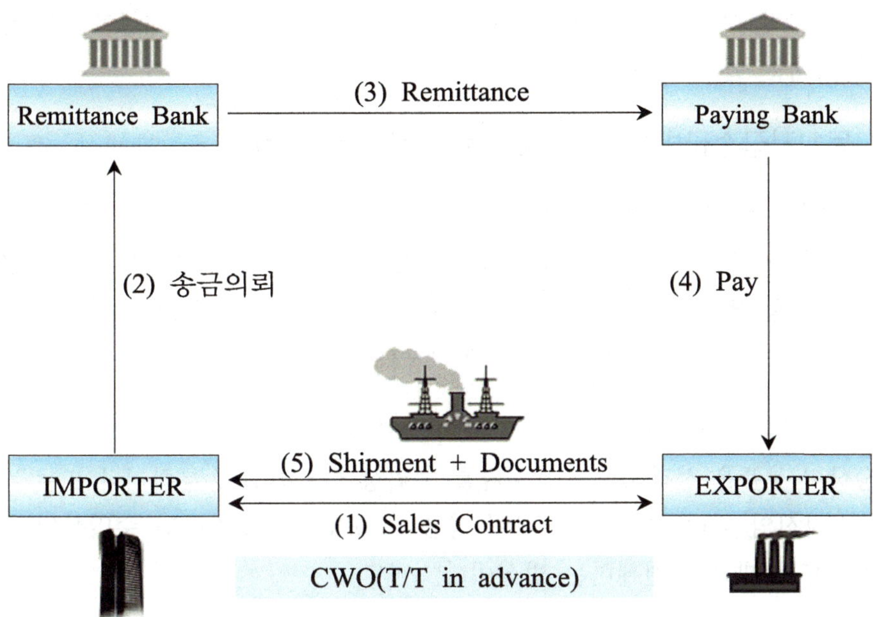

■ AP BOND Process

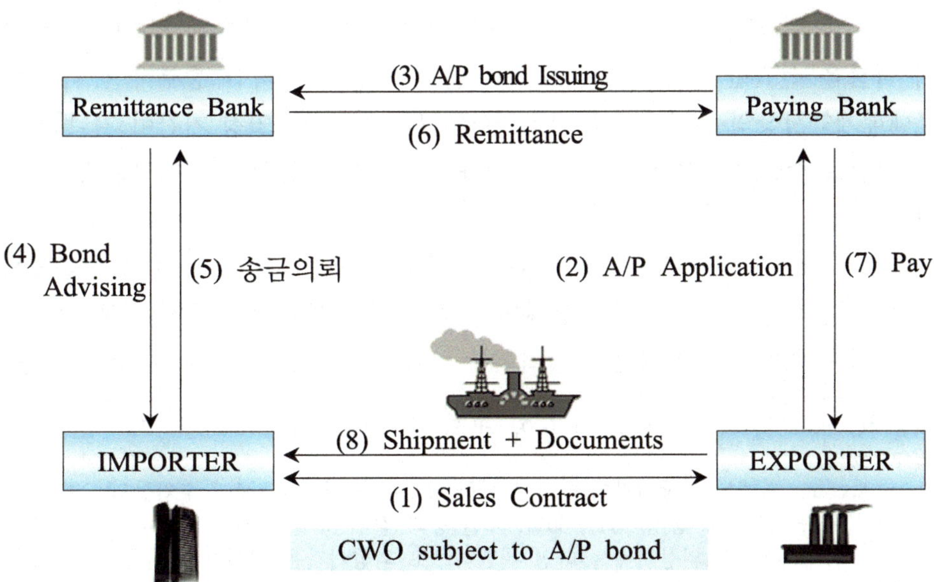

이 방식은 수출상에게 더할 나위 없이 유리한 결제방식이다. 그러나 수입상은 상품을 받기도 전에 대금부터 미리 지불했으니 계약상품이 도착할 때까지 안심할 수가 없다. 만약 수입상의 입장에서 이 거래를 하는 데 있어서 선지급한 대금에 대해서 안심할 수 없다면 대금을 선지급하기 전에 수출상으로부터 수출상 거래은행의 선수금환급보증서(Advance Payment bond)[1]를 받은 후 대금을 선지급하면 안전한 거래를 할 수 있다.

(2) 동시지급송금방식(Concurrent Payment)

① 서류상환결제방식(CAD : Cash Against Documents)

수출상이 상품을 선적하고 선적서류를 수입업자의 지사나 대리인(주로 수출상의 국가에 소재함)에게 제시하거나 해외의 수입상에게 직접 서류를 송부하여, 당해 서류와 상환으로 대금의 결제가 이루어지도록 하는 방식이다.

② 현물상환결제방식(COD : Cash On Delivery)

수출상이 상품을 선적하고 선적서류를 수입상에게 직접 송부하거나 또는 수입지에 있는 자신의 대리인에게 송부하여 상품이 목적지에 도착하면 수입상이 상품을 인도받으면서 대금을 결제하는 방식이다.

(3) 사후송금방식(Later remittance after shipment)

① O/A(Open Account)

O/A는 사전송금방식(단순송금방식)과는 정반대로 매매계약에 의하여 수출상이 먼저 물품을 선적한 후에 선적서류 원본을 수입상에게 직접 송부하면, 수입상은 물품매매계약서상의 송금조건에 따라 선적일을 기준으로 일정 기간이 지나간 후에 거래 건별로 수출상이 지정한 은행의 계좌로 대금을 송금하여 결제하는 방법을 의미한다.

Open Account[2]는 "선적통지 조건부 사후송금 결제방식"이라고 하며 수출업체가 수출 물품 선적을 완료하고 수입상에게 선적 사실을 통지함과 동시에 채권이 발생하는 거래를 의미하며 특별한 언급이 없는 한, O/A는 선적일로부터 일정 기간 이

---

1) 보증서(bond)에는 Standby L/C(UCP 600, ISP 98)와 Bank guarantee(URDG 758, 발행국 국내법)가 있다.

2) Open Account 거래는 외상기간에 대한 특별한 규정이 없다. 수출상이 수입상의 요청에 따라 외상기간을 결정하는데 통상 30일, 60일, 90일 등과 같이 30일 단위로 계약하는 것이 일반적이다. 너무 오랜 기간 외상거래를 하면 위험하므로 외상기간은 길어도 60일을 넘지 않는 것이 좋다.

내에 대금을 송금하는 것으로 해석한다.

예를 들어 수출상과 수입상이 90일 T/T 외상거래를 합의했을 때, 'O/A 90days'라고 합의하였다면 이는 수출상이 제품을 선적하고 선적일로부터 90일째 되는 날 수입상이 대금을 지급하겠다는 의미로 해석한다.[3] 일부 국가에서는 'O/A 90days' 조건을 'Net 90days'라고 지칭하기도 한다. 이는 순수한 90일 이라는 의미로 해석될 수 있다. 즉, 대금지급을 물품 도착일이 아닌 선적일로부터 일정 기간이 경과하면 대금을 지급하겠다는 뜻이다. 수출상 입장에서 순수한 90일 외상이란 물품 도착 후가 아닌 선적 후 일자이어야 하기 때문이다. 결국 'O/A 90days', 'Net 90days', 'T/T within 90days after shipment date'는 대금지급시기 측면에서 동일한 의미로 해석될 수 있다.

② T/T Credit

O/A는 선적일을 기준으로 일정 기간이 지나간 후에 수출상이 지정한 은행 계좌로 대금을 송금하여 결제하는 방법이라면 수입상의 요청에 따라 물품이 수입상이 지정하는 특정 장소에 도착한 후 또는 도착한 날로부터 일정 기간 후 대금을 지급하거나, 최종검사가 끝나면 지급하는 등의 선적일을 기준으로 하지 않는 사후송금 방식도 있다. 이에 대한 특별한 용어가 없으므로 'T/T credit'라고 지칭하였다. 이는 물품 선적일을 기준으로 하지 않고 별도의 약정일을 기준으로 하는 외상거래를 의미한다. 이는 엄격히 O/A와 구분된다. 이와 관련하여 현업에서 빈번히 사용되는 계약 문구는 다음과 같다.

■ Ex (90일 외상거래의 경우)

- Buyer shall remit by T/T within 90days after the shipment.
- For subsequent orders, we can open net-90-days credit terms.

3) Payment terms : By T/T within 90days after shipment date(O/A 90days)

3 추심결제방식(Documentary Collection)

1) 추심결제방식의 개념

추심결제방식(推尋決濟方式)이란 수출상이 수입상에게 물품을 선적한 후에 수입상이 요구하는 선적서류를 수출상의 은행(추심의뢰은행 : remitting bank)을 통하여 수입상이 지정하는 은행(추심은행 : collecting bank)으로 송부하고, 추심은행(collecting bank)이 수입상으로부터 대금을 회수하여 추심의뢰은행(remitting bank)으로 보내주는 거래이다. 송금결제방식에서 선적서류를 수출상이 수입상에게 직송하고 수출대금은 수입상이 자발적으로 은행에서 송금하는 것이며, 신용장결제방식에서 수출국 은행이 선적서류를 개설은행으로 송부하면 은행이 직접 수출대금을 지급하는 것과 비교될 수 있다.

추심결제방식에는 대금지급시기에 따라서 D/P와 D/A가 있으며 이 방식의 거래를 규제하는 국제규범이 있으므로 매매당사자는 이 규범에 맞추어 거래하여야 하며 마음대로 거래내용을 변경시킬 수가 없다.

추심결제는 ICC(국제상업회의소)에서 제정한 "화환어음 추심에 관한 통일규칙(Uniform Rules for Collection of the Commercial Paper)"에 따라서 절차를 진행해야 하며 현재 시행되고 있는 규칙은 1996년 1월 1일부터 제정되어 새로이 시행되고 있는 3차 개정추심에 관한 통일규칙 1995년 개정판이 ICC 간행물 번호 제522호인데 'URC 522'로 통용되고 있다.

이 규범의 주요 내용은 다음과 같다.

첫째, 은행을 통한 선적서류의 송부이다.

수출상은 선적 후 이 규범에서 정한 선적서류를 추심의뢰은행(remitting bank)에 제출하고 추심의뢰은행(remitting bank)은 계약서에 명시된 수입지에 있는 추심은행(collecting bank)으로 서류를 우송하여야 한다.

수출상이 은행에 제출하는 추심서류는 운송서류, 보험서류(가격조건이 CIF, CIP일 경우), 상업송장, 환어음, 포장명세서, 기타서류이다.

둘째, 은행을 통한 대금의 추심이다.

추심의뢰은행(remitting bank)에서 보낸 서류는 계약서에 명기된 수입지 은행으로 도착하게 되며 이 수입상 거래은행을 추심은행(collecting bank)이라 한다.

셋째, 어음부 거래이다.

추심결제방식에서는 신용장 결제방식에서와 같이 수출상이 환어음을 발행한다.

이점이 다 같은 무신용장 거래인데도 송금방식과 추심방식이 달라지는 근본적인 차이점이다.

2) 추심결제방식의 종류

(1) 지급인도조건(D/P : Documents against Payment)

① 지급인도조건의 개념

수출상이 상품을 선적한 후 관련 서류가 첨부된 일람지급 환어음을 수입상을 지급인으로 발행하여 추심의뢰은행(remitting bank)에 추심을 의뢰하면, 추심의뢰은행은 그러한 서류가 첨부된 환어음을 추심은행(collecting bank)으로 보내 추심을 의뢰하고, 추심은행(collecting bank)은 그 환어음의 지급인인 수입상으로부터 대금을 지급 받음과 동시에 서류를 인도하고 지급 받은 대금은 추심을 의뢰하여온 추심의뢰은행(remitting bank)으로 송금하여 결제하는 방식이다.

D/P는 대금지급시기 측면에서 신용장 방식의 sight와 같은 조건이 되며 차이점이 있다면 은행이 지급 확약을 하지 않는다는 차이가 있다.

② 거래당사자

추심거래에 관여하는 자를 추심거래의 당사자라고 하며 당사자는 다음과 같다.(URC 총칙 B항)

가. **고객**(Customer) : 추심의뢰인인 수출상을 의미한다.

나. **서류** : 환어음, 상업송장, 운송서류(Bill of Lading or Air Waybill), 보험증권, 포장명세서, 기타서류

다. **추심의뢰은행 또는 서류송부은행**(Remitting Bank)
추심의뢰인(수출상)으로부터 추심업무를 위탁받은 당사자이며 주로 수출업자의 거래은행인 수출국의 은행이다.

라. **추심은행**(Collecting Bank)
추심의뢰은행으로부터 최초로 서류를 수취하는 수입지의 은행을 말한다.

■ D/P(Documents Against Payment)

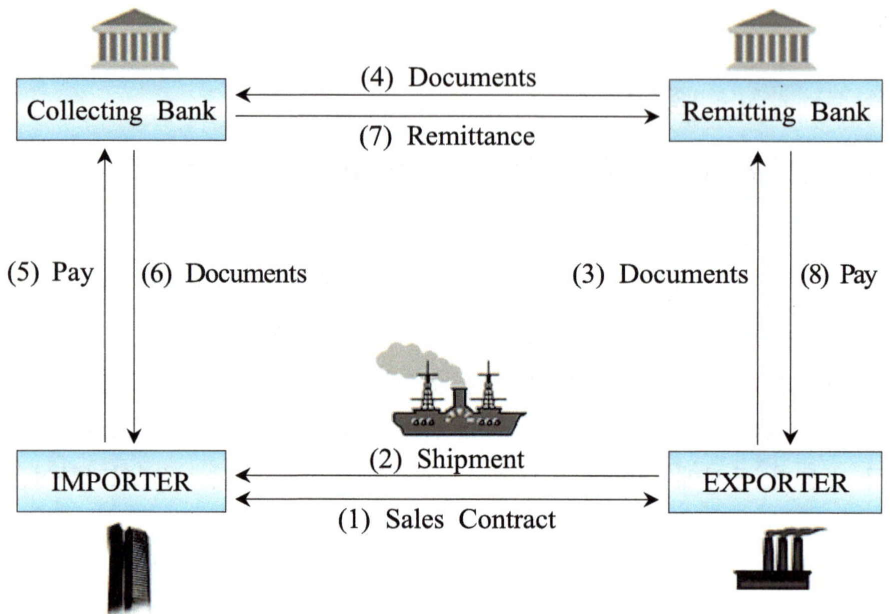

▶ D/P 거래절차

(1) 수출상과 수입상이 D/P조건으로 매매계약 체결
(2) 수출상이 수입상에게 제품선적
(3) 수출상이 추심의뢰은행(remitting bank)으로 추심의뢰
(4) 추심의뢰은행(remitting bank)이 추심은행(collecting bank)으로 추심지시
(5) 수입상이 추심은행(collecting bank)으로 대금지급
(6) 추심은행이 수입상에게 서류인도
(7) 추심은행(collecting bank)이 추심의뢰은행(remitting bank)으로 송금
(8) 추심의뢰은행(remitting bank)이 수출상에게 대금지급

(2) 인수인도조건(D/A : Documents against Acceptance)

① 인수인도조건의 개념

D/A는 O/A거래와 동일하게 은행의 지급 확약이 없는 외상거래라는 공통점이 있다. 그러나 두 거래에는 약간의 차이가 있다. O/A는 선적 후 수출업자가 선적서류를 수입업자에게 직접 송부하여 대금을 청구하지만 D/A는 선적 후 은행을 통해 대금을 회수한다. 즉, 은행이 수입상에게 대금을 청구하여 만기에 그 대금을 받아주는 거래이다.

D/A를 D/P와 비교하면 D/P는 대금회수는 보장되지 않지만 물품 회수는 보장된다. 반면에 D/A는 O/A처럼 때에 따라서 대금회수 및 물품 회수가 보장되지 않을 수도 있다. 수출상이 상품을 선적한 후 관련 서류가 첨부된 연지급 환어음을 수입상을 지급인으로 발행하여 추심의뢰은행(remitting bank)에 추심을 의뢰하면, 추심의뢰은행(remitting bank)은 그러한 서류가 첨부된 환어음을 수입상이 지정한 추심은행(collecting bank)으로 보내면서 추심을 지시하고, 추심은행(collecting bank)은 그 환어음의 지급인인 수입상으로부터 어음의 인수(acceptance)[4]를 받으면서 서류를 인도(release or delivery)하고 그 어음의 만기일에 수입상으로부터 대금을 지급받아 추심의뢰은행(remitting bank)으로 송금하여 결제하는 방식이다. 이때 추심은행은 수입상으로부터 어음의 인수를 받으면서 곧바로 추심(collection)을 의뢰하여 온 수출국의 추심의뢰은행으로 수입상이 선적서류와 환어음을 인수했다는 사실을 통보하게 되는데 이것을 '인수통보'라고 하며 실무현장에서는 'A/A'라고 한다. 'A/A'란 'Advise of Acceptance' 혹은 'Acceptance Advise'라는 의미이다. 추심결제방식에서 인수는 수입상이 하고 인수통보는 추심은행이 한다. 그러나 신용장 결제방식에서는 은행이 인수하고 역시 은행이 인수통보를 한다. 이것이 두 결제방식에서의 인수 및 인수통보의 차이점이다.

■ D/A(Documents Against Acceptance)

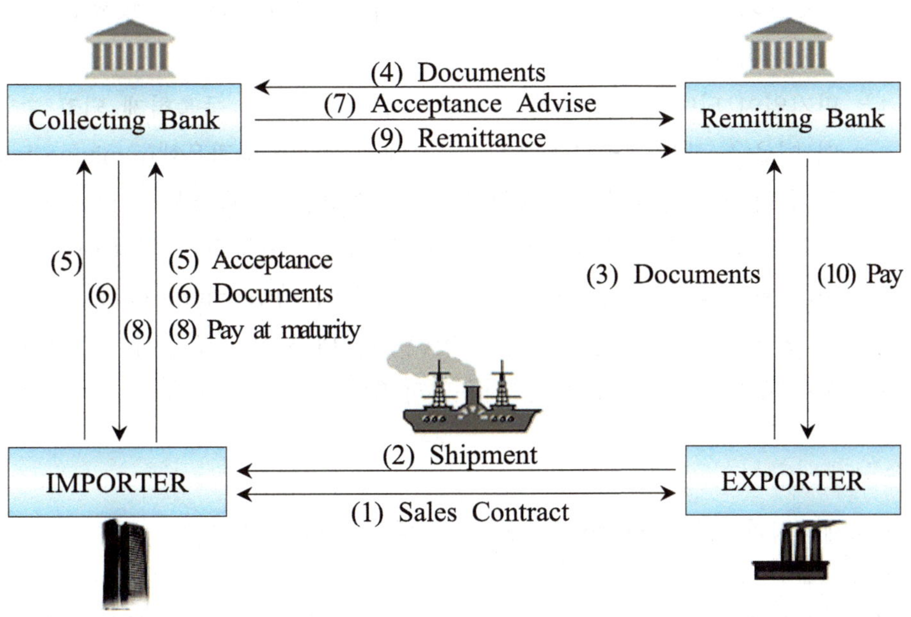

4) 수입상이 추심은행에 만기가 도래하면 대금을 지급하겠다는 약속 또는 그러한 의사 표시.

▶ D/A 거래절차

(1) 수출상과 수입상이 D/A조건으로 매매계약체결
(2) 수출상이 수입상에게 제품선적
(3) 수출상이 추심의뢰은행(remitting bank)으로 추심의뢰
(4) 추심의뢰은행(remitting bank)이 추심은행(collecting bank)으로 추심지시
(5) 수입상이 추심은행(collecting bank)에 방문하여 인수(대금지급약속) 의사표시
(6) 추심은행(collecting bank)이 수입상에게 선적서류 인도
(7) 추심은행(collecting bank)이 추심의뢰은행(remitting bank)에게 인수통보
(8) 수입상이 만기에 추심은행(collecting bank)으로 대금 결제
(9) 추심은행(collecting bank)이 추심의뢰은행(remitting bank)으로 대금 송금
(10) 추심의뢰은행(remitting bank)이 수출상에게 대금지급

② D/A거래의 전개과정

가. 수입상이 서류를 인수하겠다는 승낙의 의사표시를 하면 추심은행은 수입상에게 이 의사를 문서로 작성한 인수증을 제출하게 한 후 대금을 받지 않고 선적서류를 수입상에게 인도한다. 서류를 인도할 때 추심은행은 수출상이 발행한 환어음의 만기일이 구체적으로 몇 년, 몇 월, 몇 일에 해당하는지 알려주고 만기일에 반드시 어음결제가 이루어져야 한다는 점을 강조하여야 한다.

나. 만기일이 되면 추심은행은 수입상에게 어음결제를 독촉하게 되고 수입상이 어음을 결제하면 추심은행은 그 대금을 추심의뢰은행(remitting bank)을 통하여 수출상에게 전달한다. 만일 수입상이 만기일에 어음결제를 하지 않으면 추심은행(collecting bank)은 공증인사무소에 의뢰하여 거절증서(protest)를 작성케 하여 이것을 추심의뢰은행(remitting bank)으로 송부한 후 모든 업무를 종결하게 된다.(추심 의뢰서에 거절증서 작성 면제 조항이 있는 경우 이 항목은 적용되지 않음)

4) 송금결제방식과의 차이점

추심결제방식과 송금결제방식은 다음과 같은 차이점이 있다.

첫째, 국제규칙의 유·무이다.

추심결제방식에서는 URC라는 국제규칙이 있으나 송금결제방식에는 국제규칙이 없다.

둘째, 선적서류의 송부방법이다.

추심결제방식에서는 선적서류를 수출지 은행(추심의뢰은행)을 통해 수입지 은행(추심은행)으로 송부되지만 송금결제방식에서는 선적서류를 수출상이 수입상에게 직접 발송한다.

셋째, 환어음의 발행 유·무이다.

추심결제방식에서는 수출상이 수입상으로부터 대금을 지급받기 위하여 환어음을 발행하지만 송금결제방식에서는 환어음을 발행하지 않는다.

넷째, 대금 지급 청구절차이다.

추심결제방식에서는 은행을 통한 지급 청구절차를 밟지만, 송금결제방식은 수입상이 자발적으로 대금을 지급한다. 그러므로 추심결제방식을 역환(逆換)이라고 하고 송금결제방식에서는 순환(順換)이라고 한다.

표 3-1 송금결제방식과 추심결제방식의 차이점

구분	송금결제방식	추심결제방식
국제규범	국제규범이 없다	URC 522
선적서류 송부	수출상이 수입상에게 송부	은행이 은행으로 송부
환어음 발행	수출상이 발행하지 않음	수출상이 발행
결제방식	순환(順換)	역환(逆換)

표 3-2 송금결제방식과 추심결제방식의 공통점

구분	공통점
대금지급 책임	대금 지급의무자가 수입상이다
은행의 대금 지급확약	은행이 대금 지급을 확약하지 않음
화물의 소유권	수입상에게 화물의 소유권이 있다
수화인	Consignee : 수입상 명칭을 기재
결제시기	CAD와 D/P는 동시급, O/A와 D/A는 외상거래

신용장결제방식

수출입 대금결제방식에 있어서 수출상과 수입상 양 당사자는 서로에게 유리한 방향으로 결제조건을 합의하려고 한다. 수출상의 입장에서 가장 좋은 결제방식은 선적 전에 대금을 미리 받는 사전송금방식일 것이며, 수입상의 입장에서는 선적일로부터 일정 기간 후 대금을 지급하는 외상거래일 것이다.

우리가 수출상일 경우에는 먼저 선수금을 받기를 바라지만 반대로 우리가 수입한다면 대금은 물품을 인수한 날로부터 일정 기간이 지나간 후 지급하고자 할 것이다. 만약에 수입상이 수입대금을 선수금으로 미리 보낸다면 자금부담뿐만 아니라 수입상은 최악의 상황에 상품 회수와 대금회수가 불가능할 수도 있고, 반면에 수출상이 외상으로 미리 물건을 보내고 수입상으로부터 대금을 기다린다면 수출상 역시 대금회수 및 상품 회수가 불가능할 수도 있을 것이다. 이런 문제로부터 시작하여 탄생한 것이 신용장결제방식이다.

수출상은 개설은행이 지급을 확약한 신용장을 믿고 안심하고 선적을 완료한 후 수출환어음 매입을 통해 수출대금을 즉시 회수할 수 있으며, 수입상은 자기의 신용을 은행의 신용으로 이전하여 대금회수에 대한 수출상의 불안을 제거해 줌으로써 수출상과의 무역 계약 시 수입가격 및 대금결제 등의 제반 조건을 유리하게 정할 수 있다.

이러한 신용장도 요즈음 선진국을 중심으로 신용도 있는 수입상과 수출상 사이에 신용장 방식이 아닌 송금방식이 계속 증가 추세에 있다. 실질적으로 최근의 우리나라 수출대금 결제방식 비중을 살펴보아도 신용장결제방식의 비중이 점점 더 낮아지고 있음을 볼 수 있다.

Chapter 04

신용장(Letter of Credit)

신용장(Letter of Credit)의 본질

1) 신용장의 개념

신용장(Letter of Credit)[1]이란 "개설은행의 조건부 지급확약서(conditional bank undertaking of payment)"이다. 신용장에서 명시한 조건(terms and conditions)이 이루어진다면 지급을 확실히 약속하고 그 반대로 그러한 조건이 이루어지지 않는다면 지급을 거절할 수도 있다.

여기에서 '조건부'란 선적한 물품과 관계없이 선적서류(shipping documents)가 신용장의 요구와 일치하면 지급(payment)하겠다는 뜻이므로 수익자(beneficiary)는 선적서류를 신용장에서 요구하는 조건과 정확히 일치시키는 것이 가장 중요하다. 여기에서 "선적한 물품과 관계없이"라는 의미는 계약과 불일치하는 제품을 선적하여도 된다는 의미가 아니라 선적서류를 신용장의 조건과 일치시키는 것이 더 중요하다는 것이다. 그 이유는 신용장 거래의 본질상 신용장을 개설한 개설은행은 실질적으로 물품이 계약과 일치하는지를 확인한 후 지급(payment)[2] 또는 인수(acceptance)[3]하는 것이 아니라 선적서류만을 바탕으로 제시된 서류가 신용장의 조건과 일치하면 지급하거나 인수한다고 약속하였기 때문이다.

---

1) 여기에서 다루는 신용장은 수출입 거래에서 사용되는 수입상이 개설은행에 요청하여 개설은행이 개설한 화환신용장(Documentary Credit)에 대한 정의이다. 보증신용장은 이와 성질이 다르므로 나중에 다루기로 한다.

2) 대금지급시기가 일람출급(sight)방식인 경우, 은행은 서류접수 다음 날부터 늦어도 제5영업일 이내에 대금을 지급(payment)한다.

3) 대금지급시기가 기한부(usance)방식인 경우, 은행은 서류접수 다음 날로부터 늦어도 제5영업일 이내에 서류를 인수(acceptance)하고 만기에 대금을 지급(payment)한다.

■ 신용장 개설 및 통지 흐름

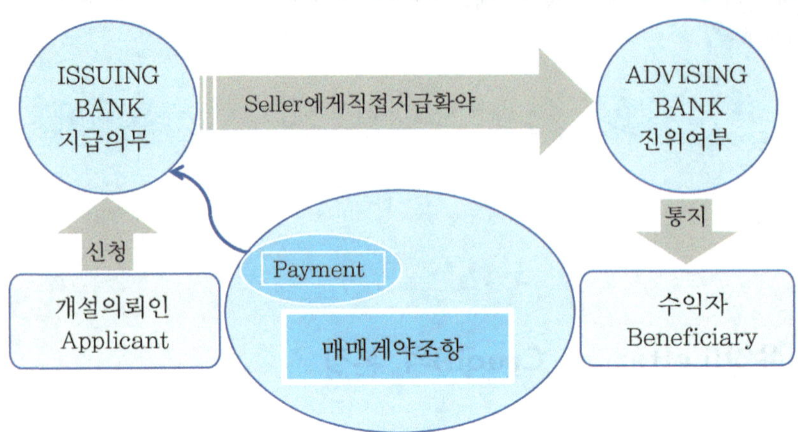

■ 신용장 네고 흐름

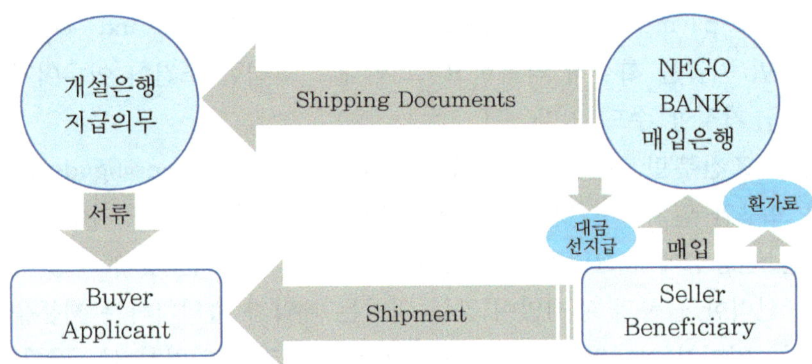

※ 일치의 의미(Complying)

여기에서 일치한다는 의미는 다음과 같다.

① 서류의 종류
② 서류의 통수
③ 원본과 사본의 구분
④ 서류작성요령이 UCP 600 및 ISBP 745에 따라 작성
⑤ 선적기일(S/D : Shipping Date) 및 유효기일(E/D : Expiry Date) 준수
⑥ 서류제시기일(P/D : Presentation Date)을 요구하는 경우, 서류제시기일 준수
⑦ 서명과 일자를 요구하는 경우 서명과 일자가 있는지

* 물품을 실제로 선적했는지의 여부 및 물품의 하자 여부는 따지지 않음.
  (개설은행이 명백한 사기의 증거를 제시하는 경우를 제외하고)
* 일치의 반대말은 불일치(discrepancy)임.

┃표 4-1┃ 선적서류의 일치와 불일치

일치	불일치
일치하는 서류 (Confirming Document)	불일치하는 서류 = 하자서류 (Discrepant Document)
개설은행의 대금지급 의무	개설은행의 대금지급 거절 권리
개설의뢰인이 개설은행으로 대금 지급 → 개설은행이 서류인도 및 수입상이 물품 통관 → 개설은행이 매입은행으로 신용장 대금 지급[4]	① 물품인수 의사 없는 경우 : Unpaid
	② 물품인수 의사 : waiver(권리포기)
수출보험 지급대상	수출보험 지급 미 대상
하자가 없음에도 미 지급시 사고보고 무역보험공사 → 개설은행을 상대로 소송	서류상의 불일치 사항이 경미한 경우에는 수출보험 보상 대상에 해당됨

신용장(Documenatary Letter of Credit)이란 무역 거래에 따른 대금 지급 및 상품 수출을 원활하게 하기 위하여 수입상을 신용장 개설의뢰인(applicant)으로 하고 수출상을 수익자(beneficiary)로 하여 수입상의 거래은행인 신용장 개설은행(issuing bank)이 수입상의 요청(request)으로 수출상(exporter) 또는 서류매입은행(negotiating bank) 및 선의의 어음소지인(Bona fide bolders)에게 대금지급을 확약하는 서장(書狀)으로서, 그 내용을 요약하면 다음과 같다.

① 개설의뢰인(customer, applicant)의 요청(request)과 지시(instruction)에 따라 개설은행(issuing bank)이 개설하고,

② 수출상인 수익자(beneficiary)가 신용장에 명기된 제 조건을 일치시키고 요청된 서류를 제시하면,

③ 개설은행 자신이 수익자에게 대금지급시기가 'sight' 경우에는 직접 지급(payment)하고 대금지급시기가 'usance' 경우에는 환어음을 인수(acceptance)한 후 만기에 지급하는 직접약정의 방법과 다른 은행에 간접적으로 지급, 환어음의 인수 또는 매입(negotiation)하도록 하는 간접약정의 방법을 수권(authorization)한 증서이다.

---

4) 선적서류에 불일치가 없음에도 개설의뢰인이 개설은행으로 대금을 지급하지 않으면 개설은행은 매입은행으로 신용장 대금을 대신 지급하고 선적서류에 대한 소유권은 개설은행이 갖는다.

2) 신용장 관련 국제규칙

(1) 신용장통일규칙(UCP 600)

신용장 통일규칙이란 “Uniform Customs and Practice for Documentary Credits”의 약어로써, 1933년에 국제상업회의소(ICC; International Chamber of Commerce)에서 제정하였다. 지금까지 총 6차례의 개정을 거쳐 현재 사용하고 있는 최신 version은 2007년 개정된 국제상업회의소 간행물 제600호이며 정식명칭은 “The Uniform Customs and Practice for Documentary Credits, 2007 Revision, ICC Publication no.600(UCP 600)”이다. 향후 이 책에서 언급하는 UCP는 2007년 개정된 제6차 개정 신용장통일규칙을 의미한다.

제6차 개정 신용장통일규칙은 신용장의 문면에 위 규칙을 적용된다는 것을 명시적으로 표시한 경우 모든 화환 신용장을 대상으로 한다. 이 규칙은 신용장에서 명시적으로 수정되거나 그 적용이 배제되지 않는 한 모든 당사자를 구속한다.

(2) 국제표준은행관행(ISBP 745)

국제상업회의소(ICC) 은행위원회는 2002년 10월 30일 새로 제정된 “International Standard Banking Practice(국제표준은행관행)”를 승인하였고 2013년 4월 17일 ‘ISBP 745’를 승인하였다. ‘ISBP 745’는 세 번째 버전으로 신용장통일규칙(UCP 600) 하에서 서류 심사 시 적용되어야 할 국제표준은행관행에 관하여 해설한 책자이며 실무지침서이다. 그 주요 내용은 다음과 같다.

① The ISBP is a particular complement to UCP(UCP의 특별 보록)
② UCP의 규칙들을 실무에서 적용하는 기준을 정한 것
③ ISBP의 제정목적은 서류 심사의 기준을 전 세계적으로 통일하여 분쟁을 최소화하려는 것
④ UCP에서 서류는 ISBP에 따라 심사되어야 한다고 명기하고 있으므로 UCP를 적용하는 신용장에는 ISBP를 적용한다는 문언을 추가할 필요가 없음
⑤ 모든 관행을 정리하는 것이 불가능하므로 실무에서 가장 많이 등장하는 관행들을 298개의 조항으로 선정하여 문서화하였음

Tip • **ISBP(International Standard Banking Practice)의 의미**
- □ Issuing bank : 선적서류 심사 지침서의 역할을 한다.
- □ Beneficiary : 선적서류 작성 지침서의 역할을 한다.

ISBP 745는 사소한 하자는 서류상의 불일치로 보지 말자는 취지이며 이것이 탄생한 이후부터 개설은행과 매입은행 간의 서류상 분쟁이 대폭 줄어들게 되었고 신용장을 취급하는 관련 당사자들이 이것이 탄생하기 전보다 훨씬 더 용이하게 신용장 거래를 할 수 있게 되었다.

3) 신용장의 특성

(1) 추상성의 원칙(Principle of Abstraction)

UCP 600 제5조에서 신용장 거래에서 은행은 서류에 의해 거래를 하는 것(deal with documents)이지 그 서류와 관련된 상품, 용역 또는 기타 계약이행을 취급하는 것이 아니다. 따라서 상품에 관한 문제는 수출입 당사자들끼리 해결하든지 혹은 수입상이 별도의 클레임(claim)을 제기하여 상사분쟁 조정에 의해 해결하여야 한다. 서류에 의한 신용장의 거래 관행을 신용장의 추상성의 원칙이라고 한다.

신용장 거래의 판단은 오직 제시된 서류만을 가지고 결정하여야 한다. 즉, 실질적인 거래의 상태와 상품은 서류로서 추상화되어 있다고 간주하는 것이 신용장 거래인 것이다. 만약 제시된 서류가 신용장의 조건과 문면상 일치하지 아니하는 것으로 표시되었다면 그러한 주장은 서류 만에 기초하여 심사하여야 한다.[5] 개설은행은 독자적인 판단에 따라 그 서류의 문면상 일치성에 의한 서류 수리 여부를 결정하는 것이다.

(2) 독립성의 원칙(Principle of Independence)

UCP 600 제4조에서 신용장은 그 성질상 그것이 매매계약 또는 기타 계약에 따라 근거를 두고 발행된 것이기는 하지만 이와는 별개의 독립된 거래이며, 신용장에 그러한 계약에 관한 어떠한 언급이 포함되어 있더라도 그러한 계약과는 아무런 관계가 없으며 또한 이에 구속되지 않는다. 결과적으로 신용장에 의하여 지급이행하거나, 매입하거나 기타 모든 의무를 이행한다는 은행의 확약은 개설은행 또는 수익자와 개설의뢰인과의 관계로부터 생긴 개설의뢰인에 의한 클레임 또는 항변에 지배받지 아니한다. 이러한 수출상과 수입상 간의 매매계약(contract for sale)과 무관한 거래원칙을 신용장 거래의 독립성의 원칙이라고 한다. 따라서 신용장 문면에 만일 물품의 명세(description)가 “as per sales note no ... dated ...” 등과 같이 매매 계약서의 일자나 번호가 명시되어 있다 하더라도 은행은 실질적인

---

5) UCP 600 제14조 a.

조사 의무는 없으며 제시된 서류의 문면에 이런 문언을 증명하는 내용의 문언을 기재하면 된다.

신용장 거래는 매매 계약서와는 아무런 관계가 없으므로 신용장 본문이 먼저 적용되는 것이고 만약 매매 계약서와 다른 물품이 선적되었다 하더라도 이것을 이유로 개설은행이 한번 지급(payment)하였던 대금을 다시 돌려 달라고 할 수 없으며, 그 문제는 개설의뢰인(applicant)과 수익자(beneficiary) 사이에 매매 계약서로 해결하여야 할 문제이다.

신용장 방식에 의한 대금 지급은 서류에 하자가 없는 한 매매계약과 다른 물품이 선적된 문제로 인하여 대금 지급에 영향을 전혀 받지 않는다.

■ 신용장의 추상성, 독립성

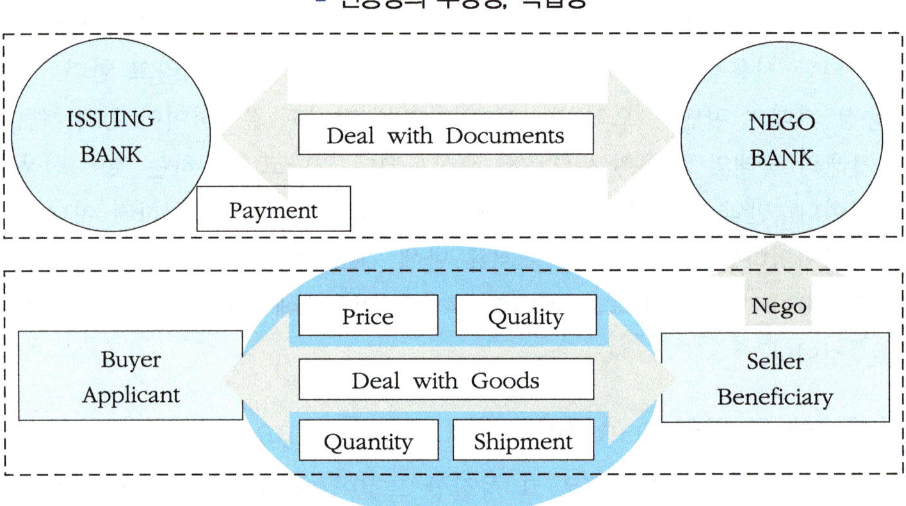

(3) 신용장거래의 한계성(Limitation)

서류에 의한 결제를 원칙으로 한다는 위의 두 가지 특성은 대금결제를 원활하게 하기 위하여 불가피한 것이기는 하나 실물거래인 무역거래를 완벽하게 보장할 수는 없는 한계성을 동시에 지니게 된다. 즉, 수입상의 입장에서 신용장이 물품의 품질을 보장할 수는 없으며 수출상의 입장에서는 양질의 물품을 공급하였더라도 서류상의 하자로 인한 대금결제의 지연 또는 지급 거절을 방지할 수는 없다.

 Tip • **Limitation(한계성)을 극복할 대응방안**

(1) Beneficiary(수출상)
① UCP, ISBP에 따른 정확한 서류작성
② 신용도 높은 수입상과 거래
③ 신용도 높은 개설은행의 신용장 유도
④ 개설은행의 신용이 낮은 경우, 확인신용장(Confirmed L/C) 요청
⑤ 수출보험 가입(서류가 불일치한 경우는 보상받을 수 없음.)

(2) Applicant(수입상)
① 신용도 높은 수출상과 거래(제품 수출경력이 최소 3년 이상 회사)
② PSI(Pre Shipment Inspection) : 선적 전 검사를 철저히 실시
③ I/C(Inspection Certificate) : 검사 대행기관이 발행한 I/C 첨부토록 신용장 조항 삽입
④ Warranty bond(하자보증서) : 일정 금액에 대한 하자보증서 제시 요구

2 신용장의 전개 과정

1) 무역 거래 기본당사자

■ 무역 거래 기본당사자

거래내용	수출상		수입상	
매매관계	Seller	매도인	Buyer	매수인
무역관계	Exporter	수출상	Importer	수입상
신용장관계	Beneficiary	수익자	Applicant	개설의뢰인
환어음관계	Drawer	발행인	Drawee	지급인
운송관계	Shipper	선적인	Consignee	수하(화)인
	Consignor	송하(화)인		
계정관계	Accounter	대금수령인	Accountee	대금결제인

2) 신용장 거래도해

■ 수출 · 입 절차 도해

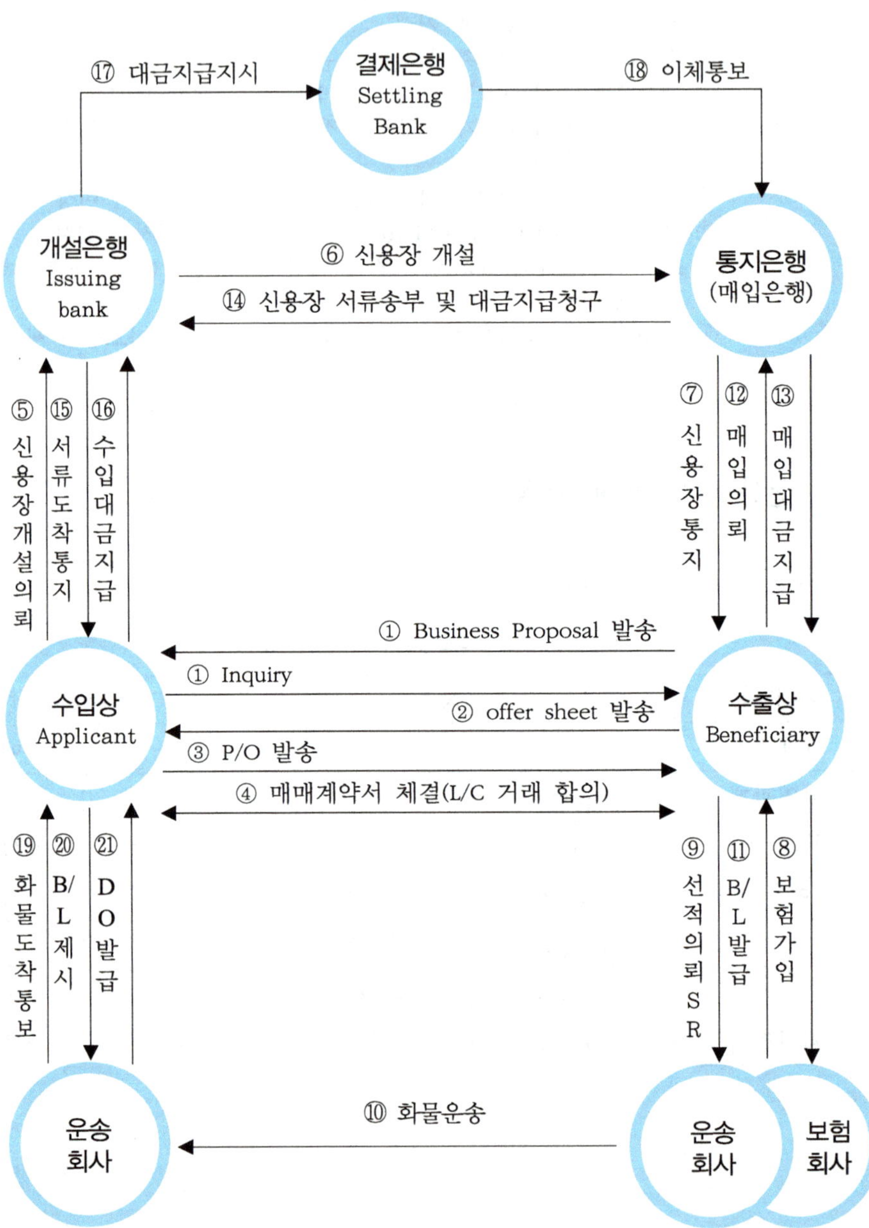

※ 가격조건 CIF, 결제조건은 Sight L/C에 의한 해상운송 수출입절차임.

■ 수출입절차 단계별 설명

① 수출상이 해외 시장조사 등을 통해서 바이어에게 회사소개서 발송 혹은
① 수입상이 먼저 수출상에게 제품 조회(inquiry)

---

② 수입상의 요청에 의하여 수출상이 청약(offer)
③ 수입상이 수출상에게 구매오더(P/O : purchase order) 발송
④ 수입상과 수출상간의 매매계약서 체결

---

⑤ 수입상이 개설은행에 신용장 개설 요청
⑥ 개설은행이 신용장 개설
⑦ 통지은행이 수출상에게 신용장 통지신용장 내도 후 수출상은 생산 시작

---

⑧ 수출상의 물품 통관(세관) 후 선적
⑧ 수출상이 보험회사에 보험 가입
⑨ 수출상이 제품확보 및 선적준비 후 운송회사에 선적예약(S/R 발송)
⑩ 본선적재 후 운송
⑪ 운송회사로부터 선하증권(B/L) 수취

---

⑫ 수출상이 자신의 거래은행(매입은행)에 신용장 네고(nego)
⑬ 매입은행이 수출상에게 매입대금 지급
⑭ 매입은행이 개설은행으로 신용장 네고서류 발송

---

⑮ 개설은행이 수입상에게 서류도착 통지
⑯ 수입상이 개설은행에게 수입신용장 대금 입금
⑰ 개설은행이 결제은행에게 대금지급 지시
⑱ 결제은행이 매입은행으로 대금송금

---

⑲ 운송회사가 수입상에게 화물도착을 통보
⑳ 수입상이 운송회사에게 B/L을 제시
㉑ 운송회사는 수입상에게 D/O 발급

※ 가격조건 CIF, 결제조건은 Sight L/C에 의한 해상운송 수출입절차임.

3 신용장의 종류

신용장의 종류에는 크게 두 가지로 구분된다. 하나는 무역 거래에서 물품을 수입할 때 수입상 측에서 발행하는 화환 신용장(D/C : Documentary Credit)이고 다른 하나는 무역 거래 및 무역외거래에서 각종 보증에 사용되는 보증신용장(Standby Credit)이다.

1) 화환 신용장(Documentary Credit)

화환 신용장은 상품거래에 따른 환어음과 이를 담보하는 운송서류의 제시를 요구하는 신용장이다. 별도의 언급 없이 통상 신용장이라 함은 이 화환 신용장을 의미한다.

2) 보증신용장(Standby Credit)

보증신용장은 금융의 담보 또는 채무이행의 보증을 목적으로 발행되는 무화환신용장(clean credit)으로 보증신용장 개설은행이 상대방으로 하여금 특정인에게 금융지원 또는 채무 보증 등을 이행하도록 하고, 특정인이 만기에 채무의 상환을 하지 않으면 지급을 대신 이행하겠다는 내용을 기재한 약속증서를 의미한다. 보증신용장은 무역 거래, 무역외거래 및 자본거래 등에 대한 보증수단으로 사용된다는 점에서 화환 신용장(documentary credit)과 차이가 있다.

표 4-2 보증내용에 따른 유형

화환 신용장	보증신용장
Documentary Credit(D/C)	Standby Credit
지급확약서(undertaking)	지급보증서(guarantee)
수입대금의 지급목적	각종 채무 보증의 목적
수입상 측 → 수출상	수출상 측 → 수입상 or 수입상 측 → 수출상
선적서류의 제시를 요구	선적서류의 제시를 요구치 않음
선적서류와 환어음 제시	불이행 진술서와 환어음 제시
UCP 600, ISBP 745	UCP 600, ISP 98

| 표 4-3 | 신용장의 종류

보증구분	주요내용
선수금 환급보증 (A/P Bond)	Advance Payment Bond(Repayment Guarantee) : 무역거래 또는 건설공사에서 선수금에 대하여 그 계약이행을 보장하거나 또는 계약 불이행시 선수금 반환을 보증할 목적
금융보증	Financial Bond : 대출금에 대하여 만기에 채무불이행시 대출금 반환을 보증할 목적
입찰보증 (B Bond)	Bid Bond(Tender Guarantee) : 개설의뢰인이 입찰에 응하여 낙찰될 경우에 계약체결을 보증할 목적
계약이행보증 (P Bond)	Performance Bond(Performance Guarantee) : 수출입계약 또는 공사계약의 이행을 보증할 목적
하자보수 유지보증	Maintenance Bond(Warrantee Guarantee) : 기계, 설비 등을 수출 혹은 공사한 후 일정기간 내에 하자가 발생시 그 보수의 수리 등을 보장할 목적

 신용장의 관계당사자

신용장 거래에 관계되는 자를 관계 당사자(parties concerned with L/C)라고 하며 여러 당사자 중 신용장 개설의뢰인(applicant), 개설은행(issuing bank) 그리고 수익자(beneficiary)를 신용장 거래의 주요 당사자(main parties concerned)라고 한다.

1) 개설의뢰인(Applicant)

개설의뢰인은 자기의 거래은행인 개설은행에 신용장을 개설하여 줄 것을 요청하는 수입상(importer)으로서 상품의 매수인(buyer), 환어음의 최종결제인(간접 drawee),[6] 대금결제인(accountee, payer)이자 물품의 수화인(consignee)[7]이다.

2) 개설은행(Issuing Bank)

개설은행은 개설의뢰인의 요청에 따라 수출상(beneficiary) 앞으로 자신의 서장

6) 환어음의 지급인, 즉 drawee는 개설은행(issuing bank)이 되며 신용장이 개설의뢰인 앞으로 개설된 환어음으로 사용이 가능한 신용장은 개설되지 않아야 한다고 명시하였다(UCP 600 제6조 c). 그 이유는 개설의뢰인을 지급인으로 하는 어음 발행은 개설은행의 일차적이고 최종적인 지급 확약의 이행의무에 반하기 때문이다.

7) 수화인(受貨人) 혹은 수화인(受荷人)으로 칭하며 같은 의미이다.

(書狀)을 발행하여 교부하거나 또는 그 자신을 위하여 신용장을 개설하는 은행을 말한다.

3) 통지은행(Advising Bank)

통지은행은 개설은행의 요청에 따라 신용장을 통지하는 은행을 말한다. 신용장의 개설은행은 대부분의 경우 자신이 개설한 신용장을 수익자의 소재지에 있는 자기의 본·지점 또는 환거래은행(correspondent bank)을 경유하여 수익자에게 통지하는데, 개설은행의 요청에 따라 수익자인 수출상에게 신용장 도착을 통지하는 은행으로서 신용장의 진정성(진위, authenticity)을 확인하여야 한다.(UCP 600 제9조 b)

- Advising bank
- Notifying bank
- Transmitting bank

4) 수익자(Beneficiary)

수익자란 그 자신을 수익자로 하여 신용장을 개설 받는 당사자를 말하며 개설은행으로부터 개설된 신용장을 통지은행으로부터 수취하여 이에 요구된 모든 조건을 일치시키는 서류를 제시함으로써 대금의 결제를 받아 이익을 얻는 수출상(exporter)으로서 상품의 매도인(seller), 환어음 발행인(drawer), 대금수령인(payee)이자 물품의 송화인[8](consignor, shipper)이다.

5) 매입은행(Negotiating Bank)

매입(Negotiation)이란 신용장의 조건과 일치하는 서류 또는 그러한 서류가 첨부된(일람출급 또는 기한부) 환어음이 제시될 때 개설은행으로부터 대금을 지급 받기 전에 미리 선지급하거나 선지급하기로 약정하는 것으로 최종 지급일까지의 이자 및 수수료를 공제하고 할인하여 매수(purchase)하는 선적 후 금융을 행하는 것이다. 수익자를 위하여 그러한 행위를 하는 은행을 매입은행이라고 하며 개설은행은 매입은행이 될 수 없다.

- Negotiating bank(매입은행)
- Discounting bank(할인은행)
- Purchasing bank(매수은행)

---

8) 송화인(送貨人) 혹은 송화인(送荷人)으로 같은 의미이다.

6) 확인은행(Confirming Bank) : 확인신용장일 경우

신용장에서 확인(confirmation)이란 개설은행이 지급 또는 인수를 확약한 취소불능신용장에 대하여 개설은행으로부터 수권 되었거나 요청받은 다른 은행이 수익자에게 지급, 인수 또는 매입을 확약하는 것을 말하며 이러한 확약을 해주는 은행을 확인은행이라고 한다. 대개 통지은행이 동시에 확인은행의 역할을 한다.

7) 지급은행(Paying Bank)

신용장의 조건과 일치하는 서류가 제시될 때 또는 그러한 서류가 첨부된 환어음이 자행을 지급인으로 하여 제시될 때 지급을 이행하는 은행이며 신용장의 개설은행은 항상 지급은행이 된다. 다른 은행이 지급은행이 되기 위해서는 개설은행과 환거래계약을 체결하여 자행에 개설은행 명의의 예금계좌를 설치하여 두고 개설은행의 예금계좌에서 차감하면서 지급을 이행한다.

8) 인수은행(Accepting Bank)

신용장의 조건과 일치하는 서류가 첨부된 연지급 환어음이 제시될 때 그 어음을 인수하였다면 만기일에 가서 지급할 의무를 지게 되는 은행이다. 연지급 신용장의 개설은행은 항상 인수은행이 되며 신용장에서 권한을 준 다른 은행이 될 수도 있다.

9) 상환은행(Reimbursing Bank)

상환은행은 개설은행의 상환요청에 따라서 개설은행을 대신하여 신용장 대금을 매입은행 등에 지급하는 은행을 말하며 대금의 결제은행(settling bank), 어음 지급은행(drawee bank) 또는 banker's usance의 경우에는 인수은행(accepting bank)이라고 불리 운다. 그 성질상 개설은행의 당좌예금 계정을 가진 예치환 거래은행(depositary correspondent bank) 또는 개설은행의 해외지점이 된다.

10) 양도은행(Transferring Bank)

양도가능신용장에서 수익자의 요청으로 제2수익자 앞으로 신용장을 양도하는 은행을 말한다. 개설은행으로부터 지급, 인수 또는 매입을 이행하도록 수권 받은 은행만이 이행할 수 있는데 대개 통지은행이 그 역할을 한다. 개설은행은 양도은행일 수 있다.

 신용장의 분류

1) 대금지급시기에 의한 분류

(1) 선수금신용장(advance payment credit)

① 일반적으로 신용장은 선적이 완료된 후에 신용장이 요구하는 선적서류가 개설은행에 제시되었을 때에 지급되는 것이 합리적이며 대부분의 신용장이 그렇다. 그러나 수출자가 물품의 생산, 가공 등에 필요한 원자재 구매자금 등을 선적 전에 미리 융통해 줄 수도 있다. 이는 수출상에게 큰 혜택이 아닐 수 없다. 이를 위하여 신용장에 일정한 조건으로 선지급을 허용하는 신용장이 선수금신용장이다.

② 선수금신용장은 통상 선적서류 제시 없이 환어음과 송장의 제시만으로 대금의 선지급을 허용한다. 선수금 신용장은 통상 신용장 대금 전액을 선수금으로 허용하는 경우는 드물며 대부분의 신용장이 신용장 금액 중 일부만을 선수금으로 지급할 것을 허용한다.

③ 선수금신용장은 선대신용장(先貸信用狀) 또는 전대신용장(前貸信用狀)이라고 지칭하며 영문명칭으로는 packing credit(집화 신용장) 또는 advance payment credit(선수금 신용장)라고 한다.

④ 신용장 표기(79/Payment terms)

+ 10 percent(USD200,000) of total value shall be paid as advance payment against presentation of commercial invoice and bill of exchange.
+ 10 percent(EUR500,000) of total value shall be paid as advance payment against presentation of an acceptable payment bank guarantee in the same amount in favour of xx.

(2) 일람출급신용장(sight credit)

① 수익자가 발행한 일람출급 환어음 혹은 선적서류에 대하여 신용장의 지시에 따라 제시되었을 때 즉시 지급되는 신용장이다. 이때 '즉시'라는 의미는 서류제시 다음 날로부터 기산하여 최장 제5영업일 이내이며 서류에 하자가 없다면 지급(payment)하고 서류에 하자가 있으면 지급거절(unpaid)통보를 한다. 이때 개설은행은 서류의 하자 사항에 대한 통보를 매입은행으로 하게 되는데 이것을 "Notice of discrepancy"라고 한다.

② 일람지급으로 이용 가능한 신용장은 지급신용장(Payment credit)과 매입신용장(Negotiation sight credit)이다.

③ 신용장 표기(42C Draft at :)

가. 일람출급 매입신용장 : At sight

나. 지급신용장 : 환어음에 대한 언급 없이 41A : by Payment

※ Sight L/C : 선적서류 제시 → 은행의 서류 심사 → 즉시 지급(payment)

■ Sight L/C Process

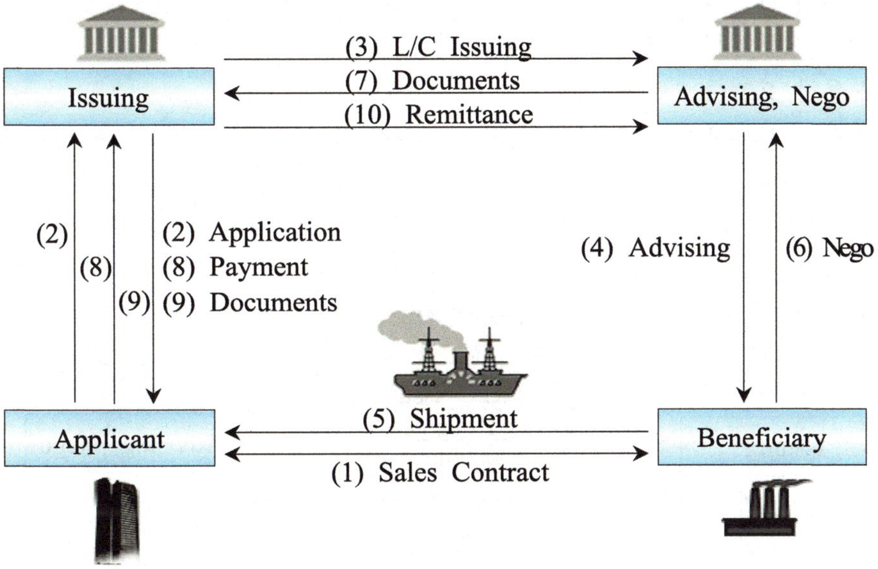

▶ Sight L/C 거래절차

(1) 수출상과 수입상이 Sight L/C 조건으로 매매계약체결

(2) 개설의뢰인이 개설은행에게 신용장 개설신청

(3) 개설은행이 통지은행으로 신용장 개설

(4) 통지은행이 수익자(수출상)에게 신용장 통지

(5) 수익자(수출상)가 제품 선적

(6) 수익자(수출상)가 매입은행에게 매입의뢰 및 매입은행이 대금 선지급

(7) 매입은행이 개설은행으로 선적서류 발송 및 신용장 대금 청구

(8) 개설은행이 개설의뢰인에게 선적서류 도착통지 및 개설의뢰인이 개설은행으로 대금 결제

(9) 개설은행이 개설의뢰인에게 선적서류 인도

(10) 개설은행이 매입은행으로 신용장 대금 지급

(3) 기한부신용장(usance credit)

① 신용장에 의하여 발행되는 환어음의 지급조건이 기한부어음(usance[9]) draft)을 발행할 것을 요구하고 있으며 수익자가 선적서류와 함께 기한부환어음(매입신용장, 인수신용장)을 제시하면 서류에 하자가 없는 한 이 환어음을 즉시 인수(acceptance)[10])하고 그 만기일(at maturity)에 지급(payment)한다고 약정된 신용장이다. 환어음의 제시를 요구하지 않는 연지급 신용장(Deferred Payment Credit)의 경우 연지급 확약서를 발행하고 만기에 대금을 지급한다.
제시된 서류에 하자가 발견되는 경우, 일람출급방식에서는 지급 거절이라 하며 기한부에서는 인수거절이라고 한다.

② 신용장 표기(42C Draft at :)
기한부 신용장의 지급 시기는 통상 다음의 두 가지 형태 중 하나로 기재된다.
가. at ××days after sight or
나. at ××days after B/L date

■ Usance L/C Process

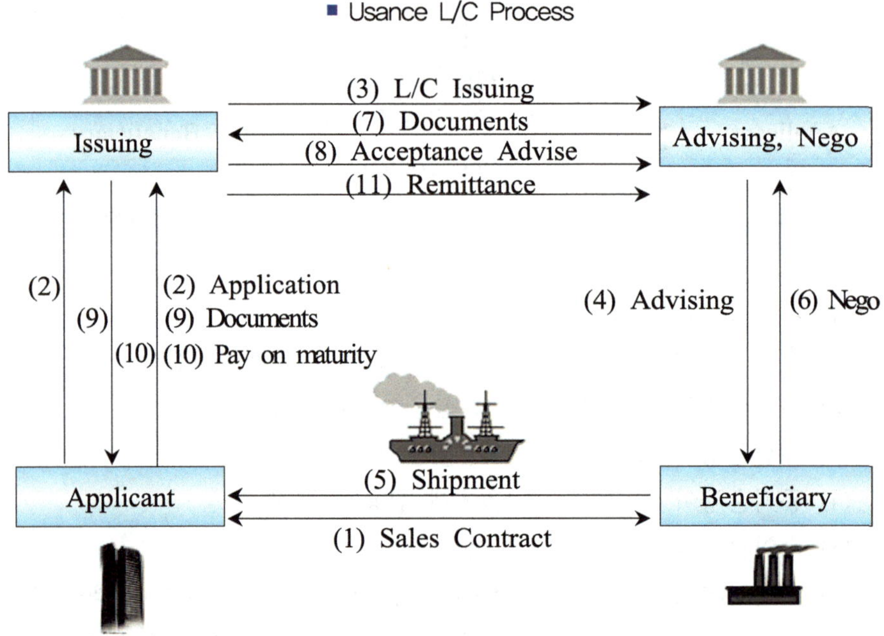

▶ Usance L/C 거래절차

(1) 수출상과 수입상이 Usance L/C 조건으로 매매계약체결

---

9) 'Usance'란 "지급을 유예하다."라는 의미이다.
10) 인수란 만기일에 대금을 지급하겠다는 개설은행 혹은 인수은행의 약속을 의미한다.

(2) 개설의뢰인이 개설은행에게 신용장 개설신청
(3) 개설은행이 통지은행으로 신용장 개설
(4) 통지은행이 수익자(수출상)에게 신용장 통지
(5) 수익자(수출상)가 제품 선적
(6) 수익자(수출상)가 매입은행에게 매입의뢰 및 매입은행이 대금 선지급
(7) 매입은행이 개설은행으로 선적서류 발송 및 신용장 대금 청구
(8) 개설은행이 매입은행으로 인수통보(A/A : Acceptance Advise)
(9) 개설은행이 수입상(개설의뢰인)에게 선적서류 인도
(10) 개설의뢰인이 개설은행으로 만기일에 신용장 대금 결제
(11) 개설은행이 만기일에 매입은행으로 신용장 대금 지급

표 4-4 대금지급시기에 따른 분류[11)]

구 분	Sight	Usance
명칭	일람출급, 일람지급, 일람불	기한부, 연지급, 후지급
지급시기	즉시 지급(payment)	즉시 인수통보
	서류접수 다음날로부터 늦어도	
	제5영업일이내 지급	제5영업일이내 인수통보
		만기에 지급
서류 불일치	지급거절 통보	인수거절 통보
통보시기	서류접수 다음날로부터 5영업일 이내	

표 4-5 Sight와 Usance의 비교

Sight	Usance
Sight(일람 후) → 즉시 Payment(지급)	Sight → (A/A : Acceptance Advise) → 만기에 Payment
42C draft at : at sight	42C draft at : at (××days after sight or B/L date)
"At once after sight"의 의미 서류 일람 후 즉시 지급	신용장에 표시된 ××days만큼 지급을 유예한다는 의미
환가료(Period Interest)	
8일치(서류발송 → 영수)	8일 + usance 기간

11) 화환신용장의 대금지급 시기는 세분화하면 모두 4가지로 구분한다. 선수금, 일람출급, 기한부, 할부지급 방식이다. 실무에서는 크게 두 가지 방식이 많이 활용됨으로 이 표에서는 일람출급과 기한부에 대해서만 비교하였음.

2) 기한에 의한 분류

신용장 방식에서 Sight(일람출급) 방식과 달리 Usance(기한부) 방식은 수출자가 일정 기간 경과 후에 대금을 지급 받는다. 'Usance'는 "지급을 유예하다"라는 의미로 누가 Usance 기간 동안 신용을 제공하였느냐에 따라서 Shipper's Usance와 Banker's Usance로 분류한다.

(1) Shipper's Usance Credit

① Shipper's Usance란 Usance 기간 신용공여를 수출자가 수입자에게 하는 것으로 수출입업자 간의 계약에 의하여 기간 동안의 원리금을 계약 시 약정하였던 환어음 만기일에 지급하는 형태이다.

② 수출업자는 대금을 약정한 기간의 만기일에 받게 되므로 그 기간만큼의 자국은행의 이자율만큼 가격에 포함해 가격협상을 하여야 한다.

③ 신용장 표기

- 41A Available With --- By name and address any Bank by Negotiation
- 42C Drafts at : 120days after sight
- 42D Drawee : KOEXKRSE

(2) Banker's Usance Credit

기한부 환어음의 지급을 유예시켜주는 주체가 은행이 되는 것으로 수출상이 발행한 기한부 환어음을 만기일 이전에 인수은행이 인수 및 할인하여 매입하고, 어음금액 전액은 매입은행을 통하여 수출상에게 지급하며 인수수수료(A/C : Acceptance Commission)와 할인료(D/C : Discount Charge)는 개설은행에 청구하여 수출상은 at sight basis와 동일하게 매입 대전을 수취하고 수입상으로서는 usance interest(인수수수료와 할인료)만 선지급하여 원금은 만기일에 개설은행을 통하여 지급하거나, 원금과 usance interest를 만기일에 결제하게 되는 것을 banker's usance credit 라고 한다. 이는 다시 신용공여의 주체에 따라 국내 개설은행이 담당하는 경우를 Domestic Banker's Usance Credit(내국수입유전스 신용장)이라 하며, 개설은행이 해외에 있는 자신의 환거래은행을 인수은행으로 지정하고 인수은행이 수출상이 발행한 기한부 환어음을 인수하여 할인 매입하도록 하여 신용공여를 담당하게 하는 것을 Overseas Banker's Acceptance Credit(해외은행 인수신용장)이라고 한다. 수출업자는 일람출급으로 대금을 지급 받기 때문에 Shipper's Usance보다는 수출금액이 수입업자가 부담하는 usance interest만큼은 저렴해야 한다. 결국, 수출업자의 입장에서는 at sight 신용장인 셈이다.

① Domestic Banker's Usance Credit(내국수입유전스 신용장)

신용장 표기 방법은 다음과 같다.

*** HSBC뉴욕지점(HSBCUS33)에서 개설된 신용장 예시**

42C Draft at : 120days after B/L date
42D Drawee : Issuing Bank
47A Beneficiary's usance drafts shall be negotiated at sight basis
78 Instruction to Negotiating Bank
In reimbursement, upon receipt of the drafts in compliance with the terms of this credit we shall remit the proceeds as per your instruction.

② Overseas Banker's Acceptance Credit(해외은행 인수 신용장)

신용장 표기 방법은 다음과 같다.

*** 외환은행(KOEXKRSE)에서 개설된 신용장의 예시**

42C Draft at : 120days after B/L date
42D Drawee : KOEXUS33ABRO
47A +Usance Drafts shall be negotiated at sight basis regardless of the tenor of draft.
+Acceptance commissions and discount charges are for buyer's account
53A Reimbursing Bank : KOEXUS33ABRO

■ Shipper's Usance & Banker's Usance Credit의 비교

구 분	Shipper's Usance	Banker's Usance
실질적인 어음 지급기한	기한부(Usance)	일람불(Sight)
신용장 Tenor 표기	기한부(Usance)	기한부(Usance)
실질적 이자 부담자	수입상	수입상
은행 수수료 부담자	수출상(환가료 부담)	수입상(A/C, D/C)
신용공여자	수출상	은행
수입상 효과	기한부 수입	기한부 수입

■ Overseas Banker's Acceptance Usance Credit의 주체별 경제적 이득

구분	경제적 이득
수입상	기한의 신용공여로 외상수입
수출상	일람출급 신용장 거래로 수출거래 이익
개설은행	수입상으로부터 수수료 수익
매입은행	수출상으로부터 환가료 수익
인수은행	개설은행으로부터 A/C D/C 수익
어음 할인자(B/A Market)	인수은행의 어음 할인으로 할인료 수익

6 신용장의 조건변경 및 취소

1) 조건변경의 의의

신용장의 조건변경(amendment)이란 이미 개설된 신용장의 조건을 어떠한 사정으로 인하여 일부 조건을 변경하는 것을 말하며 신용장의 조건변경은 신용장의 유효기일(expiry date) 내에 이루어져야 한다.

신용장을 통지받은 수출상은 무엇보다도 먼저 매매 계약서 내용과 상이함이 없는지를 확인하여야 하며 신용장 내도 시 우선 검토사항을 철저히 검토한 후 변경하여야 할 내용이 발견되면 즉시 서면으로 그 내용을 수입상에게 통보하여 변경될 수 있도록 하여야 한다.

■ 수출상의 조건변경 주요사유

- 매매 계약서 내용과 상이함이 있을 때
- 계약 당시 언급되지 않았던 조항이 있을 때
- 지키지 못할 조건 및 제출 불가능한 서류 요청이 있을 때
- 계약 당시와 변동된 상황이 발생하였을 때
  (원자재 가격 인상으로 인한 단가 인상, 납기 맞추기가 어려울 경우 등)

2) 조건변경의 내용

- 신용장의 선적기일 및 유효기일의 연장

• 신용장 금액의 증감
• 수량, 단가, 총액의 계산 착오
• 매매계약서 내용과 다른 사항
• 지키지 못할 모든 조건(특히 중동지역에 소재하는 은행이 개설한 신용장)

3) 신용장의 취소

신용장의 취소(cancellation)란 이미 개설된 신용장을 사용하지 않고 취소하는 것을 말한다. 실무적으로 현재 사용하는 신용장은 대부분 취소불능신용장(irrevocable L/C)이다. 취소불능신용장(irrevocable L/C)이란 신용장을 근본적으로 취소할 수 없다는 뜻이 아니다. 신용장 관계 당사자의 동의 없이 일방이 신용장을 취소할 수 없다는 의미이다.

신용장은 수익자(beneficiary), 개설은행(issuing bank), 확인신용장의 경우 확인은행(confirming bank)의 동의가 없이는 취소할 수 없다. 그러나 개설된 신용장이 하나도 사용되지 않았다든지, 일부만 사용되었다든지 어떤 경우이든지 간에 관계 당사자인 수익자, 개설은행, 확인은행(확인신용장일 경우)의 동의가 있고 개설의뢰인의 요청이 있으면 취소할 수 있다.

7 신용장의 확인

1) 확인의 의의

확인(confirmation)이란 취소불능신용장에 대한 개설은행 이외의 제3은행(확인은행)의 추가적인 일람지급, 연지급, 인수, 매입을 확약하는 것을 의미한다.

개설은행 신용상태에 대한 불안감 또는 수입업자 소재국가의 정치, 경제적 위험이 있는 경우 수출대금회수의 불확실성을 제거하는 이중확약으로 안정적인 장치이다.

확인은 확인은행의 책임과 의무가 독립적으로 부가되는 행위이며 지급 또는 인수를 확약하거나, 수익자가 발행한 환어음 또는 신용장에 따라 제시되는 서류를 어음의 발행인이나 선의의 제3자에게 상환청구 없이(without recourse) 매입할 것을 확약하는 행위이다. 개설은행으로부터 확인을 요청받은 은행은 개설은행의 신용상태가 불확실하면 확인요청을 거절할 수 있다.

2) 확인은행의 의무

① 확인은행이 2차적(개설은행과는 독립적)으로 지급이나 인수를 확약하거나 신용장 조건과 일치하는 환어음에 대하여 발행인 또는 선의의 소지인에 대하여 상환청구함이 없이(without recourse) 매입을 확약한다.

② 확인은행은 개설은행의 조건변경에 대하여 확인요청을 거절할 권리가 있다.

③ 조건부 확인 : 기한부 신용장이나 거래금액이 큰 신용장일 때에는 일정 기간에 대하여만 조건부로 확인하거나 일정한 금액 이내에서만 확인하는 것을 말한다.

④ 확인은행은 조건변경에 관하여 확인을 추가할 수도 있고 거절할 수도 있으며, 거절하는 경우 그 사실을 지체 없이 개설은행과 수익자에게 통지하여야 한다.

8 신용장의 양도

1) 양도의 의의

양도가능신용장의 권리의 일부나 전부를 원 수익자(제1 수익자)의 요청에 따라 제3자(제2수익자)에게 양도(transfer)하는 것을 의미한다. 양도요청은 개설은행의 일방적인 의사 표시로 성립될 수 없으며, 이는 반드시 양도은행 측의 승낙을 득하여야 한다.

양도는 1회에 한하며 제2수익자의 요청으로 제3 수익자에게 2차 양도하는 것은 금지된다. 단, 양수인이 원 수익자에게 양도 환원(transfer back)하는 경우는 양도 취소로 간주하여, 원 수익자가 제3자에게 양도할 수 있다. 양도 가능 문구는 신용장상에 'transferable'이 명시되어야 가능하며, 'divisible, fractionable, assignable, transmissible'과 같은 용어는 신용장의 양도와 아무런 관련이 없으며 이러한 용어가 사용되었더라도 이는 무시된다.

2) 양도의 종류

(1) 양도금액

① 전액 양도(total transfer) : 원 신용장의 제1 수익자가 수취한 신용장 금액을 제2 수익자에게 전액을 양도하여 주는 것이다.

② 분할양도(partial transfer) : 원 신용장의 최초의 수익자가 수취한 신용장 금액 중 일부를 하나의 제2 수익자에게 양도하거나 원 신용장 전체금액을 다수의 제2 수익자에게 분할로 양도하여 주는 방법이다.

(2) 조건변경 여부

① 단순양도 : 원 신용장의 조건변경 없이 제2수익자가 현지 은행에서 네고하여 개설은행 앞 직송 후 원신용장 조건에 의거 결제 받도록 하는 양도이다. 제1 수익자의 송장대체가 필요 없고 양도인의 중개 및 알선수수료는 별도로 무역외로 영수한다.

② 조건변경부 양도 : 제1 수익자가 중계차익의 확보를 목적으로 신용장의 금액, 단가, 유효기일 등을 감액 또는 기간 단축(수량은 변경할 수 없음)하여 양도하는 것이다.

9 대금결제방식 비교

1) 대금결제방식의 요약 비교

구분	국제 규칙	서류 발송	환어음	대금 지급인	환의 흐름	지급 확약	수수료
송금	×	당사자	×	수입상	순환	×	3
추심	URC	은행	○(추심)	수입상	역환	×	2
신용장	UCP, ISBP	은행	○(매입)	은행	역환	○	1

2) 송금, 추심, 신용장의 비교

구분	결제방법	유사한 지급시기 비교
송금결제방법 (T/T)	사전송금방식(CWO)	
	사후송금방식(CAD, COD, O/A)	
추심결제방법 (Collection)	D/P(선적서류 지급인도조건)	L/C(Sight)
	D/A(선적서류 인수인도조건)	L/C(Usance)
신용장결제방법 (Letter of Credit)	Sight(일람출급)	Collection(D/P)
	Usance(기한부)	Collection(D/A)

3) 결제시기 비교분석

결제방법	선수금	동시지급	외 상
T/T	CWO	CAD	O/A
		COD	
Collection	×	D/P	D/A
L/C	A/P L/C	Sight	Usance

※ A/P L/C : Advance Payment L/C(선수금신용장)
(선수금신용장과 동일한 의미로 Packing Credit, 전대신용장, 선대신용장이라는 용어도 사용된다.)

4) 추심결제방식과 송금결제방식의 차이점

구 분	추심결제방식	송금결제방식
국제규범	URC 522	국제규범이 없다
선적서류 송부	은행이 은행으로 송부	수출상이 수입상에게 송부
환어음 발행	수출상이 발행	수출상이 발행하지 않음
결제방식	역환(逆換)	순환(順換)

5) 추심결제방식과 송금결제방식의 공통점

구 분	공통점
대금지급 책임	대금 지급의무자가 수입상이다
은행의 대금 지급확약	은행이 대금 지급을 확약하지 않음
화물의 소유권	화물의 소유권이 수입상에게 있다
수화인(consignee)	선하증권의 수화인에 수입상이 기재된다
결제시기	CAD와 D/P는 동시지급, O/A와 D/A는 외상거래

6) 추심결제방식과 신용장의 차이점

구 분	추심결제방식	신용장결제방식
대금지급 책임	수입상(은행 지급확약 없음)	개설은행(은행 지급확약)
국제규범	URC 522	UCP 600, ISBP 745
화물 소유권	수입상	개설은행
수수료	단순하고 낮다	다양하고 높다
서류심사 의무	추심은행의 심사의무 없음	개설은행의 심사의무 있음
Drawee(어음 지급인)	수입상	개설은행/지정은행
사용방법	추심(Collection) → 후지급	매입(Negotiation) → 선지급

7) 추심결제방식과 신용장의 공통점

구 분	공통점
환어음	환어음이 발행
대금 결제시기(일람출급)	D/P = Sight
대금 결제시기(기한부)	D/A = Usance
결제방식	역환(逆換)
서류송부	은행을 통한 서류송부

8) 대금결제 방식의 비교

결제방식	수출상의 입장	대응방안	수입상의 입장	대응방안
CWO	위험부담 없음		신용상태에 따라 대금회수와 상품 인수가 불가능	선수금 환급보증서(A/P Bond) 요구, 수입보험
CAD	수출대금 영수가 보장 안됨	수출보험 가입	선적은 확인되지만 품질 확인은 불가능	선적전 검사 혹은 소량수입
COD	수출대금 영수가 보장 안됨	수출보험 가입	안전함	품질조건을 확실히 합의
O/A	대금영수 및 상품 회수가 보장 안됨	수출보험 가입	가장 유리한 거래	제품 도착시 즉시 검사, 통보
D/P	대금영수가 보장 안됨	수출보험 가입	선적은 확인되지만 품질 확인은 불가능	선적전 검사 혹은 소량수입
D/A	대금영수 및 상품 회수가 보장 안됨	수출보험 가입	유리한 거래이지만 만기일에 지급을 하지 않으면 거래은행에게 신용을 잃음	제품 도착시 즉시 검사, 통보
L/C	대금영수가 확실	수출보험 가입 UCP와 ISBP 규정에 따른 완벽한 서류작성	제품의 품질을 보장 받을 수 없음	선적전 검사 (PSI)

※ 품질보장 : 수입상이 품질을 보장 받기 위한 방법은 수출상이 제품을 선적하기 전에 제품을 직접 검사하는 방법이다. 이것을 PSI(Pre Shipment Inspection)이라고 한다.

※ 수출보험 : 수출보험은 물품에 특별한 제한을 두지 않고 무신용장인 경우, 매수인의 신용도를 신용장인 경우, 개설은행의 신용도가 인수등급에 해당하는 경우 수출보험을 가입할 수 있다.

※ 수입보험 : 수입보험은 수입자가 선수금을 송금하였으나 해외 수출자의 계약위반이 발생한 경우 즉, 선적을 이행하지 않거나 선수금을 돌려주지 않는 경우를 대비하여 한국무역보험공사에 수입보험을 가입하는 것이다.

(1) 대상거래 : 물품을 선급금 지급 후 2년 이내에 선적하여야 하는 수입거래(중계무역 제외)
(2) 주요자원 : 철, 동, 아연, 석탄, 원유 등
(3) 시설재
  - 오염물질 배출방지, 처리물품 및 폐기물 처리 물품
  - 공장자동화 물품
  - 산업기술연구 개발용 물품
(4) 첨단제품
  - 첨단제품산업발전법 제5조의 "첨단제품"(기술은 제외)
  - 산업통산자원부 발급 "첨단제품 확인서 필요"
(5) 외화획득용 원료 : 대외무역관리규정의 "외화획득용 원료"
(6) 수입보험지원물품 조회
  - 한국무역보험공사 → 무역지원사업 → 보험종목
    (HS CODE —— 품목명 —— 품목상세내역)

9) 대금결제 방식의 선호도

결제방식	수출상	수입상
CWO	1	7
CAD	4	4
COD	5	3
O/A	7	1
D/P	3	5
D/A	6	2
L/C	2	6

Chapter 05

국 제 팩 터 링

1 개요

국제팩터링(International Factoring)은 국제팩터링기구에 가입한 회원의 신용을 바탕으로 이루어지는 무신용장 방식의 거래로써, 팩터링회사(Factor)가 수출상과 수입상의 사이에서 신용조사 및 신용위험의 인수(지급보증), 전도금융의 제공, 외상채권의 기일관리 및 대금회수, 기타 업무대행 등의 서비스를 제공하는 일련의 금융서비스를 의미한다.

즉 무신용장 방식의 외상수출입거래(O/A, D/A 거래 등)에 수입팩터의 '신용승인'이 첨가되는 거래이며, 신용승인(Credit Approval)이란 수입상이 자금 부족, 파산 등의 재무상의 이유로 수입팩터링 채무를 이행하지 못할 때 수입팩터가 그 대금을 대신하여 지급할 것임을 약속하는 일종의 보증서를 말한다.

2 거래당사자

1) 팩터링 회사

FCI(Factors Chain International), IFG(International Factors Group) 등의 기구에 가입되어 국제적인 회원 망으로 서로 연결되어 있다.

2) 수입팩터(Import factor)

수입국에서 수입자와 국제팩터링계약을 체결하고 수입자의 외상수입을 위하여 신용승낙의 위험을 인수하고 팩터링채권을 회수하여 수출팩터에게 송금하는 팩터링회사이다.

3) 수출팩터(Export factor)

수출국에서 수출자와 국제팩터링계약을 체결하고 수출자의 팩터링채권 대외양도 및 추심, 전도금융 제공, 매출채권의 관리 및 장부 정리를 해주는 팩터링회사이다.

4) 수출자(Seller)

매매 계약상 매도인으로 물품을 외상으로 수출하는 조건으로 선적하고 송장 및 선적서류를 수출팩터에게 양도하고 선급금을 받는다.

5) 수입자(debtor)

매매 계약상 매수인으로 수입팩터의 신용승낙으로 물품을 외상수입하는 자. 만기일에 대금을 지급할 의무가 있으며 채권의 양도, 양수에 따라 지급할 의무를 부담하는 채무자(debtor)이다.

3 수입상의 이점

① 별도의 담보가 없이 본인 신용만으로 기한의 이익을 누려 외상수입이 가능하다.
② 신용장 개설에 따른 개설수수료 등의 부담이 없으므로 비용을 낮출 수 있다.
③ 물품 수령 후 일정 기간 내에 수입대금을 결제하면 되므로 자금 부담이 경감되고 수입결제자금의 부족시 금융수혜가 가능하다.
④ 수입대금의 결제 전에 물품의 품질 등을 확인할 수 있어 신용장 방식의 약점(제시된 서류가 신용장의 제조건에 일치하는 한 물품 상의 하자에도 불구하고 대금을 지급하여야 하는 불합리성)을 제거할 수 있다.
⑤ 수입팩터로부터 만기일 관리 회계 관리서비스를 받는다.

4 수출상의 이점

① 수입팩터로부터 수입상에 대한 신용승인이 이루어지면, 수입상의 클레임이 제기되지 않는 한 수출상은 해당 신용승인 한도 내에서 그 대금지급을 보장받게 된다.
② 수출상은 외상수출로 인한 대금 회수 불안을 제거할 수 있으며 당해 매출채권

을 수출팩터에게 양도함으로써 수출 대전을 조기에 즉시 현금화할 수 있다.

③ 수출상은 수입상에게 신용장 거래보다 유리한 조건으로 제시할 수도 있게 되어 대외 경쟁력을 확보할 수 있으며, 신용장 거래를 원하지 않는 수입상과의 거래도 가능하므로 새로운 시장개척이 쉽다.

④ 팩터링 거래를 통하여 본인의 지명도를 높일 수 있으며, 전 세계에 걸친 팩터의 회원 망을 통하여 해외시장 정보를 신속, 정확하게 입수.

⑤ 신용장 방식과는 달리 서류작성에 대한 과도한 부담 없이 간편하게 실무를 처리할 수 있으며, 추심방식과는 달리 외상채권을 양도할 때 별도의 담보를 제공할 필요가 없으므로 담보 부족으로 인한 곤란을 겪지 않는다.(수입팩터의 신용승인 통보가 곧 담보역할이다)

⑥ 대금회수, 수출채권의 기일관리 등 제반 회계업무의 부담에서 벗어나 생산, 판매에만 전념함으로써 원가절감과 생산성 증대를 실현한다.

5 국제팩터링 거래의 흐름

① 매수인의 외상(O/A)거래 요구
② 신용승인 의뢰(수입상의 신용조사 의뢰)
③ 신용승인 요청(신용조사 및 신용한도 요청)
④ 신용조사 시행
⑤ 신용조사결과 및 승인통지
⑥ 신용승인통지 및 은행과 factoring 계약 체결
⑦ 수출, 수입계약 체결(O/A 계약)
⑧ 물품 선적
⑨ 상업송장 등 수출채권 양도
⑩ 전도(선지급)금융 제공 및 수수료 청구
⑪ 상업송장 등 매출채권 권리양도 및 수수료 송금
⑫ 선적서류 인도
⑬ 만기일 대금 지급
⑭ 수출대금 송금
⑮ 전도금융 상계

■ 국제팩터링 방식 거래흐름도(제휴방식)

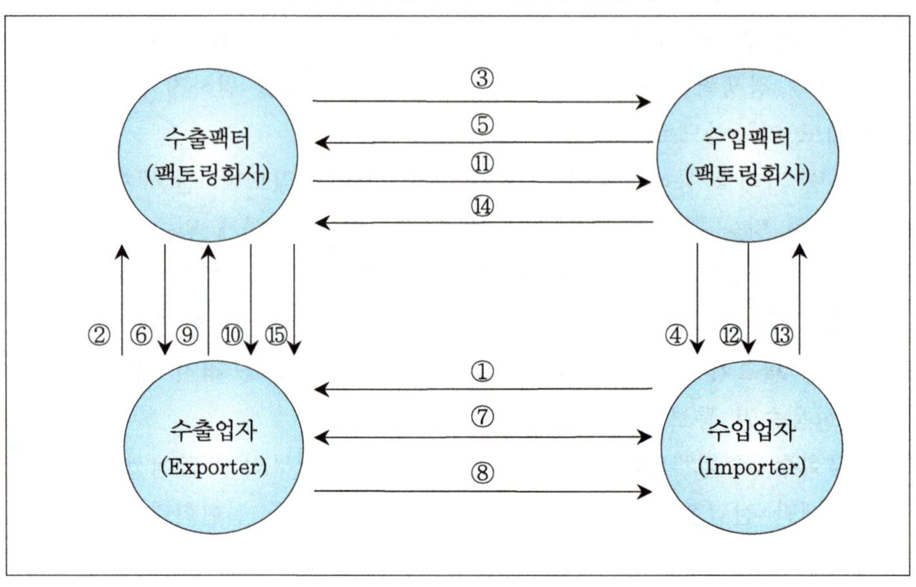

Chapter 06

포 페 이 팅

1 개요

① 포페이팅(Forfaiting)이란 현금을 대가로 미리 받고 외상채권을 포기, 양도한다는 의미이다.

② 수출거래에서 생성되는 환어음이나 채무증서인 약속어음 등 청구권이 자유롭게 유통 가능한 증서를 이전의 어음 소지인에게 상환청구권을 행사함이 없이(without recourse) 어음의 만기일까지에 해당하는 이자를 고정이자율에 의해 할인 매입하는 방식으로 포페이팅을 취급하는 전문금융 회사인 포페이터(forfaiter)가 매입하는 무역 관련 금융기법이다.

③ 수출(선적) 시점부터 만기 수출대금의 회수 기간까지의 기간이 길고, 수입국의 위험이 큰 개도국으로의 수출이 빈번한 수출기업에 Forfaiting 활용 효과가 가장 높다.

2 특징

① 포페이터는 상환청구권이 없는 조건으로 채권을 매입하며, 수출상은 수입상(또는 거래은행)이 만기에 대금을 결제하지 않는 경우 대금을 반환할 책임이 없다.

② 신용장 방식 포페이팅의 경우에는 기한부 신용장만을 취급대상으로 하며, 개설은행의 신용도 및 국가위험도 등을 고려하여 포페이터는 수출상과의 포페이팅 계약 여부를 결정한다.

③ D/A 포페이팅의 경우에는 포페이터는 수입상의 거래은행이 별도로 발행하는 지급보증서나 환어음(또는 약속어음)에 추가하는 지급확약(Aval)을 담보로 활용하며, 수출상에게는 별도의 보증이나 담보 제공 등을 요구하지 않는다.

'Aval'이란 일종의 어음보증을 말하는 것으로 수입상의 거래은행이 환어음(약속어음)에 지급보증의 문언을 표시하고 서명하는 행위이며, 'Aval'은 별도의 지급보증서를 발행하는 것보다 그 절차가 간단명료하고 간편하여 Forfaiting 거래에 많이 활용된다.

④ Forfaiting 거래에서는 환어음과 약속어음만을 그 할인대상으로 하며 기타의 증권 또는 채권을 취급되지 않는다. 이유는 그 취득에 관한 복잡한 법률적 문제로 인하여 분쟁 가능성이 크고 그 해결이 어렵기 때문이다.

⑤ Forfaiting 거래의 할인대상은 통상 1~10년의 중장기 어음이며, 고정금리부로 할인이 이루어지기 때문에 수출상은 계약 전에 미리 그 할인비용을 확정할 수 있으며, 이를 상품가격에 반영시킴으로써 금융비용을 수입상에게 전가할 수 있다. 그리고 중장기 거래에 따른 환차손실도 모두 포페이터가 부담하게 된다.

⑥ Forfaiting 할인료율 = 통화별 LIBOR + 결제 기간별 조달 비용률 + 신용위험 가산율(수입국 및 해외은행 위험)

3 장점

① 위험으로부터의 회피

② 자금 확보의 신속성

③ 거래 서류의 간결성

④ 경쟁업체에 대한 비교우위 확보 : 국가위험도가 높은 신흥시장을 개척하기 위한 금융 조달이 가능하다.

4 신용장 방식의 포페이팅 거래의 흐름

① 수출상과 수입상이 Usance L/C 거래에 합의한다.

※ 수출상은 수입상과의 계약 체결 전에 Forfaiter 앞으로 미리 Preliminary offer를 제시하여 비용 등에 관한 문의를 하고 Forfaiting 가능성 유무에 대하여 타진 후 수출입 계약을 체결한다. (중요한 사항은 수입상이 개설할 신용장이 포페이팅 수출금융이 가능한 국가와 은행에 해당하는지의 여부이다.)

② 수입상은 수입국 소재의 거래은행에 신용장 개설을 신청한다.

③ 개설은행은 수출국의 통지은행 앞으로 신용장을 개설한다.

④ 수출국의 통지은행은 신용장의 진위를 확인한 후 수출상에게 통지한다..

⑤ 수출상은 수출계약조건대로 수출물품의 선적을 이행한다.

⑥ 수출자는 환어음 및 선적서류를 신용장 조건과 일치하도록 작성하여 Forfaiter에게 제시하고 Forfaiter와 Forfaiting 계약을 체결한다.

※ 이 단계에서 각종 수수료 및 이자(할인료, 약정수수료)가 결정되며 Forfaiting 계약에서는 할인대금에 대한 무상환청구권(without recourse) 조항이 삽입되어야 한다.

⑦ 원칙적으로 선적서류를 접수하는 즉시 수출대금을 지급한다.

※ 수출상에 대한 상환청구권(recourse right)이 무상환청구(without recourse)조건으로 전환되는 시점은 선적서류를 접수한 수입국 신용장 개설은행이 선적서류에 대한 인수 의사를 통보하는 시점이다.

⑧ Forfaiter(매입은행)는 선적서류를 개설은행으로 발송한다.

⑨ 개설은행은 선적서류를 접수한 다음 영업일로부터 늦어도 제5영업일 이내에 매입은행으로 인수통보를 한다.

※ 신용장 개설은행으로부터 선적서류의 인수가 이루어지면 수출상은 모든 대금회수 위험으로부터 자유로워지며 Forfaiter는 환어음의 만기일에 신용장 개설은행으로부터 수출대금을 회수하는 책임을 지게 된다.

■ Forfaiting Process(L/C)

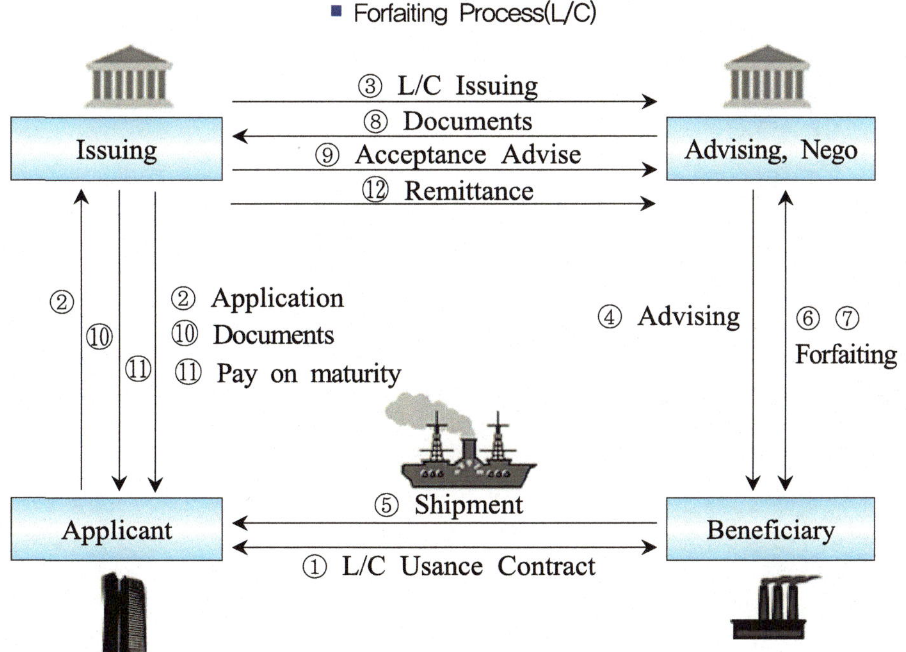

▶ **Forfaiting 계약 이후의 절차**

⑩ 개설은행은 선적서류를 수입상(개설의뢰인)에게 전달한다.

⑪ 만기가 도래하면 수입상(개설의뢰인)은 개설은행에 신용장 대금을 결제한다.

⑫ 개설은행은 신용장대금을 매입은행으로 송금한다.

⑬ 만약 만기 시 개설은행으로부터 대금이 미지급된 경우, forfaiter는 수출상에게 상환청구권을 행사할 수 없으며 자신의 책임하에 개설은행으로부터 신용장대금을 받아내야 한다.

Chapter 07

Local 거래

Local거래란 수출업체와 국내에 있는 수출용 원자재 혹은 완제품 공급업체 간의 거래를 의미하며 이때 수출상이 물품공급업자에게 내국신용장(Local L/C) 혹은 구매확인서를 발행하는 경우의 거래를 Local거래라고 한다. 만약 물품공급자가 수출용 원재료 혹은 완제품을 수출상에게 공급하였다 하더라도 수출상이 공급업자에게 내국신용장(Local L/C) 혹은 구매확인서를 발행해 주지 않았다면 내국 간 거래로 간주하며 Local거래라고 하지 않는다. 또한, 내국 간 거래는 Local거래에 따른 아무런 혜택을 받을 수 없다.

Local거래 시 수출업체가 수출용 원자재 혹은 수출용 완제품을 국내에 있는 공급업자 혹은 제조업자로부터 구매할 때 결제하는 방법에는 내국신용장방식과 구매확인서방식 두 가지가 있다.

내국신용장(Local L/C)은 개설은행이 수익자(물품공급업체)에 대하여 확실한 지급보증을 하므로 물품공급업체로서는 구매확인서방식보다 더 유리한 결제방식이다. 반면에 구매확인서는 발행자인 KTNET 혹은 외국환은행이 대금의 지급을 보증함이 없이 단지 그 거래가 수출용 물품의 거래임을 확인하는 서류에 불과하다. 이때 대금결제는 물품공급자와 물품공급을 받는 자는 양 당사자의 계약 때문에 현금, 수표 혹은 어음으로 결제한다. 이 제도를 활용하는 이유는 구매확인서 없이 단순히 물품공급을 하면 내국 간 거래가 되어 부가가치세 과세대상에 해당하며 공급업체가 수출실적으로 인정을 받을 수도 없다.

반면에 구매확인서를 활용하면 물품공급자는 영세율이 적용되어 부가가치세를 영(0)으로 하여 세금계산서를 발급하게 되고 대외무역법상 물품공급업체에 수출실적으로 인정해 줄 뿐만 아니라 관세 환급 등의 혜택을 받게 된다. 결국, 내국신용장이나 구매확인서에 의한 거래를 하지 않으면 수출실적으로 인정받지 못하며 부가가치세 영세율 및 관세 환급 등의 혜택을 받을 수 없다.

내국신용장 방식

1) 내국신용장의 의의

수출업체가 수출용 원자재나 완제품을 국내에서 원활하게 조달하기 위해 수출실적 또는 원 수출신용장(Original L/C) 등을 근거로 신청하고, 수출용 원자재 또는 수출용 완제품의 국내 공급업체를 수익자로 해서 발행은행이 지급 보증하는 국내용 신용장으로서 일명 Local L/C라 한다. 국내에서만 통용되는 신용장인 내국신용장은 한국은행이 정하는 내용에 따라 외국환은행이 발급한다.(대외무역관리규정 제2조 19)

내국신용장은 환어음 대신에 판매대금 추심의뢰서를 사용하고 있다. 2014년 2월 14일부터 전자무역 촉진에 관한 법률에 의거 전자무역 기반시설을 이용한 전자무역문서로 '유트레이드허브(http://www.utradehub.or.kr)'를 통해 내국신용장의 개설, 통지는 물론 매입·추심 신청도 온라인으로만 가능하기 때문이다. 유트레이드허브(uTradeHub, 국가전자무역시스템)는 서류 없는 전자무역을 실현하는 국가 차원의 전자무역 시스템이다.

2) 내국신용장의 기능

개설의뢰인(수출자)	수혜자(국내 물품공급자)
• 수출용 원자재를 내국신용장으로 구매 시 개설은행으로부터 원자재금융 융자 가능 • 내국신용장에 의해 물품 확보 후에 대금을 지급하므로 자금 부담 경감 • 개설의뢰인은 내국신용장에서 정한 날짜 안에 물품을 공급받으므로 원활한 수출 물품 확보 가능	• 내국신용장에 의한 국내 공급실적은 '대외무역법'상 수출실적으로 인정 • 내국신용장에 의한 물품공급실적은 무역금융 융자대상 수출실적으로 인정받고 내국신용장을 융자대상 증빙으로 하여 무역금융 수혜 • 은행의 지급보증으로 물품공급대금 회수 보장 • 부가가치세 영세율 적용 및 수입 물품인 경우, 관세 환급 가능

3) 거래당사자

① 개설의뢰인(구매자) : 수출용 원자재 또는 수출용 완제품을 내국신용장 방식에 따라 구매 (또는 임가공 위탁)하려는 업체. 개설의뢰인의 자격은 원칙적으로 수출신용장 등을 보유한 자, 자사 제품 수출실적 보유자

② 수혜자(공급자) : 당해 내국신용장의 공급대상 물품을 제조, 생산(또는 임가공 수탁)해 개설의뢰인에게 매도하는 업체 또는 유통업자 등

③ 개설은행(외국환은행) : 개설의뢰인의 신청으로 내국신용장을 개설하는 국내 외국환은행으로서 개설의뢰인이 거래하는 은행이며, 개설의뢰인에 대한 무역금융 융자 취급

④ 추심(매입)은행 : 내국신용장 수혜자가 물품공급을 완료한 후 이 공급대금을 회수할 목적으로 발행한 추심(매입)의뢰서를 매입 또는 개설은행에 추심을 의뢰하는 국내 외국환은행

4) 내국신용장 거래절차

① 공급자가 구매자에게 물품매도확약서 발행
② 구매자가 개설은행에 개설신청
③ 개설은행이 공급자에게 통지
④ 공급자의 물품공급
⑤ 구매자가 공급자에게 물품수령증명서 발급
⑥ 공급자가 거래은행에 추심(매입)의뢰
⑦ 공급자의 대금회수

2 구매확인서 방식

1) 구매확인서의 의의

국내에서 외화획득용(수출용) 원료 등을 구매하는 수단에는 무역금융 규정상의 내국신용장에 의한 방법과 대외무역 법령상의 구매확인서(외화획득용 원료·기재 구매확인신청서)에 의한 방법 등이 있다. 구매확인서는 외화획득용 물품 또는 원자재로 사용하거나 외화획득용 전자적형태의 무체물 또는 용역으로 사용하기 위해 구매하려는 경우에 외국환은행의 장 또는 「전자무역 촉진에 관한 법률」 제6조에 따라 산업통상자원부 장관이 지정한 전자무역기반사업자가 내국신용장에 준하여 발급하는 증서를 말한다.(대외무역관리규정 제2조18호)

외화획득용 원료 등을 국내에서 구매하고자 하는 수출업체는 2011년 7월부터 전자발급만을 신청할 수 있으므로 유트레이드허브(http://www.utradehub.or.kr)를 통해 전자무역기반사업자인 KTNET 또는 거래 외국환은행을 선택해 온라인으로 신

청서를 제출하여 발급받아야 한다. 구매확인서 전자발급기관인 외국환은행장과 KTNET는 업체 간의 외화획득용 원료 등의 국내 거래를 확인해 줄 뿐이며 대금의 결제에 대해서는 보증하지 않는다.

구매확인서는 수출실적인정(무역금융 한도 산정기준 실적 포함), 부가가치세 영세율 적용, 관세 환급, 외화획득용 원료의 사후관리 이행 등을 목적으로 발급되며, 내국신용장의 개설 한도가 부족하거나 내국신용장을 개설할 수 없는 경우에 많이 이용되고 있다.

2) 구매확인서 온라인 발급 의무화

대외무역법 개정에 따라 2011년 7월 1일부터 구매확인서의 신청과 발급이 유트레이드허브 (www.utradehub.or.kr)를 통한 온라인으로만 가능하다. 부가가치세법 시행령 개정을 계기로 개별업체의 부가가치세 영세율 신고 시 구매확인서 사본 제출 의무가 없으며, 구매확인서를 중계·보관하는 전자무역사업자인 KTNET가 발급내역을 국세청에 일괄 제출하게 된다.

3) 구매확인서 전자발급 방법

구매확인서 발급 신청은 먼저 국가전자무역 포털인 유트레이드허브(uTradeHub) 등 전자무역 서비스 회원으로 가입해야 하며, 가입자는 발급기관으로 KTNET 또는 거래은행을 선택적으로 이용할 수 있다.

5) 구매확인서 거래절차

① 공급자(supplier)와 구매자(수출자, seller)와의 물품공급 체결
② 구매자가 구매확인서 발급신청
③ 공급자 앞으로 구매확인서 발급
④ 공급자가 구매자에게 물품공급
⑤ 구매자가 공급자에게 대금 지급
대금 지급 방식은 자율적으로 정할 수 있다.
(은행을 통한 송금, 약속어음 결제, 수표 결제)

 내국신용장과 구매확인서

1) 내국신용장과 구매확인서의 차이점

구 분	내국신용장	구매확인서
관련법규	무역금융지원 프로그램운용세칙	대외무역법(대외무역관리규정)
개설(발급)기관	외국환은행	KTNET 또는 외국환은행
개설비용	일정 개설수수료(은행 자율결정)	수수료 없음
개설조건	신용장기준, 실적기준 융자 한도내	업체가 신청하면 제한 없이 발급 (실적기준 없음)
무역금융융자	무역금융의 융자 대상임	무역금융의 융자대상이 아님
지급보증	개설은행이 지급보증	당사자간의 계약으로 발급기관의 지급보증이 없음

2) 내국신용장과 구매확인서의 공통점

구 분	공통점
거래대상물품	수출용 원자재 및 수출용 완제품, 수출용 위탁가공료
수출실적 인정	대외무역관리규정상 공급자의 수출실적 인정 (공급자의 혜택)
부가가치세	부가가치세 영세율을 적용(공급받는자의 혜택)
발급제한	개설차수 제한 없음

Chapter 08

관세법과 수출통관

1 통관의 의미와 절차

1) 통관의 정의

통관(通關, customs clearance)이란 관세법의 규정에 따라 관계기관인 세관으로부터 화물 수출입의 허가를 받고 세관을 통과하는 것을 의미한다. 통관(通關, custom clearance)에 대한 관세법상의 의미는 수출·수입 및 반송의 신고 수리를 뜻하며, 이는 화물의 이동 경로에 따라 수출통관·수입통관 및 반송통관으로 구분된다. 수출통관은 국내에서 외국으로 이동하는 경우의 통관을 의미하고, 수입통관은 물품이 외국에서 국내로 이동하는 경우, 반송통관은 외국 물품이 국내로 이동하였다가 외국 물품 그대로 다시 외국으로 이동하는 경우의 통관을 말한다.

관세법상 수출이라 함은 "내국물품을 외국으로 반출함을 말하는 것"으로서 수출하고자 하는 물품이 대외무역법 및 관계법령 등에 의하여 수출이 가능한 물품인지 여부를 먼저 확인하여야 하며, 대금영수방법에 대하여도 외국환거래법 관계법규에 의거 제약이 없는지 사전 확인할 필요가 있다.

- **수출, 수입, 반송시 발급되는 관련 서식**
  - ㅁ 수출통관 : 수출신고필증
  - ㅁ 수입통관 : 수입신고필증
  - ㅁ 반송통관 : 반송신고필증(수출입 실적 인정 안됨)

  (1) 반송 : 수출국 → 우리나라(보세구역) → 수출국(거래구분 : 78)

  (2) 중계무역반송 : 물품공급지 → 우리나라 경유 → 제3국으로 수출

  가. 보세구역 반입시 세관에 적하목록 제출

  나. 보세구역(保稅區域) 반입 후 보수작업

다. 반송신고(거래구분 : 79) → 수출(반송)신고필증발급
* 단순히 화물을 환적만 하는 경우에는 세관에 적하목록은 제출하지만 반송신고는 하지 않는다.

2) 수출통관절차

수출하고자 하는 모든 물품은 세관의 수출통관절차를 밟아야 한다. 수출통관절차란 수출하고자 하는 물품을 세관에 수출신고를 한 후 신고 수리를 받아 물품을 우리나라와 외국간을 왕래하는 운송수단에 적재하기까지의 절차를 말한다.

수출통관을 넓은 의미에서 보면 수출신고(P/L) → 화면심사 → 수출신고의 수리 → 수출신고필증 발급 → 출항항구 혹은 출발공항 반입 → 외국무역선[1] 혹은 외국무역기[2]에 적재 → 출항까지의 일련의 과정을 의미하며 좁은 의미에서의 수출통관이란 수출신고에서 이러한 신고의 수리까지의 일련의 과정을 의미한다.

수출통관절차는 수출신고자가 서류 없이(P/L, Paperless) 신고내용을 세관에 전송하면 세관에서 컴퓨터상의 신고화면을 확인하고 신고 수리를 신고자에게 전산통보해 주는 EDI(Electronic Data Interchange) 및 UNI-PASS 통관제도를 시행하고 있다. 수출하고자 하는 자는 당해 물품을 적재하기 전까지 당해 물품의 소재지 관할세관장에게 수출신고를 하고 수리를 받아야 한다.

수출 물품에 대하여는 검사생략을 원칙으로 하고 있으나, 전산에 의한 발췌검사 또는 필요한 경우 예외적으로 검사를 하는 경우도 있다. 이때 부정 수출이나 원산지 표시위반, 지적재산권 위반 등이 적발되면 관세법 등 관계법규에 의거 처벌을 받는다.

수출신고가 수리된 물품은 수출신고수리일부터 30일 이내에 우리나라와 외국간을 왕래하는 운송수단에 적재하여야 한다. 다만, 적재 일정 변경 등 부득이한 사유가 있는 경우에는 통관지 세관장에게 적재 기간 연장승인을 받을 수 있다. 또한, 적재 기간 내에 적재되지 아니할 때는 수출신고 수리가 취소될 수 있으며 관세 환급도 불가능하다.

결국, 수출자는 수출하고자 하는 물품을 수출자의 제조공장 또는 제품창고 등 세관검사를 받고자 하는 장소에 장치한 후 물품 소재지 관할 세관에 수출신고를

1) 무역을 위하여 우리나라와 외국간을 운항하는 선박을 말한다.
2) 무역을 위하여 우리나라와 외국간을 운항하는 항공기를 말한다.

하고 수출신고 수리를 받아 물품을 선박 혹은 항공기에 선(기)적하기까지의 일련의 절차를 수출통관절차라 한다.

2 수출신고

1) 수출신고세관

수출 또는 반송신고는 수출하고자 하는 물품을 선박 또는 항공기에 적재하기 전까지 당해 물품이 장치된 물품 소재지를 관할하는 세관에 하여야 한다. 다만, 다음의 경우는 예외가 인정된다.

① 선상 수출신고 : 당해 물품을 적재한 선박의 입항지 관할세관장에게 신고
② 현지 수출 어패류 : 운반선의 출하허가를 받은 세관장에게 신고
③ 원양수산물 : 한국원양어업협회를 경유하여 서울세관장에게 신고

수출신고에 있어 수출하고자 하는 물품이 장치될 수 있는 장소에 대한 제한은 두고 있지 않다. 그러므로 제조공장의 최종검사 장소에 포장을 완료한 물품을 둔 상태에서도 수출신고를 할 수 있다. 그러나 반송신고는 당해 물품이 관세법에 규정된 장치장소 즉, 보세구역이나 보세구역외장치허가를 받은 장소에 장치된 후에 가능하다.

2) 수출신고인 및 요령

수출신고는 수출물품의 소유자(화주), 수출대행자 혹은 수출입통관을 전문으로 하는 국가공인자격인(관세사, 통관 취급법인 또는 관세사법인)이 전자자료교환방식에 의한 수출통관 EDI 시스템(혹은 인터넷 UNI-PASS)을 사용하여 전자문서로 수출신고서를 작성하여 관세청 통관시스템에 전송하면 된다. 전송한 수출신고내용에 대하여 전산으로 오류 사항을 통보받거나 신고내용을 정정하고자 할 때는 신고번호가 부여되기 전까지는 수정한 내용을 포함한 신고자료를 당초의 제출번호에 의하여 다시 전송하면 되고, 신고번호가 부여된 후에 정정 사항을 발견한 경우에는 수출신고정정승인신청서를 작성하여 신고한 세관장에게 제출하면 된다.

수출신고가 효력이 발생하는 시점은 관세청통관시스템에서 신고번호가 부여된 시점으로 한다.

선하증권(Bill of Lading)이나 항공운송장(Air Waybill)발급은 운송회사와 세관이

EDI 망으로 연계되어 수출신고번호가 나온 후 운송서류를 발급하게 된다.

검사를 필요로 하거나 제한승인품목, 전략물자의 경우에는 수출승인서(E/L)를 발급받아 서류를 제출하여야 하며 E/L이 필요치 않은 자동승인품목은 모두 Paperless(P/L) 신고를 한다.

3) 수출신고서 작성

수출신고서는 상업송장 또는 포장명세서 등을 근거로 작성하되 신고 시점에 제시된 현품과 같아야 한다. 수출신고는 관세청에서 정한 신고서 양식에 수출신고서 작성요령에 따라 작성하여야 한다. 또한, 남북교역물품통관관리에관한고시 및 반송절차에관한고시의 규정에 따라 북한으로 반출(반송)하는 물품의 신고 시에도 같다.

4) 수출신고필증교부

수출 신고된 물품에 대하여 세관장으로부터 신고 수리가 되면 수출신고필증을 내준다.

수 출 신 고 필 증

(갑 지)

USD 1,000.00

※ 처리기간 : 즉시

①신고자 관세법인 신한국	⑤신고번호	⑥세관-과	⑦신고일자	⑧신고구분 H	⑨C/S구분
	40600-19-09893X	040-15	2021/07/10	일반 P/L 신고	A

②수출대행자	(주)한국무역	⑩거래구분 11	⑪종류 A	⑫결제방법 TT
(통관고유부호)	한국무역**-1-53-1-01-1 수출자 구분 C	일반형태	일반수출	단순송금방식
수출화주	(주)대영	⑬목적국 FR	⑭적재항 ICN	⑮선박회사
(통관고유부호)	대영**-1-67-1-02-9	FRANCE	인천공항	(항공사)
(주소)	서울시 강남구 삼성동	⑯선박(항공기)	⑰출항예정일	⑱적재예정보세구역
(대표자)	김무역 (소재지) 135	⑲운송형태 40 ETC	⑳검사희망일 2021/07/10	
(사업자등록번호)	214-11-00000	㉑물품소재지 400 인천광역시 중구 운서동 스카이웨이(040)		

③제 조 자 (통관고유번호) 제조장소	(주) ABC ABC*-1-53-1-01-1 157 산업단지부호 999	㉒L/C번호	㉓물품상태 N
		㉔사전임시개청통보여부 A	㉕반송사유
④구 매 자	XXXXXXX	㉖환급신청인 1 (1 : 수출대행자/수출화주, 2 : 제조자)	
(구매자부호)	FRSOCIET 00006C	자동간이정액환급 NO	

·품명 ·규격 (란번호/총란수 : 001/001)

㉗품명	CCTV CAMAERA	㉙상표명 CCK
㉘거래품명	CCTV CAMAERA	

㉚모델·규격	㉛성분	㉜수량	㉝단가(USD)	㉞금액(USD)
8907-0012 CCK-15T		1,000 EA	38	38,000

㉟세번부호	8542.80-1020	㊱순중량	570(KG)	㊲수량	1,000EA	㊳신고가격(FOB)	$38,000 38,000,000
㊴송품장번호		㊵수입신고번호		㊶원산지 KR-A-G		㊷포장갯수(종류)	10(CT)
㊸수출요건확인(발급서류명)							

㊹총중량	(KG)	㊺총포장갯수	10(CT)	㊻총신고가격	$38,000 38,000,000
㊼운임( )	1,900,000	㊽보험료( )	100,000	㊾결제금액	CIP - USD - 40,000
㊿수입화물관리번호			○51컨테이너번호		N

※ 신고인기재란 본 신고필증은 수출통관 사무처리에 관한 고시의 규정에 의하여 P/L신고를 하여 세관장으로부터 신고수리된 것을 확인하여 발행·교부됨	○52세관기재란		
○53운송(신고)인 ○54기간 부터 까지	○55적재의무기한		○57신고수리일자 2021/07/10
	○56담당자		

수 출 신 고 필 증

항목	주요내용
① 신고자	세관에 수출신고를 하는 자 이 신고필증은 수출자가 관세사에게 신고를 대행하였음.
② 수출대행자	화주와 동일하면 화주가 수출자가 되며 화주와 다른 자의 명으로 기재되어 있다면 화주가 다른 회사에 수출대행을 의뢰한 것이다. 이 신고필증은 수출대행자와 화주가 다르기 때문에 화주가 수출대행을 의뢰한 것이다.
② 수출화주	계약의 당사자이다. 외국의 구매자(BUYER)와 매매계약을 체결하고 대금을 영수하고 물품을 선적한 자이다.
⑩ 거래구분	수출신고에서 이 부분이 가장 중요하다. 거래 구분을 명확하게 신고해 주어야 우리나라의 무역통계도 정확하게 환산되며 수출자의 실제 거래 관계도 명확하게 세관에 신고된다.
⑫ 결제방법	수출자가 실질적으로 결제 받은(사후방식의 경우 결제 받을) 방법을 선택하여야 한다.
㊻ 총신고가격	수출통계 목적을 위하여 FOB 가격기준으로 신고해야 한다. 실질적으로 계약한 Incoterms 조건의 금액을 기재하지 않고 FOB 가격으로 환산하여 신고하여야 한다. 수출실적 인정금액은 FOB 가격기준이다.
㊼ 운임	해상운임이 포함된 조건으로 계약한 경우 원화로 운임을 기재한다.
㊽ 보험료	적하보험료가 포함된 조건으로 계약한 경우 원화로 보험료를 기재한다.
㊾ 결제금액	해외 수입자와 실질적으로 계약한 Incoterms 조건과 총 계약금액을 기재한다.

 반송

1) 용어의 정의[3)]

(1) 반송

'반송'이란 외국물품(수출신고수리물품 제외)을 외국으로 반출하는 것을 말한다.

(2) 단순반송 물품

'단순반송물품'이라 함은 외국으로부터 보세구역에 반입된 물품으로서 다음의 어느 하나의 사유로 수입신고를 하지 아니한 상태에서 다시 외국으로 반출되는 물품을 말한다.

① 주문이 취소되었거나 잘못 반입된 물품
② 수입신고 전에 계약상이가 확인된 물품
③ 수입신고 전 수입요건 미구비가 확인된 물품
④ 선사(항공사)가 외국으로 반출하는 선(기)용품 또는 선(기)내 판매 용품
⑤ 그 밖의 사유로 반출하는 물품

(3) 통관보류 물품

'통관보류 물품'이라 함은 외국으로부터 보세구역에 반입된 물품으로서 수입하고자 수입신고를 하였으나 수입신고 수리요건 등을 갖추지 못하여 통관이 보류된 물품을 말한다.

(4) 위탁가공 물품

'위탁가공물품'이라 함은 해외에서 위탁가공 후 보세구역에 반입된 물품으로서 외국으로 반출될 물품을 말한다.

(5) 중계무역 물품

'중계무역물품'이라 함은 대외무역법령에 의하여 수출할 것을 목적으로 보세구역에 반입하여 외국으로 반출하는 물품을 말한다.

(6) 보세창고 반입 물품

'보세창고 반입물품'이라 함은 외국으로부터 보세창고에 반입된 물품으로서 국내 수입화주의 결정지연 등으로 수입하지 아니한 상태에서 다시 외국으로 반출될 물

---

3) 반송절차에 관한 고시

품을 말한다.

(7) 장기비축 수출용원재료 및 수출물품 사후 보수용품

'장기비축 수출용 원재료 및 수출 물품 사후 보수 용품'이라 함은 보세창고에 반입된 해외조립용 수출용 원재료 또는 이미 수출한 물품의 사후 보수, 수리를 위한 물품(해체, 절단 등의 작업을 한 구성품을 포함한다)을 말한다.

(8) 보세전시장반출 물품

'보세전시장반출 물품'이라 함은 우리나라에서 개최하는 박람회 등을 위하여 보세전시장에 반입된 후 전시종료 후 외국으로 반출될 물품을 말한다.

(9) 보세판매장반출 물품

'보세판매장반출 물품'이란 보세판매장에 반입되어 판매 중인 외국 물품이 변질, 고장, 기타 유행의 변화 등의 사유로 판매하지 못하여 운영인이 외국으로 반출하고자 하는 물품을 말한다.

(10) 수출 조건부 미군불하 물품

'수출 조건부 미군불하 물품'이란 미군교역처에서 수출 조건부로 매각한 보세물품을 말한다.

2) 반송신고

반송신고는 수출신고와 마찬가지로 관세청 unipass 수출신고에서 하며 수출신고필증이 발급된다. 그러나 실무에서는 거래구분이 78 혹은 79로 신고되는 경우 반송신고필증이라고 부른다.

단순반송물품, 통관보류물품, 위탁가공물품, 중계무역물품, 보세창고반입물품, 장기비축 수출용원재료 및 수출물품 사후 보수용품, 보세전시장반출물품, 보세판매장반출물품, 수출조건부 미군불하물품은 반송절차에 관한 고시에 적용되는 물품이다. 이러한 물품의 반송은 적하목록, B/L, AWB상의 수화인 또는 당해물품의 화주(당해물품의 처분 권리를 취득한 자를 포함한다)가 할 수 있다. 반송물품을 반송신고 하고자 하는 자는 신고 자료를 전송하고 다음 각 호의 서류를 첨부한 반송신고서(수출신고서식을 사용하되, 서식명은 반송신고서로 변경 사용한다)를 세관장에게 제출하여야 한다.

① 당해물품의 선하증권 또는 항공운송장 사본
② 수출송품장 및 포장명세서(필요한 경우에 한함)
③ 수입신고취하승인서 사본(통관보류물품에 한함)
④ 대외무역법령에 의한 승인, 추천, 인증 등이 필요한 경우 관련서류

수 출(반 송) 신 고 필 증

(갑 지)

※ 처리기간 : 즉시

제출번호 40650-11-1200100 ①신 고 자 신대동관세사 법인 김영칠	⑤신고번호 040-15-11-0000200	⑥신고일자 2011/12/29	⑦신고구분 H 반송,중계신고	⑧C/S구분 P

②수출대행자 (주) 대한무역 (통관고유부호) 수출자 구분 C 수출화주 (주) 대한무역 (통관고유부호) (주소) 서울시 서초구 방배4동 900 (대표자) 김대한 (소재지) 137 (사업자등록번호) 000-00-00000	⑨거래구분 79 보세물품반송	⑩종류 A 일반수출	⑪결제방법 TT 단순송금방식
	⑫목적국 US U.S.A	⑬적재항 ICN 인천공항	⑭선박회사 (항공사)
	⑮선박명(항공편)	⑯출항예정일자	⑰적재예정보세구역
	⑱운송형태 40 ETC	⑲검사희망일 2011/12/29	
	⑳물품소재지 400 인천광역시 중구 대한통운 04075003		

③제 조 자	미상	㉑L/C번호	㉒물품상태 N
(통관고유번호)	제조미상 9-99-9-00-0		
제조장소	100 산업단지부호 999	㉓사전임시개청통보여부 A	㉔반송사유 40
④구 매 자 (구매자부호)	USA HF Enterprise USAHFEN100200	㉕환급신청인 (1 : 수출대행자/수출화주, 2 : 제조자) 자동간이정액환급 NO	

·품명 ·규격 (란번호/총란수 : 001/001)

㉖품명 ㉗거래품명	HEALTH FOOD HEALTH FOOD	㉘상표명

㉙모델·규격	㉚성분	㉛수량	㉜단가(USD)	㉝금액(USD)

㉞세번부호	21095 90-9099	㉟순중량		㊱수량		㊲신고가격(FOB)	
㊳송품장번호		㊴수입신고번호		㊵원산지 CN		㊶포장갯수(종류)	
㊷수출요건확인 (발급서류명)							

㊸총중량		㊹총포장갯수	10(CT)	㊺총신고가격 (FOB)	$00,000 ₩00,000,000
㊻운임(₩)	000,000	㊼보험료(₩)		㊽결제금액	CFR - USD - 00,000
㊾수입화물관리번호	110Z0GSB 1150809087	㊿컨테이너번호			N

※신고인기재란 B/L NO. 9911000190 대한통운	⑤①세관기재란 - 동 물품의 운송을 위해서는 보세운송 신고를 하여야 합니다.

⑤②운송(신고)인 ⑤③기간 부터 까지	⑤④적재의무기한	2011/12/29	⑤⑤담당자	한세관	⑤⑥신고수리일자	2011/12/29

Page : 1/1

(1) 수출신고수리일로부터 30일 이내에 적재하지 아니한 때에는 수출신고수리가 취소됨과 아울러 과태료가 부과될 수 있으므로 적재사실을 확인하시기 바랍니다.(관세법 제251조, 제277조) 또한 휴대탁송 반출시에는 반드시 출국심사(부두, 초소, 공항) 세관공무원에게 제시하여 확인을 받으시기 바랍니다.

(2) 수출신고필증의 진위여부는 관세청인터넷포탈에 조회하여 확인하시기 바랍니다.(http://portal.customs.go.kr)

■ 반송신고서 세부작성 요령

항목	부호(관리번호)	작성요령
⑨ 거래구분	78	보세구역 반입된 물품 다시 반송 신고
	79	중계무역수출(보세구역 반입 후 수출)
		※ 수출신고시 거래구분(⑨)에 78이나 79로 신고하는 경우에는 반송신고필증이 발급된다.
㉔ 반송사유	부호	ㅇ 수출반송사유를 기재
		단순반송수출(부호 11 - 15)
	11	주문이 취소되었거나 잘못 반입된 물품
	12	수입신고전에 계약상이가 확인된 물품
	13	수입신고전 수입요건 미구비가 확인된 물품
	14	선사(항공사)가 외국으로 반출하는 선(기)용품 또는 선(기)내 판매용품
	15	기타 사유로 반송하는 물품
	20	통관보류물품의 반송
	30	위탁가공하여 보세구역에 반입된 물품의 반송
	40	중계무역물품의 반송
	50	보세창고반입물품의 반송
	60	장기비축원재료 및 수출물품 사후보수용품
	70	보세전시장물품 반송
	80	보세판매장물품 반송
	90	수출조건부 미군불하물품 반송

※ 다른 항목은 수출신고서 세부작성 요령과 동일함.

※ 중계무역수출의 경우 신고요령 : 수출신고서의 거래구분(⑨)은 79번으로 반송사유(㉔)는 40번으로 신고한다.

※ 중계무역수출을 제외한 기타 반송의 경우 신고요령 : 수출신고서의 거래구분(⑨)은 78번으로 반송사유(㉔)는 40번을 제외한 사유에 해당하는 번호를 신고한다.

관세환급

1) 관세환급의 개요

(1) 관세환급의 의의

관세환급이란 세관에 이미 납부한 관세, 가산금, 가산세, 체납처분비를 일정한 사유로 인하여 다시 되돌려 주는 것을 말한다.

■ 환급의 유형

환급의 유형	관세법	① 과오납금의 환급 ② 계약 내용과 상이한 물품에 대한 관세 환급(위약환급) ③ 지정보세구역 장치물품의 멸실, 손상으로 인한 관세 환급
	환급특례법	① 개별환급 : 수출 진흥 자원 ② 간이정액환급 - 국산원자재 사용 장려 차원 - 중소기업육성 차원

(2) 관세법상의 관세 환급

관세법상 관세환급에는 과오납금의 환급, 계약 내용과 상이한 물품에 대한 관세 환급, 지정보세구역 장치물품의 멸실, 손상으로 인한 관세 환급, 종합 보세구역 내 판매 물품에 대한 관세 환급 등이 있다. 관세법상 관세환급을 할 때는 수입통관 단계에서 관세와 함께 부과하였던 부가가치세도 함께 환급한다는 점(부가가치세 신고 때문에 환급을 받은 경우는 예외)이 환급특례법상 관세환급과 다르다.

(3) 환급특례법상의 관세 환급

환급특례법상 관세환급이란 수출용 원재료를 수입하여 제조 및 가공 후(원상태 수출도 포함) 수출을 이행하였을 때 원재료 수입 시 이미 납부한 모든 세금을 수출자 또는 수출물품의 제조자에게 되돌려 주는 것을 말한다. 수입 시 납부한 모든 세금이란 부가가치세를 제외한 관세, 개별소비세, 주세, 교육세를 말한다. 부가가치세를 환급해 주지 않는 이유는 부가가치세는 업체의 부가가치세 신고 때문에 분기별로 자동 환급되므로 환급특례법에서 말하는 환급대상의 세금에서는 제외된다.

2) 관세법상의 관세 환급

(1) 과오납금 환급

과오납금이란 착오 때문에 세액을 과다 납부하였거나 납부하지 아니하여야 할 세액을 납부한 금액을 말하며 납세자는 이를 반환하도록 국가에 청구할 권리가 있다. 환급받을 수 있는 과오납금은 다른 납세의무에 충당할 수 있고, 환급청구권은 제3자에게 양도할 수 있다.

(2) 계약 내용과 상이한 물품에 대한 환급(위약환급)

위약물품이란 무역계약에서 약정한 물품과 실제 국내에 반입된 물품이 상이하여 수입자가 클레임을 제기하고, 그 결과에 따라 당해 물품을 외국으로 반출하거나 국내에서 폐기하기로 한 경우 그 물품을 말한다. 수입통관 후 현품을 확인한 결과 반입된 물품의 품질이 계약 내용과 상이한 경우, 이를 외국으로 반출한 후 그 물품의 수입 시 납부하였던 관세에 대하여 환급을 신청할 수 있다.

(3) 지정보세구역 장치물품의 멸실, 손상으로 인한 관세의 환급

수입신고가 수리된 물품이 그 수리 후 계속 지정보세구역에 장치되어 있는 중에 재해로 인하여 멸실되거나 변질 또는 손상으로 인하여 그 가치가 감소한 때에는 그 관세의 전부 또는 일부를 환급할 수 있다.

3) 환급특례법상의 관세 환급

(1) 환급대상 수출

① 관세법의 규정에 따라 수출신고가 수리된 수출. 다만, 무상으로 수출하는 것에 대하여는 기획재정부령이 정하는 수출에 한한다.
- 외국에서 개최되는 박람회, 전시회, 견본시장, 영화제 등에 출품하기 위하여 무상으로 반출하는 물품의 수출. 다만, 외국에서 외화를 받고 판매된 경우에 한한다.
- 해외에서 투자, 건설, 용역, 산업설비수출 기타 이에 준하는 사업에 종사하고 있는 우리나라의 국민(법인을 포함한다)에게 무상으로 송부하기 위하여 반출하는 기계, 시설자재 및 근로자용 생활필수품 기타 그 사업과 관련하여 사용하는 물품으로써 주무부 장관이 지정한 기관의 장이 확인한 물품의 수출

- 수출된 물품이 계약조건과 서로 달라서 반품된 물품에 대체하기 위한 물품의 수출
- 해외구매자와의 수출계약을 위하여 무상으로 송부하는 견본용 물품의 수출
- 외국으로부터 가공임을 받고 국내에서 가공할 목적으로 수입된 원재료로 가공한 물품의 수출 또는 당해 원재료 중 가공에 사용되지 아니한 물품의 반환을 위한 수출
- 외국에서 위탁가공할 목적으로 반출하는 물품의 수출
- 위탁판매를 위하여 무상으로 반출하는 물품의 수출(외국에서 외화를 받고 판매된 경우에 한한다)

  ※ 무상수출의 경우, 물품을 외국으로 반출하기 위해서는 원칙적으로 관세법의 규정에 따라 수출신고를 하고 그 신고가 수리되어야 한다.

② 우리나라 안에서 대가를 외화로 받은 판매 또는 공사 중 기획재정부령이 정하는 것
- 우리나라 안에 주둔하는 주한미군에 대한 물품의 판매 중 대가를 외화로 받는 판매
- 우리나라에 주재하는 외국의 대사관, 공사관, 영사관이 시행하는 공사 중 대가를 외화로 받는 공사

③ 관세법에 의한 보세구역 중 기획재정부령이 정하는 구역 또는 자유무역지역의지정및운영에관한법률에 의한 자유무역지역 안의 입주기업체에 대한 공급

④ 기타 수출로 인정되어 재정경제부령이 정하는 것

(2) 수출용 원재료

관세환급을 받을 수 있는 원재료, 즉 수출용 원재료란 다음에 해당하는 것을 말한다.

① 수출 물품을 생산한 경우에는 생산 시의 물리적·화학적 변화과정에서 당해 수출 물품에 물리적으로 결합하거나 화학적 반응 등으로 수출 물품을 형성하는데 소요되는 원재료

② 수입한 상태 그대로 수출한 경우에는 수출 물품

수출용 원재료에는 수출 물품을 형성하는데 소요되는 원재료와 수입한 상태 그대로 수출하는 원상태 수출 물품이 모두 포함된다. 수출물품의 생산이란 수출 물품을 가공, 조립, 수리, 재생 또는 개조하는 것을 의미하므로 수입된 생물을 번식시켜 수출하는 것과 같은 동식물의 증식(增殖)은 생산에 포함되지 아

니한다. 또한, 원재료라 정의하고 있으므로 수출 물품 생산에 사용되는 시설재 또는 소모성 기자재도 수출용 원재료에 포함될 수 없다. 원재료·시설재·소모성 기자재의 구분은 대개 반복적인 사용 가능성 즉, 내구성(耐久性) 여부에 따라 원재료와 시설재를 구분하고 있으며, 소모성 기자재는 시설재보다 내구성이 약하지만, 시설재의 범위에 포함하고 있다. 원재료는 생산과정에서 소비되어 사라지는 경우도 있고 수출 물품으로 체화(體化)되어 남아 있을 수도 있는데 이 두 가지를 모두 합한 양이 환급대상이 되는 수출용 원재료가 된다.

■ **관세환급의 대상인 수출용 원재료의 범위에 포함될 수 없는 것의 예**

① 수출 물품 생산에 필요한 기계, 공구, 장비

② 수출 물품을 생산하는데 필요한 기계, 공구 등 설비에 직접 사용된 윤활유

③ 수산물인 치어를 수입하여 키운 다음 성어를 수출한 경우 최초 수입한 치어

(3) 수출이행 기간

① 의의

관세환급에 있어 원재료를 수입한 후 수출을 완료하여야 하는 기간을 수출이행 기간이라 한다. 수출이행 기간은 수입원재료가 수출에 공하여지는 개별환급에만 해당하는 개념이며, 간이정액환급과는 관련이 없다.

② 수출이행 기준일

세관장은 물품이 수출 등에 제공된 때에는 다음에 해당하는 날이 속하는 달의 말일부터 소급하여 2년 이내에 수입된 당해 물품의 수출용 원재료에 대한 관세 등을 환급한다.

- 관세법에 따라 수출신고가 수리된 수출의 경우에는 수출신고를 수리한 날
- 기타 수출의 경우에는 수출, 판매, 공사 또는 공급을 완료한 날

4) 환급특례법상 관세환급의 방법

(1) 개별환급

① 의의

수출 등에 제공한 물품을 제조 가공할 때 소요된 원재료의 수입 시 납부한 관세 등의 세액을 소요 원재료별로 확인·계산하여 환급금을 산출하는 방법을 말한다.

수출 등에 제공한 물품은 수출신고필증에 의하여 품명·규격·수량을 확인하고

동 수출 물품 등의 제조에 소요된 원재료는 소요량 증명서류에 의하여 품명·규격·수량을 확인하며, 수입 시 납부세액은 동 소요 원재료의 수입신고필증 등에 의하여 산출한다.

② 기업 자율관리 소요량 제도

소요량 제도란 수출물품의 생산에 소요되는 원재료의 종류와 양을 기업이 자율적으로 확인하는 제도로써, 원재료의 소요량을 계산한 서류인 소요량 계산서의 작성에 의해 환급금을 산출한다.

③ 제출서류

환급신청서, 수출신고필증, 소요량계산서, 수입신고필증(또는 이에 갈음하는 서류)

- **환급특례법상 환급청구권**
  환급특례법상의 환급은 수출신고수리일(또는 국내에서의 판매·공사·공급 등을 완료한 날)로부터 2년 이내에만 할 수 있다.

(2) 간이정액환급

① 의의

간이정액환급제도는 환급신청일이 속하는 연도의 직전 2년간 기초원재료납세증명서 발급실적을 포함한 매년 환급실적이 6억 원 이하인 중소기업자가 생산하는 수출 물품에 대한 환급액 산출 시에 정액환급율표에 의해 정해진 금액을 납부세액으로 간주하여 환급하는 제도이다.

② 제출서류

가. 일반적인 경우 : 수출신고필증

나. 자동환급 업체의 경우 : 수출신고 수리 물품에 대하여 관세환급시스템이 자동으로 환급신청서를 작성하여 환급금을 결정, 지급하는 업체를 말한다.(간이정액환급율표의 적용대상 업체, 전년도 수출실적이 10만 달러 이상 업체, 직전년도 성실도, 위험도 평가결과 하위 10% 이하업체는 제외)

③ 간이정액환급율표

HS Code	품 명	수출금액(FOB) 1만원당 환급액
3304.99.1000	기초화장용 제품류	100원
4414.00.0000	목재의 그림틀, 사진틀	50원

■ **간이정액환급율표**

http://unipass.customs.go.kr → 정보조회 → 신고지원정보 → 간이정액환급율

■ **환급액의 산출**

환급액 = (FOB 원화금액 × 간이정액환급율표의 해당금액) ÷ 10,000

5) 납부세액 증명서류

(1) 수입신고필증

수입신고 수리의 증명으로 하주에게 교부되는 서류이며 수입 시 납부한 세액에 대한 정보가 포함되어 있으므로, 원재료를 직접 수입한 기업에서는 이에 대한 납부세액의 증명을 수입신고필증으로 할 수 있다.

(2) 수입세액분할증명서, 기초원재료납세증명서

환급자가 직접 세액을 납부하지 않으면 유통의 전 단계에서 가격에 포함되어 전가된 세액을 환급받기 위해서는 전 단계에서 수입세액분할증명서(분증) 혹은 기초원재료납세증명서(기납증) 중 하나를 받아야 한다.

① 수입세액분할증명서(수입분증)

수입세액분할증명서(수입분증)는 수입된 원재료를 제조·가공하지 않고 원상태대로 다음 단계에 공급하는 경우에 발급되는 서류이다. 원칙적으로 공급자의 관할지 세관장이 발급하지만, 수입세액분할증명서의 발급 업무를 간소화하기 위해 물품의 공급자 또는 관세사가 자율적으로 발급할 수 있다.

② 기초원재료납세증명서(기납증)

기초원재료납세증명서(기납증)는 수입된 원재료로 생산된 물품을 다음 단계의 중간 원재료 생산업체 또는 수출 물품 생산업체에 공급하는 경우, 당해 수출용 원재료를 수입할 때의 납부세액을 증명하는 서류이다. 원칙적으로 공급자의 관할지 세관장이 발급하지만, 기초원재료납세증명서의 발급 업무를 간소화하기 위해 물품의 공급자 또는 관세사가 자율적으로 발급할 수 있다.

6) 개별환급과 간이정액환급의 특징

(1) 개별환급의 특징

① 반드시 수출하여야 한다.
② 수출한 제품이 반드시 수입한 원자재나 완제품이어야 한다.
③ 원상태 수출도 환급대상이 된다.
④ 수입했을 때 관세를 납부했어야 한다.
⑤ 관세를 납부하지 않았다면 환급이 안 된다.
⑥ 소요량만큼만 환급해 준다.
⑦ 소요량 증명은 환급신청자가 자율적으로 한다.
⑧ 소요량에서 부산물은 공제한다.
⑨ 수출 증빙을 하여야 한다.
- 수출신고필증, 보세구역반입확인서
⑩ 납부세액증명서류가 필수적이다.
⑪ 수출자와 수입자가 동일인이 아니어도 된다.
⑫ 수출자와 제조자 중 한 회사만 환급을 받을 수 있다.

〈관세 환급 당사자〉

(1) 수출자 : 수입세액 증빙(수입자 → 제조자 → 수출자)
(2) 제조자 : 수입세액 증빙(수입자 → 제조자)
수출신고필증(수출자 → 제조자)

(2) 간이정액환급의 특징

① 국산원자재 장려책이다.
② 중소제조업체만 받을 수 있다.
③ 수입원자재가 아니어도 된다.
④ 국산원자재이건 수입원자재이건 관계없다.
⑤ 소요량과 상관없이 환급율표에 고시된 정액만 지급된다.
⑥ 진정한 의미의 관세환급이라고 볼 수 없다.
⑦ 납부세액증명서류가 필요치 않다.
⑧ 간이정액환급 신청을 하는 업체는 개별환급을 받을 수 없다.

(3) 납부세액증명서와 개별환급

① 내가 수입 → 내가 수출 → 내가 환급 : 수입신고필증
② 내가 수입 → A에게 원상태 공급 : 수입세액분할증명서(수입분증)
③ 내가 수입 → 가공 후 A에게 공급 : 기초원재료납세증명서(기납증)
④ 내가 fiber 수입 → A에게 원상태공급(수입분증) → A가 yarn 제조 후 B에게 납품(기납증) → B가 원단 제조 후 C에게 납품(기납증) → C가 의류 제조 후 D에게 납품(기납증) → D가 수출

* 관세환급을 받을 수 있는 자는 : C 또는 D
* 기납분증은 기납증의 물품을 가공 없이 납품 시 발행

1. C가 환급받는 경우 필요한 서류 : 기납증 + 수출신고필증
   (C는 B로부터 기납증을 받고, D로부터 수출신고필증을 받아야 한다.)
2. D가 환급받는 경우 필요한 서류 : 기납증 + 수출신고필증
   (D는 C로부터 기납증을 받고, 자신의 수출신고필증을 제시하여야 한다.)

Chapter 09

해 상 보 험

 해상보험의 정의

해상보험(marine insurance)이란 화물의 이동구간, 즉 운송구간에 있어서 항해에 관한 사고를 당할 우려가 있는 재산권을 가진 다수인이 위험의 정도에 따라 합리적인 보험료 각출을 부담하고 그중 누군가가 사고를 당하여 손해를 입었을 때 이를 보상함으로써 경제상의 불안정을 제거 또는 경감하는 것이다.

우발적인 사고에 의해 발생하는 선박이나 적하에 대한 손해를 보험사고로 하여, 보험자는 그 손해를 보상할 것을 약속하고 보험계약자는 대가로 보험료를 지급할 것을 약속하는 손해보험의 일종이다.

우리나라의 보험회사 명이 ××생명으로 끝나는 회사는 인보험을 취급하는 보험회사이고 ××화재로 끝나는 회사는 손해보험회사이다. 인보험의 대표상품은 생명보험이고 손해보험의 대표상품은 화재보험과 해상보험이다.

2 해상보험의 대표적 상품[1)]

1) 적하보험

항공기나 선박에 실은 화물이 운송 중에 발생한 사고에 대하여 보상

2) 선박보험

선박 멸실 손상 시 보상

3) 항공보험

항공기 멸실 손상 시 보상

---

1) 해상보험 중 적하보험과 선박보험이 대략 90%의 비중을 차지한다.

3 해상보험의 관계당사자

1) 보험자(insurer, assurer, underwriter)

보험자란 보험업을 전문으로 하는 보험계약의 당사자로서 보험계약자로부터 보험료를 받고 그 대가로 보험사고가 발생하면 보험금을 지급할 것을 약속한 자를 말한다. 우리나라에서는 전부 법인체인 보험회사(insurance company)로 되어있으나, 영국에서는 개인보험업자(underwriter)도 있다.

2) 보험계약자(insurance policy holder)

보험계약자란 보험자와 보험계약을 체결하고 보험료(insurance premium)를 지급하기로 약속한 자이며 보험계약의 청약자로서 보험료 지급의무, 중요사항의 고지의무 및 위험변경 증가의 통지의무 등을 부담하는 자를 말한다.

적하보험에서는 통상 무역조건에 따라 보험계약자가 결정되는데 FOB 조건에서는 수입업자가 보험계약을 체결하지만, CIF와 CIP 조건일 경우에는 수출업자가 보험계약자가 된다. 그러나 가격조건이 FOB 조건이라도 Incoterms(2020)에 상관없이 계약서에 매도인인 수출상이 보험계약을 하기로 하였다면 그 계약은 유효한 계약이 된다.

3) 피보험자(insured, assured)

피보험자란 피보험이익(interest insured)을 갖는 자, 즉 피보험목적물이 손해를 입었을 때 보험자로부터 보험금을 받는 자를 말한다.

여기서 보험계약자와 피보험자는 매매계약 조건에 따라서 동일인이 될 수도 있고 다른 사람이 될 수도 있다.

4) 보험계약자와 피보험자

Incoterms 2020	보험계약자	피보험자
EXW	수입자	수입자
F Group	수입자	수입자
CFR, CPT	수입자	수입자
CIF, CIP	수출자	수입자
D Group	수출자	수출자

 해상보험의 관련 용어

1) 해상보험(marine insurance)

선주가 선박을 위하여 가입하는 선체(hull)보험과 화주가 화물(cargo)을 위하여 가입하는 적하보험으로 구분할 수 있다.

2) 보험가액(insurable value)

보험가액이란 사고가 발생하였을 때 피보험자가 입게 될 경제적 손실의 최고한도액 또는 그 견적액을 말한다. 다시 말해서 보험자가 보상할 최대한의 손해액으로 보험자의 보상책임에 대한 한도액을 말한다. 적하보험에서의 보험가액은 일반적으로 CIF 가격에 10%를 가산한 110% 금액으로 하고 있다.

3) 보험금액(insured amount or sum insured)

보험금액이란 손해 발생 시에 보험자가 부담하는 보상책임의 최고 한도이며 당사자 간에 미리 약정한 금액으로써 보험계약금액이 된다. 이는 실제로 부보된 금액이며 증권에 나타난 금액을 말한다.

4) 보험금(claim amount)

보험금이란 담보위험으로 피보험자가 입은 재산상의 손해에 대해 보험자가 지급하는 보상금이다.

5) 보험료(insurance premium)

보험료란 보험계약체결 시 보험자가 위험을 담보하는 대가로 보험계약자가 보험자에게 지급하는 대금이다.

6) 피보험이익(insurable interest)

불확실한 미래의 사고로부터 재산상의 손실을 보상받을 수 있는 이익을 피보험이익이라고 한다.

7) 보험기간(duration of insurance)

보험기간은 피보험목적물에 대해 보험자의 책임이 존속되는 기간이며 피보험자가 보험자로부터 부보 받을 수 있는 시간적, 공간적 한계를 말한다.

보험기간을 정하는 방법은 세 가지 방법이 있다.

첫째는 기간보험(time policy)으로 이는 일정한 기간을 표준으로 하는 것으로 선박보험의 경우에 많이 사용된다. 선박보험은 1년 단위로 보험을 체결한다.

둘째는 항해보험(voyage policy)으로 이는 일정한 항해를 표준으로 하는 것으로 적하보험의 경우에 많이 적용된다. 선박의 조선소에서 선박 수입상이 희망하는 장소까지 전달되기까지의 항해 구간에 적용하는 것이 좋은 예가 될 수 있다.

셋째는 혼합보험으로 서울에서 뉴욕까지와 같이 적하보험이 채택하는 방식이다.

적하보험의 경우 런던 보험자협회(institute of London underwriter)의 운송약관(transit clause)에는 보험자가 책임을 부담하는 시기를 다음과 같이 정하고 있다.

보험기간 개시	보험기간 종료
보험의 목적이 운송의 개시를 위하여 창고 안에서 맨 처음 이동한 때	다음 중 어느 것이든 먼저 발생할 때 • 최종창고(보관창고)에서 운송 차량이나 용구에서 양하가 완료된 때 • 최종양륙항 외항 본선에서 하역 완료 후 60일까지(우리나라의 경우에는 수입화물에 대해서 수송약관 중의 하역 후 60일 대신 30일로 변경하고 있다) • 통상 운송과정[2]이 아닌 보관·할당·분배를 위한 장소에 인도 시

8) 담보(cover, warranties)와 보상

담보(to cover)란 보험자가 피보험자에게 피보험목적물의 손해에 대하여 보상하기로 약속한 경제적 가치를 말하며, 이 약속이 현실적으로 이루어진 것을 보상(to pay)이라고 한다.

9) 부보(insure, effect, cover)

부보란 어떠한 상품을 보험에 붙인다는 뜻으로 일반적으로 보험계약을 체결한다는 의미이다.

10) 위험과 손해

(1) 위험(perils, risk, hazard)

위험은 손해를 초래할 사고 발생의 가능성을 말하는데, 해상에서 발생하는 위험은

2) 가장 빠른 운송구간이며 관습적이며 보편적인 운송과정을 의미한다.

해상위험(maritime perils), 보험자가 담보(보상)하는 위험은 담보위험(risk covered), 보험자가 담보하지 않은 위험은 부담보 위험 혹은 면책위험(exclusions)이라 한다.

① **전손** : 피보험이익이 전부 멸실된 경우를 전손(Total Loss)이라고 한다. 전손은 현실전송(Actual Total Loss)과 추정전손(Constructive Total Loss)으로 구분된다.

가. 현실전손

현실전손의 예로는 보험의 목적이 실제로 멸실되었거나, 물건 본래의 성질이 상실되었을 경우, 포획의 경우와 같이 보험의 목적에는 하등의 물적 손해가 발생하지 않았으나 그에 대한 피보험자의 지배력이 상실되어 회복할 수 없는 경우 및 선박과 화물의 행방이 상당 기간 불명인 경우 등이 있다.

나. 추정전손

추정전손은 보험의 목적이 현실전손으로 될 것이 불가피하다고 인정될 경우를 말하며 그 예로써 보험의 목적에 대한 피보험자의 지배력이 상실되어 회복의 가능성이 있을 것 같지 않으면 또는 그 회복비용이 회복되었을 때의 화물 가액을 초과할 것으로 예상할 때 및 화물을 수리하여 목적지까지 수송함에 소요될 비용이 도착 후의 화물의 가액을 초과하게 될 경우 등이 있다. 추정전손은 보험의 목적을 보험자에게 정당하게 위부(Abandonment)함으로써 성립되며, 만약 위부를 하지 않을 경우에는 분손으로 처리 될 수 있을 뿐이다. 위부제도란 일정사고가 발생하였을 경우 현실전손이 발생한 것은 아니지만 피보험자로 하여금 보험의 목적에 관하여 그가 갖는 일체의 권리를 보험자에게 넘겨주고 보험 금액의 전부를 청구할 수 있게 하는 제도이다.

② **분손** : 피보험이익의 일부 멸실이나 손상을 분손(Partial Loss 또는 Average)이라 하며 이는 단독해손과 공동해손으로 분류된다.

가. 단독해손

단독해손(Particular Average)이란 보험의 목적이 일부 멸실되거나 손상되어 그 손해를 피보험자가 단독으로 부담하는 손해를 말한다.

나. 공동해손

공동해손(General Average)이란 선박 및 적하 등(항해사업단체)이 공동의 위험에 처하여 이로부터 벗어나기 위하여 의도적으로 취하여진 공동해손 행위로 인하여 합리적으로 발생한 손해 또는 공동해손 행위의 직접적인 결과로 발생하는 비용 등을 이해관계자가 공동으로 부담하는 손해이다.

(2) 손해(loss, damages)

손해는 위험의 발생으로 피보험목적물의 전부 혹은 일부가 멸실되거나 손상을 입은 것을 말하는데, 여기에는 전부 손실되는 전손(total loss)과 일부 손상되는 분손(partial loss)이 있다.

11) 보험약관

보험약관은 보험계약에 공통된 표준적 사항을 보험자가 미리 인쇄하여 둔 보험증권상의 각종 약속이나 규정을 말하는데, 이 약관에는 보통약관(general clause)과 특별약관(special, additional clause)이 있다.

5 적하보험약관

1) 신·구약관 비교

적하보험에서 사용되고 있는 약관은 구약관과 신약관이 있는데 두 가지를 요약하면 다음과 같다.

구약관	신약관
현재 사용하고 있는 약관은 1963년에 개정된 약관이다.	1982년 1월부터 사용하고 있으며 2009년도에 개정하였다.
ICC 약관은 14개 조항으로 구성되어 있으며 그중 5조(위험약관)만 제외하고 나머지 13개 조항은 그 내용이 같으며 5조의 내용에 따라 A/R, W.A, F.P.A로 구분된다.	본문약관과 난외(중요)약관에 추가하여 19개 조항의 ICC 약관으로 구성되어 있다. ICC 약관의 담보위험과 면책위험 조항에 따라 A, B, C 조건으로 구분된다. 구약관의 애매한 부분들을 더욱 명확하게 한 것이 신약관이다.
ICC A/R : All Risks(전위험담보)	ICC (A)
ICC W.A : With Average(분손담보)	ICC (B)
ICC F.P.A : Free From Particular Average (단독해손부담보)	ICC (C)
현재 우리나라에서는 1984년부터 신구약관을 함께 사용하고 있다.	
해상적하보험에 가입하고자 할 때는 반드시 기본조건 중의 하나를 선택해야만 하는데 기본조건의 종류에는 구약관상 A/R, W.A, F.P.A의 3가지 조건이 있으며, 신약관상으로는 구약관의 A/R과 담보 범위가 유사한 ICC(A), ICC(B), ICC(C)의 3가지 조건이 있다. W.A는 WA 3%(With Average 3%)와 WAIOP(With Average Irrespective Of Percentage)의 두 조	

구약관	신약관
건으로 보험을 인수하는데 WA 3% 조건은 악천후, 투하, 강도 등으로 야기된 손해가 3% 이상이어야 전액 보상하여 주는 조건이고 WAIOP는 그러한 손해가 발생하였을 때 손해율과 상관없이 보상하여 주는 조건이다. 그러므로 실무적으로 보험에 가입할 수 있는 option은 위의 7가지이고 그중 하나를 선택하여 보험에 가입한다.	
매도인이 해상적하보험에 가입하는 것이 의무조건인 CIF와 CIP의 경우, 최소담보조건은 구약관의 F.P.A 혹은 신약관의 ICC(C) 조건이다.	

2) 열거책임주의와 포괄책임주의

아홉 분		구약관	신약관
열거책임주의	조건	FPA, WA	ICC(B), ICC(C)
	내용	보험자가 보상하는 위험을 약관에 일일이 열거하고, 그 열거된 위험만을 담보하는 방식(열거책임주의 또는 제한책임주의라고 한다.)	
포괄책임주의	조건	A/R(All Risks)	ICC(A)
	내용	보험자가 보상하는 위험을 약관에 구체적으로 열거하지 않고 면책위험 이외의 일체의 위험 또는 사고를 보상위험으로 하는 방식(포괄책임주의 또는 일반책임주의라고 한다.)	

3) 포괄책임주의(A/R과 A)

표 9-1 구약관 A/R과 신약관 A의 면책위험

면책위험(○표는 면책위험이며 ×표는 면책위험이 아니다.)	A/R	A
1. 피보험자의 고의의 위법행위	○	○
2. 통상의 누손, 중량, 용적의 통상의 감소, 자연 소모	○	○
3. 포장의 불완전이나 부적합	○	○
4. 보험목적 고유의 하자 또는 성질	○	○
5. 지연	○	○
6. 선주, 관리자, 용선자, 운항자의 파산, 재정상의 채무 불이행	×	○
7. 선박, 부선의 불감항성, 선박, 부선, 운송용구, 컨테이너 등의 부적합	×	○
8. 원자핵분열/원자핵 융합 또는 동종의 반응 또는 방사력 또는 방사성 물질을 이용한 병기의 사용에 의한 멸실 손상 비용	×	○
9. 여하한 자의 불법행위에 의한 고의적 손상파괴	×	×
10. 해적	○	×

※ A/R : 면책위험만 아니면 보상된다.
※ A : 면책위험만 아니면 담보위험이 아니어도 보상된다.

4) 부보되는 위험의 범위

ICC[3]규정에 의하면 해상운송인 경우 위험의 범위는 최소한 FPA, ICC(C) 이상일 것을 요구하고 있으며, 항공운송인 경우에는 해상으로 운송되는 화물과 달리 구약관의 A/R조건과 ICC(A)조건 밖에 없으므로 이 양 조건에서 하나를 이용해야 한다. 해상에서의 A/R을 항공에서는 A/R(Air)라 하고 ICC(A)를 ICC(Air)라고 한다.

항공에서 적용되는 A/R(Air)은 해상에서 적용되는 A/R과 거의 같지만 항공기에서 하역 후의 보험기간은 30일로 축소되어 있다.

표 9-2 해상운송과 항공운송

약관	해상운송	항공운송
구약관	A/R	ICC(A)
신약관	A/R(Air)	ICC(Air)

6 구약관

1) 단독해손부담보(F.P.A Clause)

단독해손부담보 조건이므로 현실전손, 추정전손, 공동해손 및 비용손해(구조료, 손해방지비용, 특별비용 등)는 보상하나 단독해손은 원칙적으로 보상하지 않는다.

그러나 본 약관에서 규정하고 있는 특정 사고에 의하여 발생한 단독해손은 예외적으로 보상한다.

첫째 침몰, 좌초, 화재, 충돌 및 폭발로 발생한 분손(단독해손)

둘째 선적, 환적, 양하 중의 추락으로 인한 포장당 전손

셋째 피난항에서 하역으로 인한 분손(단독해손)

2) 분손담보(W.A Clause)

단독해손부담보 조건(F.P.A Clause)에서 보상하여 주는 손해를 보상하여 주며 이에 추가하여 단독해손부담보 조건에서 보상하여 주지 않는 위험으로 야기된 단독해손을 보상하여 주는 조건이다.

---

3) ICC : Institute Cargo Clause의 약자로써 화물관련 국제보험협회의 약관을 의미한다.

실무적으로는 WA 3% 조건은 악천후, 투하, 강도 등으로 야기된 손해가 3% 이상이어야 전액 보상하여 주는 조건이고 WAIOP(With Average Irrespective Of Percentage)는 그러한 손해가 발생하였을 때 손해율과 상관없이 보상하여 주는 조건이다. 그러므로 실무적으로 보험에 가입할 수 있는 option은 모두 7가지 조건이고 그중 하나를 선택한다.

3) 전위험담보(All Risk Clause)

전위험담보이므로 면책위험 및 보험료율서 상에서 제외되는 위험 이외의 일체의 손해를 보상하여 주는 조건이며 면책위험은 다음과 같다.

① 피보험자의 고의 또는 악의적 비행

② 화물 고유의 성질이나 하자로 기인된 손해
통상의 손해 또는 자연소모 및 포장의 불완전에 기인한 손해도 화물 고유의 성질이나 하자로 인한 손해가 되기 때문에 보험보상이 되지 않는다.

③ 항해의 지연에 근인한 손해 또는 비용
그리고 보험료율 사상 제외되는 위험이란 화물의 종류에 따라 다르나 예로서 유리제품의 파손위험과 같은 것이다.

5. All Risks Clause
This insurance is against all risks of loss of or damage to the subject-matter insured but shall in no case be deemed to extend to cover loss damage or expense proximately caused by delay or inherent vice or nature of the subject-matter insured. Claims recoverable here under shall be payable irrespective of percentage.

4) 특약 가입

구약관의 면책약관 5, 8, 12, 13조 중 5조와 8조는 특약으로도 담보되지 않는다. 단, 전쟁면책약관(war clause)인 12조와 동맹파업 면책약관(SRCC; Strike, Riot, Civil Commotion clause)인 13조는 위험에 담보하려면 특약에 가입하여야 하며 보험료가 추가된다.

■ 특약에 가입하여야 할 신용장 문구 예

46A Documents required
"Marine Insurance Policy or Certificate in negotiable form, endorsed in blank, for 110 percent of the invoice value, including Institute Cargo Clause (All Risks) Institute War Clauses, Institute Strikes, Riots and Civil Commotions Clauses, claims to be payable in USA in the currency of the draft(s)."

5) 구약관에서의 담보위험과 담보손해 일람표

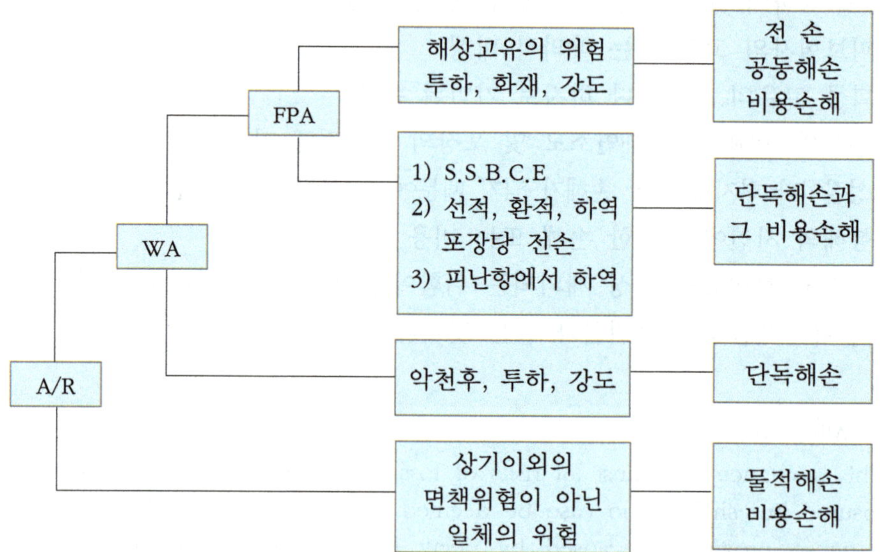

※ S : Sinking - 침몰
S : Stranding - 좌초
B : Burning - 화재
C : Collision - 충돌
E : Explosion - 폭발

7 신약관

1) 신약관의 ICC(A)

ICC(A) 1. "This insurance covers all risks of loss of or damage to the subject-matter insured except as provided in clauses 4, 5, 6 and 7 below.(본 보험은 아래 4, 5, 6, 7조에서 규정하고 있는 면책위험을 제외하고 모든 위험을 담보한다.)

전위험담보조건이라고 불리는 본 약관은 제4, 5, 6, 7조에서 규정하고 있는 면책 위험을 제외하고 나머지 모든 위험에 대해서 보험자가 담보한다.

전쟁, 폭동 등과 같이 특수한 환경에 따라 발생하는 손해가 아닌 한 모든 손해를 다 보상해 주는 조건이며 보험료가 가장 비싸다.

2) 면책약관

I.C.C.(A), (B), (C)의 신약관 면책위험은 약관번호 4~7까지이며 그 내용은 동일하다. 단, 제4조 일반면책 약관 중 제7항만 I.C.C.(A)에서 삭제되어 이러한 위험도 담보된다.

(1) 제4조 일반면책약관

4. In no case shall this insurance cover

4.1 loss, damage or expense attributable to wilful misconduct of the Assured.

4.2 ordinary leakage, ordinary loss in weight or volume, or ordinary wear and tear of the subject-matter insured.

4.3 loss damage or expense caused by insufficiency or unsuitability of packing or pre- paration of the subject-matter insured(for the purpose of this Clause 4.3 'packing' shall be deemed to include stowage in a container or liftvan but only when such stowage is carried out prior to attachment of this insurance or by the Assured or their servants)

4.4 loss damage or expense caused by inherent vice or nature of the subject-matter insured.

4.5 loss damage or expense proximately caused by delay, be caused by a risk insured against(except expense payable under Clause 2 above)

4.6 loss damage or expense caused by insolvency or financial default of the owners managers charters or operators of the vessel where at the time of loading of the subject-matter insured on board the vessel, the Assured are aware, or in the ordinary course of business should be aware that such insolvency or financial default could prevent the normal prosecution of the voyage.

4.7 deliberate damage to or deliberate destruction of the subject-matter insured or any part therof by the wrongful act of any person or persons.[4)]

4.8 loss damage or expense arising from the use of any weapon of war employing atomic or nuclear fission and/or fusion or other like reaction or radioactive force or matter

4. 어떠한 경우에도 본 보험은 다음의 손해를 보상하지 않는다.

4.1 피보험자의 고의의 비행에 기인하는 멸실, 손상 또는 비용

4.2 피보험목적물의 통상의 누손, 통상의 중량 또는 용적의 부족 또는 자연 손모

4.3 피보험목적물의 포장 또는 준비의 불완전 또는 부적절로부터 생기는 멸실, 손상 또는 비용(본 조항 4.3에서 포장이라 함은 컨테이너 또는 지게 전동차에 적부 하는 것을 포함하며, 이러한 적부가 보험의 개시 전에 행하여지거나 피보험자 혹은 그 사용인에 의하여 행하여지는 경우에 한한다.

4.4 피보험목적물의 고유의 하자 또는 성질을 근인으로 하는 멸실이나 손상 또는 비용

4.5 지연이 담보위험에 의하여 발생한 경우라도 당해 지연에 근인 하여 발생한 멸실, 손상 또는 비용(위 제2조에 의하여 지급되는 비용을 제외한다.)

4.6 본선의 소유자, 관리자, 용선자 또는 운항자의 지급불능 또는 금전상의 채무불이행으로 인하여 발생한 멸실, 손상 또는 비용. 다만 보험의 목적이 본선으로 적재될 당시에 피보험자가 그러한 지급불능이나 금전상의 채무불이행이 정상적인 항해를 이행하지 못하게 할 수도 있다는 것을 알았거나 통상적인 사업과정에서 알았어야 했던 경우에 한한다.

4.7 피보험목적물 또는 그 일부에 대한 어떤 자의 불법행위에 의한 의도적인 손상 또는 파괴

4.8 원자력 또는 원자핵분열이나 융합 또는 기타 유사한 반응 또는 방사능이나 방사성 물질을 이용한 무기의 사용으로 인하여 발생하는 멸실, 손상 또는 비용

(2) 제5조 불감항 부적합면책약관

5.1 In no case shall this insurance cover loss damage or expense arising from unsea-worthiness of vessel or craft, unfitness of vessel craft for the safe carriage of the subject-matter insured, where the Assured or their servants are privy to such unseaworthiness or unfitness, at the time the subject matter insured is loaded therein.

5.2 Unfitness of container or conveyance for the safe carriage of the subject-matter insured, where loading therein or thereon is carried out prior to attachment of this insurance or by the Assured or their employees and they are privy to such unfitness at the time of loading.

5.1 어떠한 경우에도 이 보험은 다음의 사항으로 인하여 발생하는 멸실, 손상

4) I.C.C.(A)약관에서는 4.7항이 삭제되어 이러한 위험도 담보된다.

또는 비용을 담보하지 않는다. 보험의 목적의 안전한 운송을 위한 본선 또는 부선의 불감항성, 다만 피보험자가 보험의 목적을 적재할 때 그러한 불감항성 또는 부적합성을 알고 있는 경우에 한한다.

5.2 보험의 목적의 안전한 운송을 위한 컨테이너, 운송용구의 부적합성. 다만, 보험의 목적의 적재가 이 보험의 개시 전에 이루어지거나 피보험자 또는 그 고용인에 의해 이루어지고 그들이 적재 시 그러한 불감항성 또는 부적합성을 알고 있는 경우에 한한다.

(3) 제6조 전쟁위험면책조항

6. In no case shall this insurance cover loss damage or expense caused by

6.1 war civil war revolution rebellion insurrection, or civil strife arising therefrom, or any hostile act by or against a belligerent power.

6.2 capture seizure arrest restraint or detainment(piracy excepted), and the consequences therof or any attempt threat.

6.3 derelict mines torpedoes bombs or other derelict weapons of war.

6. 본 보험은 다음의 위험에 근인하여 발생된 멸실, 손상 또는 비용을 보상하지 않는다.

6.1 전쟁, 내란, 혁명, 반역, 반란 또는 이로 인하여 발생하는 국내 투쟁 또는 교전국에 의한 또는 교전국에 대한 적대행위

6.2 포획, 나포, 강유, 억지 또는 억류와 이러한 행위의 결과 또는 이러한 행위를 하고자 기도한 결과(해석위험은 제외)

6.3 유기기뢰, 어뢰, 폭탄, 기타 유기된 전쟁병기

(4) 제7조 동맹파업면책약관

7. In no case shall this insurance cover loss damage or expense

7.1 caused by strikers, locker out workmen, or persons taking parting in labour disturbances, riots or civil commotions

7.2 resulting from strikes, lock-outs, labour disturbances, riots or civil commotions

7.3 caused by any act of terrorism being an act of any person acting on behalf of or in connection with any organization which carries out activities directed towards the overthrowing or influencing by force or violence of any government whether or not legally constituted.

7. 본 보험은 다음의 위험에 근인하여 발생한 멸실, 손상, 비용을 보상하지 않는다.
7.1 동맹파업자, 직장폐쇄노동자 또는 노동쟁의 폭동 또는 소요에 가담한 자에 의하여 발생한 것
7.2 동맹파업, 직장폐쇄, 노동쟁의, 폭동 또는 소요의 결과로 발생된 것
7.3 합법적 혹은 비합법적으로 설립된 정부를 전복하기 위해 혹은 영향을 끼치기 위해 행동하는 어떤 조직을 위하여 혹은 관련하여 행동하는 자의 테리리즘에 의해 발생한 것

3) 특약가입

면책약관 4~7조 중 4조와 5조는 특약으로도 cover되지 않는다. 단, 전쟁면책약관(war clause)인 6조와 동맹파업면책약관(SRCC : Strike, Riot, Civil Commotion clause)인 7조는 위험에 담보하려면 특약에 가입하여야 하며 보험료가 추가된다.

■ 특약에 가입하여야 할 신용장 문구 예

■ 46A Documents required
"Marine insurance policy or Certificate in negotiable form, endorsed in blank, for 110 percent of the invoice value, including Institute Cargo Clause (A) Institute War Clauses, Institute Strikes, Riots and Civil Commotions Clauses, claims to be payable in USA in the currency of the drafts."

4) 신해상보험증권에서의 담보위험 및 면책위험 일람표

담보위험(○표는 담보위험이며 ×표는 부담보 위험이다.)	A	B	C
다음 위험에 정당하게 기인된 보험의 목적의 멸실 또는 손상			
1. 화재 또는 폭발	○	○	○
2. 선박 또는 부선의 좌초, 좌주, 침몰 또는 전복	○	○	○
3. 육상운송 용구의 전복 또는 탈선	○	○	○
4. 본선, 부선 또는 운송용구와 물 이외의 타 물체와의 충돌 또는 접촉	○	○	○
5. 피난항에서의 화물의 하역	○	○	○
6. 지진, 화산의 분화 또는 낙뢰	○	○	×

담보위험(○표는 담보위험이며 ×표는 부담보 위험이다.)	A	B	C
다음 위험으로 인한 보험의 목적의 멸실 또는 손상			
7. 공동해손 희생	○	○	○
8. 투하로 인한 손해	○	○	○
9. 파도에 의한 갑판상의 유실	○	○	×
10. 본선, 부선, 선창, 운송용구, 컨테이너, 리프트맨 또는 보관소에 해수, 호수 또는 하천수의 유입	○	○	×
11. 본선, 부선에 선적 또는 하역작업 중 해수면으로 낙하하여 멸실되거나 추락하여 발생된 포장당 전손	○	○	×
12. 상기 이외의 멸실, 손상의 일체의 위험	○	×	×
13. 공동해손 구조비(면책위험에 의한 것은 제외)	○	○	○
14. 쌍방과실 충돌	○	○	○
면책위험(○표는 면책위험이며 ×표는 면책위험이 아니다.)	**A**	**B**	**C**
1. 피보험자의 고의의 위법행위	○	○	○
2. 통상의 누손, 중량, 용적의 통상의 감소, 자연소모	○	○	○
3. 포장의 불완전이나 부적합	○	○	○
4. 보험목적의 고유의 하자 또는 성질	○	○	○
5. 지연	○	○	○
6. 선주, 관리자, 용선자, 운항자의 파산, 재정상의 채무 불이행	○	○	○
7. 선박, 부선의 불감항성, 선박, 부선, 운송용구, 컨테이너 등의 부적합	○	○	○
8. 원자핵분열/원자핵 융합 또는 동종의 반응 또는 방사력 또는 방사성 물질을 이용한 병기의 사용에 의한 멸실 손상 비용	○	○	○
9. 여하한 자의 불법행위에 의한 고의적 손상파괴	×	○	○

A : 포괄주의이므로 면책위험만 아니면 담보위험이 아니어도 보상된다.
B, C : 열거주의이므로 담보위험이 아니면 보상이 되지 않는다.

Tip 상기에 열거된 면책위험들은 특약으로도 보상되지 않는다. 단, 전쟁(war clause)과 동맹파업(SRCC : Strike, Riot, Civil Commotion clause)은 면책위험이나 특약에 가입하면 보상을 받을 수 있다. 특약에 가입하면 보험료가 추가된다.

보험증권

보험증권은 보험계약의 성립과 그 내용을 증명하기 위하여 계약의 내용을 기재하고 보험자가 기명날인하여 보험계약자에게 교부하는 증권이다. 보험증권은 국제법(영국법)의 적용을 받고 영어로 작성되어 있으며 권리의 양도가 가능하다.

첨부한 보험증권은 아래 신용장 문구와 관련된 보험증권이다.

■ 신용장 문구 예

■ 46A Documents Required

"1/2 set insurance policy, endorsed in blank, for 110 percent of the invoice value, including institute cargo clauses(all risks) institute war clauses, institute strikes, riots and civil commotions clauses, claims to be payable in USA in the currency of the draft(s)."

① DONGBU INSURANCE CO., LTD.

21-9, CHO- DONG, CHUNG-GU, SEOUL, KOREA
C.P.O BOX658, TELEX : DBINS K24588, TEL : (02) 2262 3450, FAX : (02) 2273 6785

MARINE CARGO INSURANCE POLICY

Assured(s), etc. ②ICOM CO., LTD.	
Police No. WX98150051600	③Ref. No. INVOICE NO. IE99 1129 0324 L/C NO. 662/212/4333
④Claim, if any, payable at : MCLARENS TOPLIS, NORTH AMERICA. 195 BROADWAY, 20TH FLOOR NEW YORK, NEW YORK 10007 TEL : (212) 2672700, 1－800－472－4128 FAX : (212) 4063932, 9625360 TLX : 233158 Claim are payable in the USD CURRENCY	
	⑤Amount insured USD 98,308.37 INVOICE USD 89,371.25 × 110%
Survey should be approved by : SMITH, BELL & CO., INC SMITH BELL BUILDING 2294 PASONG TAMO EXTENSION 1231 MAKATI, METRO MANILA TEL : (2) 8167851/8 TLX : 63335 BELLAD PN FAX : (2) 8150199, 8136949 Local Vessel or Conveyance / ⑥From(interior port or place of loading) Ship or Vessel called the: HANJIN SEOUL 0208W / Sailing on or about: MAR. 25, 2021 ⑦at and from: KOREA (BUSAN) / ⑧Transshipped at ⑨arrived at: MANILA, PHILIPPINES / ⑩thence to	⑪Conditions Subject to the following Clauses as per back hereof or as attached Institute Cargo Clauses **A/R** Institute War Clauses Institute SRCC Clauses(Institute Strike Clauses for use only with New Marine Policy Form) Special Replacement Clause (applying to machinery) On Deck Clause Institute Radioactive Contamination Exclusion Clause **INSTITUTE WAR CLAUSES (CARGO)** **INSTITUTE STRIKES, RIOTS & CIVIL COMMOTIONS CLAUSES** **COMPUTER MILLENNIUM CLAUSE** **－ WITH NAMED PERIL EXTENSION** **CLAIMS TO BE PAYABLE IN USA IN THE CURRENCY OF THE DRAFT(S)**
⑫Goods and Merchandises LIST AS ATTACHED. P.O. NO. 1234 (65 PERCENT COTTON, 35 PERCENT NYLON RIPSTOP 57 INCHES) (A) FABRIC NAME : 65 PERCENT COTTON 35 PERCENT NYLON RIPSTOP (B) QUALITY NO. KN 20RS (C) FIBER CONTENT : PA 35% CTN 65% (D) FABRIC WIDTH : 56/7 (F) LC NO. MD01438867 COLOR BREAKDOWN : ARMY－ 17,854YARDS BLACK－ 3,621YARDS CHINO－ 12,250YARDS --- (E) TOTAL 33,725YARDS	
MAR. 24, 2021 NO. OF POLICIES ISSUED TWO	

■ 보험증권 해설

항목	주요내용
① Insurance Co.,	보험자이며 보험회사를 의미한다.
② Assured(s)	보험계약자 혹은 피보험자를 의미한다. 증권의 명의인(피보험자)의 정식 영문명을 기입한다. CIF 수출계약의 경우에는 L/C 등으로 증권의 명의인을 특별히 지정해 오는 경우가 아닌 한 수출업자(보험계약자)를 피보험자로 하여 증권을 발행한 후 은행에 nego시 배서로써 매수인 또는 이해당사자에게 양도를 하게 된다.
③ Ref. No.	참조번호로써 수출인 경우에는 L/C No. Invoice No.를 기입
④ Claim, if any	피보험자가 보험금 지급 받기를 희망하는 장소를 기입한다.
⑤ Amount	화물의 보험가입금액은 상업송장가액(FOB or CIF 가액)에 희망이익을 가산한 금액이지만, 신용장 등에 특별한 지정이 없으면 송장 가액의 110%로 하는 것이 관행이다.
⑥ From	내륙지에서부터 부보할 경우에는 내륙의 출발지를 기입한다.
⑦ at and from	화물 적재 외항선에서의 선적항을 기입하며, 항공기 또는 우편으로 수송할 경우에는 항공기에의 선적지 또는 우편발송지를 기입한다.
⑧ Transshipped	운송 도중 환적이 있을 경우에는 환적항(지)을 기입한다.
⑨ arrived at	양하항을 기입한다.
⑩ thence to	양하항 도착 후 다시 내륙지까지 수송할 경우의 최종도착지를 기입한다.
⑪ Conditions	계약서 및 신용장이 지시하는 조건을 기입한다.
⑫ Goods	Subject-matter insured(보험목적물) 부보대상화물의 품명, 수량, 화물상태 등을 기입하여 포장화물은 외장포장의 개수만이 아니라 내용상품의 개수도 병기한다. 해상보험은 통상 선창내 화물을 전제로 인수하기 때문에 만일 갑판적이 되는 경우에는 반드시 'on deck'을 표시한다. 또 컨테이너 적재의 경우에는 'in containers'로 표시한다.

Chapter 10

운 송

 선적(shipment)의 의의

매매계약이 체결되어 신용장 개설 및 통지가 이루어지거나 혹은 무신용장 방식(송금결제방식, 추심결제방식)의 계약에 따라 수출업자는 계약사항에 따라 화물을 준비하고 선적을 이행하여야 한다. 물품을 발송하는 수단으로는 선박에 의한 해상운송, 항공기에 의한 항공운송 그리고 단일운송 계약에 의거 최소한 2개 이상의 운송수단에 의해 송화인의 문전에서 수화인의 문전까지(door to door) 운송하는 복합운송이 있다.

선적은 해상운송의 본선 적재(loading on board), 항공 또는 철도운송의 발송(dispatch) 및 복합운송 운송인의 수탁(taking in charge), 택배 운송의 수령 일자(date of pick up) 등을 포괄하는 개념이다.

무역계약 체결 시 계약 당사자인 매도인과 매수인은 운송에 관한 지식을 가지고 다음과 같은 내용에 대하여 합의해야 한다.

1) 선적조건

선적조건에 포함되는 내용으로 선적기일(S/D, Shipping Date), 선적항(POL, Port of Loading), 도착항(POD, Port of Discharge), 인도장소(place of delivery), 분할선적(partial shipment) 및 환적(T/S, transshipment) 여부 등을 정하게 된다.

2) 선적기일

선적기일은 최종선적일(latest shipping date)을 의미하며 신용장 거래에서 선적기일이 정해져 있지 않으면 신용장 유효기일(E/D, Expiry Date)을 선적일로 간주한다. 일반적으로 선적일의 입증은 본선적재 선하증권(On board B/L)의 경우에는 선하증권상 본선 적재일(on board date)로 그리고 선적선하증권(Shipped B/L)의 경우에는 선하증권 발행일(B/L date)로 한다. 여기에서 주의할 사항은 선적일이 공휴일인 경우 신용장의 유효기일처럼 연장이 인정되지 않기 때문에 선적일(S/D, Shipping Date)이 공휴일이라면 이것을 고려하여 선적일 전 일까지 선적을 완료하고 선하증권을 발급받아야 한다.

3) 분할선적(Partial Shipment)

약정 수량을 한꺼번에 선적하지 않고 여러 차례 나누어 선적하는 것을 분할선적(分割船積)이라 하며 수입자의 판매계획, 제조 일정 또는 시황에 따라 여러 차례에 걸쳐서 제품을 공급받아도 지장이 없는 경우에 선택된다. 신용장 거래에서 분할선적에 관한 금지 조항이 없다면 분할선적이 허용되는 것으로 해석하며 동일항해, 동일선박에 의해 이루어진 여러 차례의 선적은 비록 선적 일자와 선적항이 다르더라도 분할선적으로 보지 않는다.(UCP 제31조 b항)

4) 환적(Transshipment)

환적(換積)은 이적(移積)이라고도 하며, UCP 600 제20조 b항에서는 신용장에 명시된 선적항으로부터 하역 항으로 해상운송 도중에 한 선박으로부터 화물을 내려서 다른 선박으로 화물을 재적재하는 것을 의미하고 있다. 환적 중에 화물의 파손 및 비용 추가 때문에 수입상으로서는 바람직하지 않은 운송방법이다. 그러나 환적이 부득이한 경우에는 매도인은 매수인에게 환적을 해야 함을 알리고 상호 환적허용에 합의하여야 한다.

UCP 600의 규정에서 신용장상 환적(transshipment)에 대한 금지의 명시가 있더라도 환적이 될 것이라거나 될 수 있다고 표시하는 선하증권은 컨테이너, 트레일러, 래시 바지(lash barge)에 선적되었다는 것이 선하증권에 의하여 증명되는 경우에는 환적은 수리될 수 있다고 규정하고 있다.(UCP 제20조 b항)

신용장상에 "transshipment not allowed"로 되어있는데 선적항의 선명과 양하항의 선명이 다른 경우는 환적으로 본다.

 무역 운송의 비교

1) 해상운송 개품운송과 용선운송의 특징 비교[1)]

구분	개품운송	용선운송
형태	여러 화주로부터 개별적으로 선적요청을 받은 화물을 운송	특정 화주의 화물을 싣기 위해 선박의 선복(space)을 빌려주는 형태로 운송
선박	정기선(Liner Vessel)	부정기선(Tramper)
화물	주로 컨테이너 화물 및 단위화물 등 일반화물	철강석, 석탄, 곡물 등 대량 살화물(bulk cargo)
계약서	선하증권(B/L ; Bill of Lading)	용선계약서(C/P ; Charter Party)
운임	Tariff rate(공표된 운임)	수급관계에 따라 변동되는 자유운임
하역조건 (하역비 부담)	Berth(Liner) term	FIO, FI, FO

2) 해상 용선계약의 비교

① 항해용선 계약은 선주와 용선자가 단일 항해 운송을 약정하는 것으로 항로, 화물, 기일 등은 이들 당사자 간의 약정 때문에 결정된다.

② 기간(정기) 용선계약은 일정 기간 선복의 전부 혹은 일부를 용선하는 계약으로 선주는 급격하게 증가한 수요를 충족시키고자 할 때, 용선자는 다시 제3자에게 정기용선 또는 항해용선을 주어 운임의 차액을 얻으려는 상업 목적으로, 화주는 일정 기간 연속해서 대량의 화물 운송이 필요할 때 정기용선을 한다.

③ 나용선 계약이란 선박 자체만을 임차하고 선원, 항세, 급유비, 급수비, 수리비, 항해비용, 선체 보험료 등 항해에 필요한 일체의 인적 물적 요소를 용선자가 부담하는 선박의 임대차 계약으로서 운송계약은 아니다.

1) 무역운송, 한국무역협회, 2015, p.120.

| 표 10-1 | 용선계약의 비교[2)]

항해용선 계약	기간(정기) 용선계약	나용선 계약
voyage/trip charter party	time charter party	bare boat charter party
선주가 선장을 임명하고 지휘·감독	선주가 선장을 임명하고 지휘·감독	임대인이 선장을 임명하고 지휘·감독
용선자는 선복을 이용하고 선주는 운송행위	용선자는 선복을 이용하고 선주는 운송행위	임차인이 선박을 일정기간 사용, 운송행위
운임을 화물의 수량 또는 선복으로 결정	용선료는 용선기간에 따라 결정	임차인은 하주에 대한 내항성 담보 책임
용선자 비용부담 항목 없음	용선자 비용부담항목 연료, 항비, 하역비, 제수수료	임차인 비용부담항목 선원, 항세, 급유비, 급수비, 수리비, 항해비용, 선체보험료 등

3) 해상, 항공, 복합운송의 비교

운송수단	해상운송	항공운송	복합운송
증빙서류	B/L (Bill of Lading)	AWB (Air Waybill)	Multimodal(Combined) Transport B/L
명칭	선하증권	항공운송장	복합운송증권
원본서류	Original	Original-1	Original
	Duplicate	Original-2	Duplicate
	Triplicate	Original-3	Triplicate
수입통관시	3부 중 1개	Original-2	3부 중 1개

※ 복합운송 증권은 MT B/L(Multimodal Transport Bill of Lading), CT B/L(Combined Transport Bill of Lading)이라고 칭한다.

2) 무역운송, 한국무역협회, 2015, p.133.

 무역운송 용어

1) 복합운송주선업자(Freight Forwarder)

(1) 개념

① 복합운송주선업자(포워더)는 일반적으로 운송수단을 직접 소유하지 않은 채 화주를 위하여 화물 운송의 주선이나 운송행위를 수행하는 자를 말한다.

② 포워더의 공통적이고 기본적인 기능은 화주와 운송인 사이에서 화주에게는 운송인의 역할을 수행하고 운송인에 대해서는 화주의 역할을 하는 것이다. 미국의 경우 NVOCC[3]라 하여 미국 신해운법(U.S Shipping Act)에 "화주의 대리인으로서 해당 운송인을 통해 미국으로부터 수출품 선적 또는 적하를 위한 선복 예약 및 기타 방법을 취하며, 서류작성과 선적에 수반하는 관련 작업을 이행하는 자"로 되어 있다.

③ 수출입화물의 운송이 주로 해상으로 이루어지는 만큼 통상 복합운송주선업자 혹은 포워더라고 하면 해상운송주선인(Ocean Freight Forwarder)을 염두에 두나 항공화물 운송을 위한 항공화물 운송주선인(Air Freight Forwarder)도 존재하고 있다. 그러나 양자는 복합일관운송이라는 차원에서 세계적으로 통합되는 추세에 있을 뿐만 아니라, 실무적으로도 보통 복합운송주선업자는 해상화물과 항공화물 모두에 대한 서비스 제공자격을 보유하고 있다.

(2) 포워더의 역할

외국과의 국제복합운송에 있어 상대방 국가의 포워더(주로 파트너 계약 체결)와 제휴함으로써 전 운송구간에 걸쳐 일관 운송책임을 지는 운송 주체라는 것이다.

① 화주에 대한 전문적인 조언
② 운송의 수배
③ 운송 관련 서류의 작성
④ 통관대행
⑤ 포장 및 창고보관
⑥ 소량 화물의 혼재(Consolidation)

---

3) NVOCC : None-Vessel Operating Common Carrier(무선박운송인)

■ Liner & Forwarder

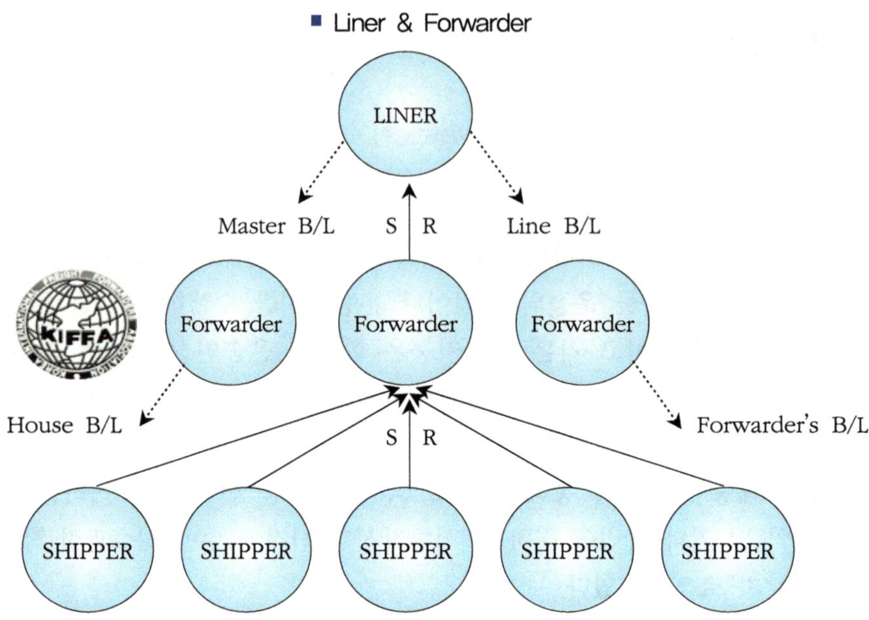

2) 운송관련 용어

(1) 운송증빙

- B/L : Bill of Lading(선하증권)[4] - 해상운송
- AWB : Air Waybill(항공운송장) - 항공운송
- Multimodal Bill of Lading(복합운송증권) - 복합운송
  (약칭하여 MTD 혹은 MT B/L이라고 한다.)
- Combined Bill of Lading(복합운송증권) - 복합운송
  (약칭하여 CTD 혹은 CT B/L이라고 한다.)
- Master B/L : 선박회사(Liner)가 운송주선업자(Forwarder)에게 발행하는 B/L
- House B/L : 운송주선업자(Forwarder)가 송하인에게 발행하는 B/L

(2) 운송인, 송하인, 수하인

- Liner : 운송수단을 소유하고 있는 선박회사이며 Line B/L을 발급한다.
- Forwarder : 운송수단을 직접 소유하지 않고 화물 운송의 주선이나 운송행위를 수행하는 자를 말한다. Forwarder's B/L을 발급한다.

---

4) 선하증권(船荷證券)을 선화증권(船貨證券)이라고도 하는데 동일한 의미이다. 최근에는 선하증권(船荷證券)으로 통일하여 부르고 있다.

- Shipper or Consignor : 수출상 즉, 물건을 보내는 송화인을 의미하며 하주(荷主) 또는 화주(貨主)라고도 한다.
- Consignee : 수하인 또는 수화인이라고 하며 무신용장결제방식에서는 수입상이 신용장 결제방식에서는 통상 'to order' 혹은 'to the order of issuing bank'가 된다.

(3) FCL

- FCL : Full Container Load(CY로 이동)
- Container door : 컨테이너를 공장이나 창고로 직접 불러오는 것. 컨테이너를 통째로 쓸 때 FCL이라고 하는데 이때는 대부분 컨테이너를 door 하게 된다. 그리고 그 컨테이너는 터미널 CY로 곧바로 입고된다.
- Container stuffing or vanning : 물품을 컨테이너에 채워 넣는 것
- Shoring : 화물이 컨테이너 내부에서 움직이지 않도록 각목 등으로 고정하는 작업
- Lashing : Rope 등을 이용하여 화물이 움직이지 않게 묶는 작업
- Sealing : 컨테이너를 봉인하는 것
- CY : Container Yard(컨테이너 장치장)
- CY closing time : CY에서 컨테이너를 마감하는 시간임(항공운송에서는 cut off time이라고 한다.)

(4) LCL

- LCL : Less than a Container Load(CFS로 이동)
- CFS : Container Freight Station - LCL 화물을 모으는 곳
- Consolidation : 컨테이너 한 대를 쓰기에는 너무 작은 물품일 경우에는 타사 물품과 함께 목적지가 같은 물품끼리 혼재하게 되는데 이것을 consolidation이라고 하고 이런 작업을 하는 곳을 CFS(Container Freight Station)라 한다. 창고에서 CFS까지는 수출상의 책임하에 옮겨지며 'consolidation'을 실무에서는 '콘솔'이라는 약어로 부른다.
- Shipping Mark : 수입통관 시 물품을 구별하기 위하여 수출용 box 옆면에 표시하는 하인

(5) 기타

- TEU : Twenty-Feet-Equivalent Unit의 약자로서 20 feet 컨테이너의 단위
- FEU : Forty-Feet-Equivalent Unit의 약자로서 40 feet 컨테이너의 단위
- S/R(Shipping Request) : 선적을 위하여 예약하는 서류

- CBM(Cubic Meter) : 가로(meter) × 세로(meter) × 높이(meter)
- ETD : Estimated Time of Departure
- ETA : Estimated Time of Arrival
- D/O : Delivery Order(화물인도지시서)
- Devanning : 물품을 컨테이너로부터 끄집어내라는 것
- ICD : Inland Container Depot(컨테이너 내륙기지)

4 해상운송 선적절차

선적을 위해서 수출업자는 먼저 자신과 거래하는 운송회사(Forwarder)에 선적 일정을 문의한 다음 알맞은 운항 일정을 결정하며 다음과 같은 절차에 의하여 선적을 하게 된다.

1) 해상운송 선적절차

① 선적예약을 위해서는 수출업자인 송화인이 Forwarder에게 선복신청서(S/R : Shipping Request)를 제출한다. 신용장 방식인 경우에는 차후 서류상의 불일치 사항이 없도록 신용장에서 요청하는 모든 사항을 빠짐없이 꼼꼼하게 작성하여 운송회사에 제출한다.

② 선적 주문을 받은 Forwarder는 선박회사(Liner)에 선복(ship's space)을 주문한다.

③ 선하증권을 발행하는 운송회사는 원본 B/L을 발급하기에 앞서 송화인에게 B/L 내용을 확인토록 check B/L[5]을 이메일로 송부한다. 서류의 불일치를 방지하기 위하여 송화인은 잘못된 사항이 있으면 수정해주도록 요구하여야 한다.

④ 운송회사는 제품을 본선에 적재한 다음 관세청에 EDI로 선적보고를 하고 B/L을 발급하여 송하인에게 Original B/L 3통과 은행보관용(신용장 네고용), Non-Negotiable Copy(사본)를 전달한다.

⑤ 송화인인 수출업자는 즉시 수입업자에게 선적통지(shipping advice)를 한다.

⑥ 송하인인 수출업자는 선적서류를 즉시 바이어에게 송부한다.

가. 송금결제방식 : 선적서류를 바이어에게 직접 송부

나. 추심결제방식 : 선적서류를 거래은행으로 추심의뢰

다. 신용장결제방식 : 선적서류를 매입은행으로 매입(nego) 또는 추심의뢰

5) Check B/L은 B/L 종류가 아니고 운송사가 송하인에게 original B/L을 발급하기 전에 원본 B/L을 발행하기 위한 B/L 초안을 이메일 등의 수단으로 미리 보내서 확인토록 하는 것이다.

2) FCL과 LCL 선적절차

컨테이너 화물은 FCL과 LCL이 있는데 선적절차는 각각 다음과 같다.

① FCL(Full Container Load cargo)

S/R → Container Door → Stuffing → Sealing → C/Y → On Board → EDI 선적보고 → B/L 발급(선박회사 → Forwarder → Shipper)

② LCL(Less than Container Load cargo)

S/R → CFS → Consolidation → On Board → EDI 선적보고 → B/L발급(선박회사 → Forwarder → Shipper)

5 선하증권(B/L ; Bill of Lading)

무역을 크게 3단계로 나눈다면, 계약체결준비단계, 계약단계, 이행단계로 구분할 수 있다.

계약 체결 준비단계에서는 offer sheet 발송, sample 및 catalogue 발송 등이 이에 해당하고 바이어로부터 P/O를 받은 후 계약단계에 가서 바이어와 매매계약을 체결하게 된다.

매매계약이 이행되기 위한 이행단계에 가서는 크게 3가지 후속 조치가 따르게 되는데 그것이 운송계약과 보험계약 그리고 바이어로부터의 대금결제이다.

운송계약의 경우에 하주는 실질적으로 운송회사와 별도의 운송계약을 맺지는 않는다. B/L 그 자체가 하나의 운송계약의 증빙이기 때문이다.

선하증권(B/L)은 운송인(carrier)이 화주로부터 의뢰받은 운송 화물을 적재하거나 선적을 위하여 그 화물을 수취한 것을 증명하고, 이것을 도착항에서 일정 조건하에 수하인 또는 그 지시인에게 인도할 것을 약정한 유가증권이다.

1) 선하증권(B/L)의 기능

(1) Evidence of contract of carriage

Shipper와 Carrier 간의 운송계약의 증빙이다.

(2) Title of document

B/L은 유가증권으로써 권리증권이다.

(3) Receipt of cargo

B/L은 화물의 영수증 역할을 한다.

2) 선하증권(B/L)의 원본, 사본, 사진 복사본

구분	내용
원본 (Original)	운송사가 발행하는 것이며 수입 통관 시 사용한다. 원본은 모두 3통을 발행하는데 이것을 full set이라고 한다. 운송서류는 발행된 원본의 부수를 표시해야 한다(UCP 600 제22조). 선하증권 원본 3통은 모두가 'Original'이라고 명시될 수도 있고, 'Original', 'Duplicate', 'Triplicate' 혹은 'First Original', 'Second Original', 'Third Original' 등 유사한 표현이 표시된 선하증권은 모두 원본이다.[6)] 수하인이 지시식(order)으로 기재된 원본 선하증권은 배서에 의하여 유통(negotiable)이 가능하다.
사본 (Copy)	운송사가 발행하였으나, 수입 통관 시 사용할 수 없다. 물품을 찾을 수 없으며 참고용으로 수출상에게 발행하여 준다. 유통할 수 없으며 선하증권에 'Non-Negotiable Copy'라고 표시된다. 이것을 현업에서는 'NN B/L'이라고 한다.
사진 복사본 (Photo Copy)	원본이나 사본을 복사기에 복사한 것을 의미한다.

2) 선하증권(B/L)의 종류

(1) 선적선하증권(Shipped B/L), 본선적재선하증권(On Board B/L), 수취선하증권(Received B/L)

표 10-2 선하증권(B/L)의 서식

B/L의 서식	주요 내용
Shipped Bill of Lading (선적선하증권)	선하증권의 전문이 "Shipped on board by the carrier ~" 또는 "Shipped on board the vessel named herein apparent good order and condition ~" 등으로 명시되어 있으며, 복합운송을 하지 않고 해상운송만을 영위하는 대형 선박회사들이 사용하는 서식이다. Shipped B/L(선적선하증권)은 물품을 본선에 적재한 다음에 발행 하는 증권이다.

6) ISBP A28

B/L의 서식	주요 내용
Received Bill of Lading (수취선하증권)	선하증권의 전문이 "Received by the carrier, the goods specified herein in apparent good order and condition ~" 등으로 명시되어 있으며 복합운송을 주된 업으로 하는 운송주선인(forwarder)이나 해상운송과 복합운송업을 겸하는 비교적 작은 규모의 선박회사들이 사용하는 서식이다.

┃표 10-3┃ 선적일의 증명

B/L의 종류	선적일
Shipped Bill of Lading (선적선하증권)	운송인이 화물을 지정된 선박의 본선에 선적한 후에 발행된 선하증권으로써 선하증권의 발급 일자를 선적 일자로 간주한다.
Received Bill of Lading (수취선하증권)	화물이 선적된다는 보장이 없으므로 신용장 거래에서 통상 개설은행은 'On Board B/L'을 요구하며 신용장이 'On Board B/L'을 요구하는 경우 'Received B/L(수취선하증권)'은 수리되지 않는다.
On Board Bill of Lading (본선적재선하증권)	운송회사가 '수취선하증권(Received B/L)'의 양식을 이용하여 본선적재부기(on board notation)를 별도로 표시하는 선하증권. 선적선하증권(Shipped B/L)과 법적인 효력이 같으며 이것은 본선적재 부기일을(on board notation) 선적 일자로 간주한다.
Air Waybill (항공운송장)	항공운송장(Air Waybill)이 실제 선적일에 대한 특정한 부기를 포함하지 않을 때는 발행일을 선적일로 간주한다. 만약 실제 선적일에 대한 특정한 부기를 포함한 경우에는 부기에 기재된 일자를 선적일로 간주한다(UCP 600 제23조 a. iii).

(2) 기명식선하증권(Straight B/L)과 지시식선하증권(Order B/L)

기명식선하증권이란 선하증권상에 특정한 수하인이 기재된 선하증권을 말하며 송금결제방식, 추심결제방식과 같은 무신용장 결제방식에서 사용된다.

지시식선하증권이란 선하증권상에 특정한 수취인을 기재하지 않고 단순히 To order, To order of Shipper 또는 To the order of ×× bank(통상 개설은행)로 기재되어 있는 것으로 이 경우 전자의 경우에는 수출업자가, 후자의 경우에는 은행이 선하증권 이면에 백지배서만 하면 이 증권의 소지인이 화물에 대한 소유권을 갖도록 양도할 수 있는 선하증권이다. 지시식 선하증권은 신용장 방식의 거래에서 사용된다.

구분	기명식	지시식
영문명칭	Straight B/L	Order B/L
유통성	인정 안됨	인정됨(배서)
물품의 소유권	기명자	증권의 보유자, of 다음의 기명자
	수입상	To order
수화인 기재	특정인	To the order of xx
결제방식	송금, 추심결제방식	신용장 결제방식

◆ 수하인(consignee)의 표시방법

- 기명식(straight form) : 특정인을 수하인으로 기재하는 방법이며 결제방식이 송금결제방식, 추심결제방식에서 주로 사용되며 이때 수입상으로부터 별도의 요구가 없으면 수입상을 수하인으로 기재한다.
- 지시식(order form) : 수하인(consignee)에 order라고 기재된 선하증권이며 배서(endorsement)에 의하여 소유권을 이전한다.

  가. 단순지시식 : 'to order'로 표시되며 B/L의 보유자가 소유권이 있음.

  나. 기명지시식 : 'to the order of ××' 등으로 표시되며 'to the order of' 다음에 기재된 '××'의 배서에 의하여 소유권이 이전된다. 신용장 결제방식에서는 주로 'to the order of issuing bank'와 같이 요구하게 되는데 이때 개설은행의 배서에 의하여 소유권이 이전된다.

◆ 선하증권 배서(endorsement)의 종류

- 정식배서(full endorsement) : 배서의 의무자는 선하증권의 양도인이며 양도인이 자신의 명칭뿐만 아니라 양수인의 명칭까지 증서의 이면에 기재하는 방식의 배서를 의미한다.

  (신용장 문구 예 : Endorsed in favour of HSBC BANK LTD.)
- 백지배서(blank endorsement) : 신용장에 'endorsed in blank' 또는 'blank endorsed'로 표시되어있는 경우에 환어음(Bill of Exchange), B/L 또는 보험서류에 피배서인을 지정함이 없이 양도인의 명칭만 표시하여 배서하는 방식이다. 백지배서인 경우 배서의 의무자는 최초의 양도인과 최종 양수인 두 사람으로 국한되며 중간단계에 있는 사람의 배서는 생략된다.

(3) 무고장선하증권(Clean B/L), 고장부선하증권(Foul or Dirty B/L)

무고장선하증권이란 화물이나 그 포장의 하자 상태를 명백히 나타내는 문언이 없는 선하증권을 말하며 무고장, 무사고, 무결한 선하증권 등으로 불린다.

선하증권은 선적한 화물 및 포장의 상태가 양호한가 아니면 결함이 있는가에 따라 Clean B/L과 Foul(Dirty) B/L로 구분된다. Clean B/L은 화물의 외관상 양호한 상태로 선적 또는 수취하였다는 것을 증명하는 선하증권으로써 아무런 결함의 표시가 없다는 것으로 일반적으로 선하증권 상에 "shipped on board(received) in apparent good order and condition"이라고 기재되어 있으며 Foul B/L은 운송회사가 화물을 인수할 당시 물품에 어떤 하자가 있거나 포장상태가 불량할 때 그 사실을 선하증권상에 기재한 선하증권이다.

선하증권에는 물품이나 포장 상 결함이 있다는 것을 명백히 표시하는 문구가 있어서는 안 된다.[7] 예를 들어 "packing is not sufficient for the sea journey(포장이 해상운항에 충분하지 않다)"라거나 이와 유사한 취지의 선하증권상의 문구는 포장 상 결함이 있다는 것을 명백히 표시하는 문구이다.[8] 이러한 문구가 있는 선하증권은 수리거절사유가 된다.

신용장결제방식에서 고장부 선하증권(Foul B/L)은 신용장에서 수리를 허용하지 않는 한 거절된다. 그러므로 수출업자는 선적 당시 화물에 대한 이상이 발견되면 즉시 이를 대체 또는 재포장하여야 하며, 선박이 곧 출항한다든지 선적기일이 임박하여 부득이 대체 또는 재포장이 곤란한 경우에는 운송회사에 파손화물보상장(L/I, Letter of Indemnity)을 제공하고 무고장선하증권을 교부받을 수 있다. 그러나 컨테이너에 실린 FCL 화물일 경우에는 운송회사가 "화물의 상태를 알지 못한다(Shipper's Load, Count and Sealing)"라는 부지조항(不知條項)이 명시된 선하증권(Unknown Clause B/L)은 은행이 수리한다.

Clean B/L	Foul B/L
A Bill of Lading is not to include a clause or clauses that expressly declare a defective condition of the goods or their packaging.[9]	Clauses or notations on Bill of Lading which expressly declare a defective condition of the goods or packaging.

7) ISBP E20
8) ISBP E20 a.
9) ISBP E20
10) ISBP E21

Clean B/L	Foul B/L
It is not necessary for the word "clean" to appear on a bill of lading even when the credit required a bill of lading to be marked "clean on board" or "clean"[10]	만약에 신용장이 Clean B/L을 요구하는 경우, 선하증권상에 제품이나 포장상의 결함의 문구가 있다면 서류상의 하자가 된다.
선하증권 상에 제품이나 포장상의 결함 표시가 없다면 Clean B/L이라고 한다.	선하증권 상에 제품이나 포장상의 결함 표시가 있는 선하증권을 의미한다.

※ Foul B/L의 구체적인 문구 예[11]

- Contents leaking(내용물 누출)
- Packaging soiled by contents(포장이 내용물에 의해서 오염)
- Packaging broken/holed/torn/damaged(포장손상)
- Packaging contaminated(포장오염)
- Goods damaged/scratched(상품손상/긁힘)
- Goods chafed/torn/deformed(상품찰상/찢김/변형)
- Packaging badly dented(포장이 충격을 받아서 움푹 들어감)
- Packaging damaged-contents exposed(포장손상, 내용물 노출)
- Insufficient Packaging(불충분한 포장)

(4) Master B/L과 House B/L

선박회사가 forwarder의 혼재 화물에 대해 포워더에게 1건으로 발행하는 선하증권을 Master B/L이라고 하며 포워더가 L.C.L 화물 건건이 L.C.L 화물의 화주에게 개별적으로 발행하는 B/L을 House B/L이라고 한다.

(5) Line B/L과 Forwarder's B/L

Line B/L은 선박을 소유한 선박회사가 발행한 B/L(B/L 예시 3, 4)이고 Forwarder's B/L은 운송주선인이 발행한 B/L이다.

(6) F.C.L Cargo B/L과 L.C.L Cargo B/L

F.C.L B/L은 컨테이너에 화주 자신의 화물만 선적하여 발행된 B/L이며, 이때 운송회사는 화물의 stuffing 작업을 확인하지 않으므로 차후의 문제에 대비하여 부지조항(unknown clause)[12]을 B/L상에 삽입하게 된다.

---

11) 대한상공회의소, UCP600(제6차 개정 신용장통일규칙 공식번역 및 해설서), 2007, p.199.

L.C.L B/L은 여러 화주의 화물과 혼재(consolidation)하게 되므로 선하증권상의 물품의 수취 장소가 CFS가 된다.

여기에서 F.C.L B/L, L.C.L B/L은 선하증권의 종류가 아니다. 독자의 이해를 돕기 위하여 선하증권이 FCL 화물을 선적했는지, LCL 화물을 선적했는지를 이해할 수 있도록 구분한 것이다.

(7) 복합운송 선하증권

복합운송 선하증권이란 수출국의 화물인수 장소로부터 수입국의 인도 장소까지 해상·육상·항공 중 적어도 두 가지 이상의 운송수단을 이용하여 운송되는 경우에 발행하는 운송증권으로써 복합운송인이 발행한다. 영문명칭은 Multimodal Transport Bill of Lading 혹은 Combined Transport Bill of Lading이라 칭하며 약칭하며 M/T B/L, C/T B/L이라고 칭한다.

(8) Surrendered B/L

Surrender란 어떤 권리를 '포기하다'의 의미를 지니고 있다. 송화인인 수출상이 운송회사를 통해서 물품을 선적하였다면 운송회사로부터 선하증권 원본을 받을 권리를 가지게 되는데 Surrender란 이 권리를 포기한다는 의미이다. 그러므로 송화인이 운송인에게 Surrender의 의사를 표시하면 운송인(carrier)은 선하증권 원본을 발급하지 않고, 선하증권 사본에 「SURRENDERED」라고 기재하고 이것을 이메일 혹은 팩스 등으로 송하인에게 전달한다. 이것을 SURRENDERED B/L이라고 한다. SURRENDERED B/L이 발급되었다는 의미는 선하증권 원본이 발급되지 않았다는 의미이다.

수출지와 수입지가 근거리인 경우, 수입상이 원본 선하증권 없이도 물품을 조속하게 찾기 위해서 수입상이 수출상에게 요구하면 수출상은 운송인에게 요구하고 운송인이 SURRENDERED B/L을 발급하여 수출상에게 전달한다. 수출상은 이것을 이메일 혹은 팩스 등으로 수입상에게 인도하고 수입상은 이것으로 수입지의 운송회사에 제출한 후 D/O(Delivery Order)를 발급받아 수입통관을 하게 된다.

SURRENDERED B/L은 신용장 결제방식에서는 발생하지 않고 주로 무신용장결제 방식에서 사용한다.

---

12) 부지조항(unknown clause)이란 운송회사가 향후 자신의 면책을 위하여 B/L상에 'Shipper's load, count & sealing'이라는 문언을 삽입하여 둔다. 이것의 의미는 '선적인인 수출상이 물품을 실었고 수량을 세었고 봉인하였다'라는 뜻이다.

■ B/L FORM

<table>
<tr><td colspan="3" rowspan="2">①Consignor/Shipper</td><td>운송인
로고</td><td colspan="2">FBL Negotiable KIFFA
MULTIMODAL TRANSPORT
BILL OF LADING</td></tr>
<tr><td colspan="3">B/L NO.SSAX 9AL0159</td></tr>
<tr><td colspan="3">②Consignee</td><td colspan="3" rowspan="4">Reg No.64
③ SEA ROAD
TRANS CORPORATION
SEOUL KOREA

For delivery of goods please apply to :</td></tr>
<tr><td colspan="3">④Notify Party</td></tr>
<tr><td>Pre-carriage by</td><td colspan="2">⑤Place of Receipt</td></tr>
<tr><td colspan="3">⑥Vessel/Voyage No.</td></tr>
<tr><td>⑦Port of Loading</td><td colspan="2">⑧Port of Discharge</td><td colspan="2">⑨Place of Delivery</td><td>⑩Final Destination</td></tr>
<tr><td colspan="6">PARTICULARS FURNISHED BY CONSIGNOR/SHIPPER</td></tr>
<tr><td colspan="6">Container no. & Seal No. Marks and No. | No. & Kinds of Containers or Pkgs | Description of Goods | Gross Weight | Measurement</td></tr>
<tr><td colspan="6">⑪SAID TO CONTAIN :

⑫ ON BOARD DATE :

ORIGINAL</td></tr>
<tr><td colspan="5">Total Number of Containers
or Packages(in words)</td><td>Freight Payable at
SEOUL, KOREA</td></tr>
<tr><td>Freight & Charges
AS ATTACHED</td><td>Prepaid</td><td>Collect</td><td colspan="3">Received by the carrier, the goods specified herein in apparent good order and condition unless otherwise stated, to be transported to such place as agreed, authorized or --------</td></tr>
<tr><td>⑬Place and Date of Issue</td><td colspan="2">No. of original
B/L THREE(3)</td><td colspan="3" rowspan="2">⑭Signature
SEA ROAD TRANS CORPORATION
AS A CARRIER</td></tr>
<tr><td></td><td colspan="2"></td></tr>
</table>

■ B/L FORM

① Consignor/Shipper
물품의 송하인/선적인을 의미한다. 여기에는 수출상의 명칭과 주소를 기재한다. 신용장 결제방식인 경우에는 beneficiary name and address를 기재하면 된다.

② Consignee
물품의 수하인을 의미한다. 무신용장 방식의 경우에는 수입상 혹은 수입상이 요청하는 특정인을 기재하고 신용장 결제방식인 경우에는 made out 다음에 명시된 자를 기재한다.

③ 운송인(Carrier)
이곳은 운송인의 명칭이 기재된다. 선박회사가 발행하면 선박회사의 명칭이 운송주선인이 발행하면 운송주선인(forwarder)의 명칭이 기재된다.

④ Notify Party
도착통지처를 의미한다. 물품이 수입국에 도착하면 운송사가 도착통지를 하게 되는데 그 당사자의 명칭과 주소가 기재된다.

⑤ Place of Receipt
운송인이 송하인으로부터 물품을 수취한 장소를 기재한다. FCL 화물은 ×× CY라고 기재되며 LCL 화물은 ×× CFS라고 기재된다.

⑥ Vessel/Voyage no.
선명/항해번호가 기재된다. 선박회사 명칭이 기재되는 것으로 오인할 수 있으나 선박회사 명칭을 기재하지 않고 선명(항해번호)을 기재한다.

⑦ Port of Loading　　수출국의 선적항이 기재된다.

⑧ Port of Discharge　　수입국의 목적항이 기재된다.

⑨ Place of Delivery
물품의 인도장소가 기재된다. 이 장소가 운송회사의 책임구간이다.

⑩ Final Destination
물품의 최종목적지가 기재된다. 이 장소는 운송회사의 책임구간이 아니다. 운송회사의 책임과 상관없이 수입상이 요청 및 신용장의 지시에 따라서 명시할 뿐이다.

⑪ Said to contain(송하인이 신고하기를)
수출상이 운송인에게 상품의 명세를 신고한 대로 운송인은 상품 명세를 기재한다.

⑫ On Board Date
본선적재일을 기재하며 본선적재일을 선적일로 간주한다. 선하증권 발행일과 상관없이 실제로 본선에 적재한 날짜를 기재한다. 선하증권 발행일과 동일한 날짜일 수도 있고 다른 날짜일 수도 있다.

⑬ Place of Date of Issue　　선하증권의 발행일을 기재한다.

⑭ Signature　　운송인의 명칭과 서명이 기재된다.

■ B/L 예시 (1)

FORWARDER'S B/L, STRAIGHT B/L, L.C.L Cargo, RECEIVED B/L

<table>
<tr><td colspan="3">Consignor/Shipper ①
ICOM CO., LTD.</td><td colspan="3">KIFFA
FBL Negotiable KIFFA
MULTIMODAL TRANSPORT
BILL OF LADING
B/L NO.SSAX 9AL0159</td></tr>
<tr><td colspan="3">Consignee
②KALMAX GRAMENTS FTY. LTD.</td><td colspan="3" rowspan="4">Reg No.64
SEA ROAD
TRANS CORPORATION
SEOUL KOREA

⑥ For delivery of goods please apply to :</td></tr>
<tr><td colspan="3">Notify Party</td></tr>
<tr><td>Pre-carriage by</td><td colspan="2">Place of Receipt
③BUSAN CFS, KOREA</td></tr>
<tr><td colspan="3">Vessel/Voyage No. SUB</td></tr>
<tr><td>Port of Loading
BUSAN, KOREA</td><td colspan="2">Port of Discharge
HONG KONG</td><td colspan="2">Place of Delivery
HONG KONG</td><td>Final Destination</td></tr>
<tr><td colspan="6">PARTICULARS FURNISHED BY CONSIGNOR/SHIPPER</td></tr>
<tr><td colspan="6">Container no. & Seal No. Marks and No. 1.270CBM | No. & Kinds of Containers or Pkgs | Description of Goods | Gross Weight | Measurement 443.000KGS</td></tr>
<tr><td colspan="6">PART OF 40HC × 1
(6CTNS)

SAID TO CONTAIN:
5000 MTRS OF ART 1001
65PERCENT POLYESTER 35 PERCENT COTTON
SAY : PART OF ONE (40HC × 1) CONTAINERS ONLY

④RECEIVED DATE : APR. 21, 2014

ORIGINAL</td></tr>
<tr><td colspan="5">Total Number of Containers
or Packages(in words)</td><td>Freight Payable at
SEOUL, KOREA</td></tr>
<tr><td>Freight & Charges
AS ATTACHED</td><td>Prepaid</td><td>Collect</td><td colspan="3">⑤ Received by the carrier, the goods specified herein in apparent good order and condition unless otherwise stated, to be transported to such place as agreed, authorized or --------</td></tr>
<tr><td>Place and Date of Issue
SEOUL, KOREA
APR. 21, 2014</td><td colspan="2">No. of original
B/L THREE(3)</td><td colspan="3" rowspan="2">Signature
SEA ROAD TRANS CORPORATION
AS A CARRIER</td></tr>
<tr><td></td><td colspan="2"></td></tr>
</table>

Authorized by KIFFA 1997(210 X 297mm)

■ B/L 예시 (1)

① Forwarder's B/L이다.
배를 소유하고 있지 않은 운송주선업자(forwarder)가 발행한 Forwarder's B/L이다. B/L상단의 KIFFA[13]는 FIATA에 정식가입하고 있는 우리나라의 forwarding 업체들의 협회이다. 우리나라는 한국국제물류협회(KIFFA)로 1979년에 FIATA[14]의 정회원으로 가입하였다. 또 다른 포워더의 협회로는 통합물류협회가 있는데 이 협회의 회원사인 경우에는 KIFFA 로고를 사용하지 않고 자기 회사의 로고를 사용한다.

② Straight B/L이다.
선하증권의 수하인 표시방법에는 특정인을 기재하는 기명식(straight)과 order라고 기재되는 지시식(order) 두 가지가 있는데 본 선하증권은 기명식(straight) 선하증권이다.

③ L.C.L Cargo이다.
L.C.L이란 컨테이너 한대분이 안되어 다른 cargo와 혼재하여 선적될 화물을 말하며 B/L상에 물품의 수취장소가 부산 CFS이므로 L.C.L 화물임을 알 수 있다. LCL cargo는 운송회사가 CFS(Container Freight Station)에서 하주로부터 물품을 수취한 후 목적지가 동일한 다른 수출상의 화물과 함께 혼재(consolidation)하여 선적한다.

④ 본 선하증권은 Received B/L(수취선하증권)이다. 운송사가 수취선하증권 양식(Received B/L Form)에 단순히 물품을 수취한 후 발행한 수취선하증권이다. 만약에 이러한 선하증권 양식에 "Laden on Board : 몇 월, 몇 일"과 같이 본선적재부기가 되어있다면 On Board B/L(본선적재선하증권)이라고 한다.

⑤ "Received by the carrier"로 시작하는 선하증권은 수취선하증권 양식으로서 운송주선업자인 forwarder가 사용하는 서식이다. 이 전문으로 이 선하증권은 운송주선업자(forwarder)가 발행한 Forwarder's B/L이다.

⑥ For delivery of goods please apply to : 여기에는 선하증권을 발행한 운송인의 수입국 파트너 명이 기재된다. 수입업자는 이곳으로 가서 선하증권을 원본 1부를 제시하고 D/O(Delivery Order : 화물인도지시서)를 받아 물품을 통관한다.

---

13) KIFFA는 "Korea International Freight Forwarder's Association"이며 한국국제물류협회이다.
14) FIATA는 불어로 "Federation Internationale des Associations de Transitaires et Assimiles"의 약어이며 영문으로는 "International Federation of Freight Forwarders Associations"이다.

■ B/L 예시 (2)

FORWARDER'S B/L, ORDER B/L, L.C.L Cargo, ON BOARD B/L

Consignor/Shipper ① ICOM CO., LTD.	KIFFA	FBL *Negotiable KIFFA* MULTIMODAL TRANSPORT **BILL OF LADING**
	B/L NO.SSAX 9AL0159	

Consignee ②<u>TO ORDER</u>	Reg No.64 *SEA ROAD* TRANS CORPORATION SEOUL KOREA
Notify Party	For delivery of goods please apply to :

Pre-carriage by	Place of Receipt ③<u>BUSAN CFS, KOREA</u>
Vessel/Voyage No. GLORIA 007V	

Port of Loading BUSAN, KOREA	Port of Discharge HONG KONG	Place of Delivery HONG KONG	Final Destination

PARTICULARS FURNISHED BY CONSIGNOR/SHIPPER

Container no. & Seal No. Marks and No.	No. & Kinds of Containers or Pkgs	Description of Goods	Gross Weight	Measurement
1.270CBM				443.000KGS
PART OF 40HC × 1 (6CTNS)		SAID TO CONTAIN: 5000 MTRS OF ART 1001 65PERCENT POLYESTER 35 PERCENT COTTON SAY : PART OF ONE (40HC × 1)CONTAINERS ONLY ④<u>LADEN ON BOARD : OCT. 18, 2014</u>		

ORIGINAL

Total Number of Containers or Packages(in words)	Freight Payable at SEOUL, KOREA

Freight & Charges AS ATTACHED	Prepaid	Collect	**Received by the carrier**, the goods specified herein in apparent good order and condition unless otherwise stated, to be transported to such place as agreed, authorized or --------

Place and Date of Issue SEOUL, KOREA OCT. 20, 2014	No. of original B/L THREE(3)	Signature SEA ROAD TRANS CORPORATION AS A CARRIER

Authorized by KIFFA 1997(210 X 297mm)

■ B/L 예시 (2)

① Forwarder's B/L이다.

배를 소유하고 있지 않은 운송주선업자(forwarder)가 발행한 B/L이다.

② Order(지시식) B/L이다.

Consignee가 TO ORDER로 명시되어 있으므로 ORDER B/L이다. ORDER B/L의 경우 두 가지가 있다.

(1) TO ORDER : 단순지시식

(2) TO THE ORDER OF ×× BANK : 기명지시식

본 선하증권은 단순지시식이다. 단순지시식은 소지인식이라고도 하며 선하증권의 소지자가 권리를 행사할 수 있다.

③ L.C.L Cargo이다.

물품의 수취장소(place of receipt)가 BUSAN CFS, KOREA로 기재되어 있으므로 L.C.L Cargo를 선적한 선하증권임을 알 수 있다.

④ On Board B/L이다.

Received B/L양식에 본선적재부기(on board notation)가 있으므로 On Board B/L(본선적재선하증권)이라고 한다. On Board B/L의 경우, 발행일과 본선적재부기일이 별로도 표기되어 있는 경우 본선적재부기일(on board date)을 선적일로 간주한다.

■ B/L 예시 (3)

LINE B/L, ORDER B/L, F.C.L Cargo, SHIPPED B/L

<table>
<tr><td colspan="2">Consignor/Shipper
ICOM CO., LTD.</td><td colspan="2" rowspan="5">BILL OF LADING

B/L NO.
HASCLPUS1770010050
①(회사 LOGO)
HEUNG A SHIPPING CO.,LTD
④Shipped on board the vessel named herein apparent good order and condition unless otherwise indicated herein, the goods, or package(s) said to contain the Goods, to be carried subject to all the terms and conditions herein.
(TERMS OF BILL OF LADING CONTINUED ON BACK HEREOF)</td></tr>
<tr><td colspan="2">Consignee
②TO THE ORDER OF UBAF BANK HONG KONG</td></tr>
<tr><td colspan="2">Notify Party</td></tr>
<tr><td>Pre-carriage by</td><td>Place of Receipt
③BUSAN, CY</td></tr>
<tr><td colspan="2">Vessel/Voyage No.</td></tr>
<tr><td>Port of Loading
BUSAN, KOREA</td><td>Port of Discharge
HONG KONG</td><td>Place of Delivery
HONG KONG</td><td>Final Destination</td></tr>
</table>

PARTICULARS FURNISHED BY CONSIGNOR/SHIPPER

Container no.	Seal no.	No. of Package	Kinds packages description of goods	Gross weight	measurement
HASU 8600565	128679	1 x 20'	③SHIPPER'S LOAD, COUNT & SEAL SAID TO CONTAIN: 2,000 ROLLS of POLY FILM **ORIGINAL**	13,500 KGS	24.000CBM

Freight and charges	Revenue tons	Rate	Per	Prepaid	Collect
	***	FREIGHT PREPAID		***	

<table>
<tr><td>Ex Rate</td><td>Prepaid at
SEOUL, KOREA</td><td>Payable at</td><td>Place and date of issue
SEOUL, KOREA May 09, 2020</td></tr>
<tr><td></td><td>Total prepaid</td><td>No. of original B/L</td><td rowspan="2">SIGNATURE

B Y

HEUNG A SHIPPING CO.,LTD</td></tr>
<tr><td colspan="3">⑤LADEN ON BOARD THE VESSEL</td></tr>
</table>

■ B/L 예시 (3)

① LINE B/L이다.

운송주선인이 아닌 선박회사에서 발행한 B/L이다. FIFFA Logo가 찍혀 있지 않으면서 "For delivery of goods please apply to" 혹은 이와 유사한 agent name의 표시가 없으면 Liner가 발행한 Liner B/L이다.

② Consignee가 "TO THE ORDER OF UBAF BANK HONG KONG"으로 명시되어 있으므로 ORDER B/L이며 기명지시식 선하증권이다.

③ 본 선하증권은 FCL Cargo를 선적하였다. FCL의 경우에는 화주의 공장이나 창고로 컨테이너를 직접 불러(door)와 화주가 물품을 컨테이너에 채워 넣는 작업(stuffing)을 한다. 운송회사는 컨테이너를 화주가 요청하는 장소에 보내줄 뿐 물품을 컨테이너에 적입하는 작업에 참여하지 않고 화주의 책임하에 컨테이너에 화물을 적입(stuffing)하게 된다. 그러므로 운송회사는 자신의 면책을 위하여 B/L상에 "shipper's load, count & seal"이라는 문구를 삽입하게 되고 이것은 향후 운송회사의 면책을 위한 부지조항(unknown clause)이다. 즉, 물품은 수출상이 적입(stuffing)하였고, 계산(counting)하였고 컨테이너 봉인(sealing)을 하였으므로 우리는 그와 관련하여 화물의 내용에 대해서 알지 못한다는 의미이다.

이처럼 운송회사가 보내준 컨테이너에 화주가 화물을 직접 stuffing하고 컨테이너 기사는 그 화물을 컨테이너 야드(CY; Container Yard)로 이동하여 운송인에게 인도한다. 그래서 FCL Cargo를 선적한 선하증권은 place of receipt에 CY라고 기재한다.

④ 오른쪽 위의 HEUNG A SHIPPING CO., LTD. 아래를 보면 선하증권의 전문이 "Shipped on board the vessel---"로 시작됨을 알 수 있다. 이러한 문구로 시작되는 선하증권을 선적선하증권(Shipped B/L)이라고 한다. 선적선하증권은 ⑤처럼 별도의 본선적재부기가 없더라도 발급일을 선적일로 간주한다. 전술한 예시2)는 On board B/L(본선적재선하증권)인데 이러한 On board B/L(본선적재선하증권)도 Shipped B/L(선적선하증권)로 취급하며 이 두 가지 선하증권의 법적인 효력은 동일하다.

| 표 10-4 | 해상운송 관련 서식

서식종류	주요내용
Shipping Request(S/R)	하주가 선적할 화물의 내역을 작성하여 운송인에게 선적 주문을 하는 선복요청서이다.
Check B/L	Check B/L은 선하증권 원본(Original)을 발행하기 전에 운송회사가 화주에게 확인하게 하려고 발행하는 일종의 확인용 예비 선하증권 정도로 이해하면 된다. Check B/L을 확인해 준 화주는 차후 선하증권이 Check B/L과 동일하게 발행되었다면 운송사에 선하증권이 잘못 발행되었다는 항변을 할 수 없다. ※ 선하증권 원본을 현업에서 OBL이라고 한다. Original B/L이라는 의미이다.
Non Negotiable Copy (N/N B/L)	현업에서는 N/N B/L이라고도 한다. 선하증권의 사본을 의미한다. 선하증권 사본이란 원본발행자가 발행하였으나 원본의 효력이 없는 것을 말한다. 이것은 물품을 찾을 수도 없고, 양도성도 인정되지 않으며 운송회사와 화주가 운송계약을 했다는 증빙으로 수출상이 보관하는 것이다.
Surrendered B/L	Surrendered B/L은 COPY라고 명시되며 이것은 선하증권 원본이 아니며 수하인으로 기재된 자 이외에는 누구도 물품을 찾을 수 없고, 양도성도 인정되지 않는다.
Forwarder's Cargo Receipt (FCR)	FCR이라고 약칭하여 부르며 이것은 마치 수취선하증권처럼 보이나 선하증권이 아니며 Forwarder가 하주로부터 화물을 단순히 수취했다는 증거서류일 뿐이다. 이것은 주로 Buyer's consolidation 화물에서 주로 발행되는데 한 사람의 buyer가 여러 하주의 물품을 하나의 컨테이너에 혼재(consolidation)하여 수입하고자 할 때 개별 하주의 신용장 네고(nego) 편의를 위해서 물품을 포워더에게 전달하자마자 포워더가 개별 하주에게 발행해 주도록 하고 이것으로 신용장 네고를 허용하는 경우에 주로 사용된다. FCR은 단순히 하주의 편의를 위하여 발행해 주는 것일 뿐 물품을 찾을 수 없으므로 포워더는 여러 하주로부터 화물을 모두 수취한 후 하나의 선하증권을 발행하여 수입상에게 보내주고 수입상은 선하증권 원본으로 수입통관을 이행하게 된다.

Shipper		B/L No.

Consignee

CHEIL SHIPPING CO., LTD.

COMBINED TRANSPORT
BILL OF LADING

Notify Party

Received by the Carrier from the shipper in apparent good order and condition unless otherwise indicated herein, the Goods or the container(s) or package(s) said to contain the cargo herein mentioned, to be carried subject to all the terms and conditions provided for on the face and back of this Bill of Lading by the vessel named herein or any substitute at the Carrier's option and/or other means of transport, from the place of receipt or the port of loading to the port of discharge or the place of delivery shown herein and there to be delivered unto order or assigns.

If required by the Carrier this Bill of Lading duly endorsed must be surrendered in exchange for the Goods or delivery order.

In accepting this Bill of Lading, the Merchants agrees to be bound by all the stipulations, exceptions, terms and conditions on the face and back hereof, whether written, typed, stamped or printed, as fully as if signed by the Merchant, and local custom or privilege to the contrary notwithstanding, and agrees that all agreements or freight engagements for and in connection with the carriage of the Goods are superseded by this Bill of Lading.

In witness whereof, the number of original bill of lading stated herein all of this tenor and date, has been signed, one of which being accomplished, the others to stand void.

Pre-carrage by	Place of Receipt
Ocean Vessel	Port of loading

Port of Discharge	Place of Delivery		Final destination	
Marks and Numbers	No. of pkgs or units	Kind of package description of goods	Gross weight	Measurement
		NON NEGOTIABLE COPY		
Total number of packages or units				
Freight and charges	Revenue tons	Rate Per	Prepaid	Collect
Freight payable at	Number of Original B(s)/L	Place and Date of Issue		

For delivery of goods please apply to;	CHEIL SHIPPING CO., LTD As a Carrier G. D. HONG

SURRENDERED B/L

Consignor/Shipper FUJI TECH CO., LTD OSAKA 550-0007 JAPAN		B/L NO. NNROSA38972 MULTIMODAL TRANSPORT BILL OF LADING FIRST ORIGINAL NNR NNR GLOBAL LOGISTICS JAPAN A DIVISION OF Nishi Nippon Railroad Co., Ltd.	
Consignee ICOM CO., LTD. SEOCHO DONG SEOCHO-GU SEOUL KOREA			
Notify Party SAME AS ABOVE			
Pre-carriage by	Place of Receipt OSAKA CFS	Received by the Carrier from the Shipper in apparent good order and condition unless the Goods, to be carried subject to all the terms and conditions herein.	
Vessel/Voyage No. PANSTAR DREAM 700V			
Port of Loading OSAKA, JAPAN	Port of Discharge BUSAN, KOREA	Place of Delivery BUSAN CFS	Final Destination

PARTICULARS FURNISHED BY CONSIGNOR/SHIPPER

Container no.	No. of Package	Kinds packages description of goods	Gross weight	measurement
ICOM CO. BUSAN PORT KOREA C/NO. 1-4 MADE IN JAPAN	4 CTNS	MICROPROCESS DEVELOPMENT SYSTEM **SURRENDERED** 2008. 11. 04 FREIGHT PREPAID INVOICE NO.139760-5153 SAY : FOUR(4) CARTONS ONLY	KGS 100.0	CBM 4.000 COPY

Freight and charges	Revenue tons	Rate	Per	Prepaid	Collect
	*** *FREIGHT AS ARRANGED* ***				

Ex Rate	Prepaid at OSAKA, JAPAN	Payable at	Place and date of issue OSAKA, JAPAN November/04/2008
	Total prepaid	No. of original B/L	As carrier Nishi Nippon Railroad Co., Ltd. OSAKA JAPAN
Laden on Board the Vessel Nov/04, 2008 Vessel PANSTAR DREAM 700V Port of Loading OSAKA, JAPAN			

 컨테이너

1) 규격

컨테이너는 길이를 기준으로 하여 20Feet(TEU), 40Feet(FEU), 45Feet(High Cubic) 3가지로 구분한다.

2) 컨테이너 외장크기

규격(feet)	길이	폭	높이	CBM
20'	6.1	2.4	2.6	
40'	12.2	2.4	2.6	
20'/40' HC	6.1/12.2	2.4	2.9	
점보(45')	13.7	2.4	2.9	

3) 컨테이너 내장크기

규격(feet)	길이	폭	높이	CBM
20'	5.89	2.34	2.38	32.80
40'	12	2.34	2.38	66.83
20'	최대 : 32.8CBM / 평균적재부피 : 25~28CBM			
40'	최대 : 66.83CBM / 평균적재부피 : 55~57CBM			

물로 채운다면 20피트는 32.80CBM, 40피트는 66.83CBM이 실리겠지만 화물은 그렇게 실리지 못한다. 그 이유는 dead space가 발생하기 때문이다. Dead space란 제품 상자와 상자 사이에 생기는 빈 곳이다. 한 회사의 동일한 크기의 제품을 선적해도 dead space가 발생하는데 만약 서로 다른 화물을 선적하는 LCL의 경우라면 FCL보다 더 많은 dead space가 발생할 것이다.

4) 컨테이너 중량

(철재 드라이 컨테이너 기준, 단위 : ton)

규격	공 컨테이너 중량	최대적재중량(ISO 기준)	실제 최대중량(국내)
20'	2.08~2.2	20.32	17.5
40'	3.88~4.05	30.48	20

5) 컨테이너 종류

- Dry Cargo Container
- Refrigerated Container
- Tank Container
- Open Top Container
- Flat Rack Container
- Live Stock Container

6) 컨테이너 터미널의 구조

GATE　　　Container Freight Station(CFS)	Freight Station Area
Container Yard(CY) □□□□□□□□□□□　□□□□□□□□□□□ □□□□□□□□□□□　□□□□□□□□□□□ □□□□□□□□□□□　□□□□□□□□□□□	Storage Yard
방금 하역했거나 적재할 컨테이너를 정렬해 두는 장소 Straddle Carrier	Marshalling Yard
Gantry Crane	Apron(30-50M)
Container ship	Pier Berth(船席)

* 컨테이너선의 Berth(船席) : 정박지

부산항의 컨테이너 터미널(BCTOC)[15]안에 있는 5, 6부두의 C.Y는 ON-DOCK CY 혹은 Terminal CY라 부르고 수영이나 감만 등지와 같이 부두 밖에 설치된 CY는 OFF-DOCK CY라 부른다.

15) BCTOC : Busan Container Operation Corporation(부산항 컨테이너 부두운영공사)

7) 컨테이너 화물의 운송형태

(1) CY/CY(FCL/FCL) 운송(Door to Door, FCL/FCL 운송)

이 방식은 컨테이너의 장점을 최대한 이용한 운송방법이다. 수출업자의 공장 또는 창고에서부터 수입업자의 창고까지 컨테이너에 의한 일관 운송형태로 운송되며, 운송 도중 컨테이너의 개폐 없이 운송된다.

(2) CY/CFS(FCL/LCL) 운송(Door to Pier, FCL/LCL 운송)

이 방식은 선적항의 CY에서 목적 항의 CFS까지 컨테이너에 의해서 운송되는 방법으로서, 선적지에서 수출업자가 FCL 화물로 선적하고 목적지의 CFS에서 컨테이너를 개봉하여 화물을 분류하고 여러 수입업자에게 인도된다. 이 방법은 한 수출업자가 수입국의 여러 수입업자에게 일시에 화물을 운송하고자 할 때 많이 이용된다.

(3) CFS/CY(LCL/FCL) 운송(Pier to Door, LCL/FCL 운송)

이 방식은 운송인이 지정한 선적항의 CFS로부터 목적지의 CY까지 컨테이너에 의해 운송되는 형태로서 운송인이 여러 송하인(수출업자)들로부터 화물을 CFS에서 집화하여 목적지의 수입업자 창고 또는 공장까지 운송하는 것을 말한다. 이를 Buyer's consolidation이라고 한다.

(4) CFS/CFS(LCL/LCL) 운송(Pier to Pier, LCL/LCL 운송)

선적항의 CFS에서 목적 항의 CFS까지 컨테이너에 의해서 운송되는 LCL 화물의 가장 기본적인 운송방법이다. 여러 화주의 소량 컨테이너 화물(LCL)을 CFS에서 혼재(consolidation)하여 선적하고 목적지의 CFS에서 컨테이너를 개봉하여 화물을 분류하여 여러 수입업자에게 인도된다. 이러한 혼재 업무를 Forwarder's consolidation이라 한다.

7 항공운송

1) 항공운송장

운송 관련 증빙서류로써 해상운송은 선하증권(Bill of Lading)이라고 하지만 항공운송은 항공운송장(Air Waybill)이라고 한다. 해상운송 선하증권(Bill of Lading)의 원본은 모두 3통이 발행되며 'Original', 'Duplicate', 'Triplicate'라고 칭한다. 반면에 항공운송장은 'Original-1', 'Original-2', 'Original-3'라고 칭한다. 또한, 선하증권은 원본 3중 아무거나 한 통만 있어도 물품을 찾을 수 있으나 항공운송의 경우에는

'Original-2'로만 물품을 찾을 수 있다. 그러므로 진정한 원본은 'Original-2'를 의미한다.

선하증권의 원본이 'negotiable' 즉, 유통성이 있다면 항공운송장은 원본이라도 유통성이 없다. 항공운송장의 원본 위쪽을 보면 'not-negotiable'이라고 기재되어 있다. 운송 기간이 짧으므로 유통성을 인정하지 않고 있다.

항공화물은 해상운송보다 안전도와 신속성이 있고 운송과정에 화물에 대한 손상 발생 가능성이 작고 긴급을 필요로 하는 물품의 운송에 적합하다. 그러나 해상운송보다 훨씬 높은 운송료를 부담해야 하는 단점이 있다.

2) 항공화물대리점

복합운송주선업은 영업형태에 따라 항공화물 운송대리점(air cargo agent)과 항공운송주선업(air freight forwarder, consolidator)으로 구분할 수 있다.

(1) 항공화물 운송대리점

우리나라의 현형 법에서는 항공화물 운송대리점업을 별도로 규정하고 있지 않다. 정부는 1991년 12월 14일 업종일원화 조치로 항공업에서 항공운송주선업 및 항공화물 운송대리점업을 삭제하고 복합운송주선업을 새로 규정하여 단일 업종으로 통합하였다. 여기에서 구분하는 것은 업종구분을 한 것이 아니고 영업형태로 구분한 것이다.

항공화물 운송대리점의 주요역할은 항공사를 대신하여 세계 각국의 수출입화물의 항공수요를 개발하여 유치하고 운송계약을 체결하는 것이다.

(2) 항공운송주선업자

항공운송주선업자는 자체적으로 설정한 요율 및 운송약관을 적용하고 'House Air Waybill'을 발행하면서 개개의 송화인과 운송계약을 체결하고 운송책임을 부담하며, 화물을 집화하여 스스로가 송화인이 되어 항공회사에 운송을 위탁하는 역할을 한다.

┃표 10-5┃ 항공화물 운송대리점과 항공운송주선업자의 업무 비교[16)]

내용	항공화물 운송대리점	항공운송주선업자
자체 Tariff	없음(항공사 Tariff 사용)	있음
운송약관	없음(항공사 약관에 따름)	자체약관 사용
수화인	매 건당 consignee가 됨 (Master AWB)	Break Bulk Agent (Break Bulk 및 Reforwarding)
수익	판매운임 - 항공사 운임	- 항공운임 중량 체감에 의한 화주로부터의 수령금과 항공사 지급운임과의 차액 - 혼재에 의한 volume weight의 감소
AWB	One AWB (항공사의 Master AWB)	자체 House AWB 사용

┃표 10-6┃ 항공운송장(Air Waybill)

원본	주요 내용
Original(원본)	항공운송장은 원본이 모두 3통이다. 선하증권과 마찬가지로 운송사는 원본을 3통 발급하지만, 선하증권은 원본 3통의 효력이 동일한 반면 항공운송장은 3통의 기능 및 효력이 각각 다음과 같이 다르다.
Original-1 (for carrier)	운송회사 보관용이다. 항공운송회사가 발행하고 자신이 보관한다.
Original-2 (for consignee)	수하인용으로 항공기에 물품과 함께 수입지로 이동되어 운송회사의 파트너인 수입지 항공대리점이 보관한다. 결국, 물품을 수입통관 하기 위해서는 "Original-2(for consignee)"가 필요하므로 진정한 의미의 원본은 이것을 의미한다. 만약 신용장의 요구서류 중 "Full set of Air Waybill"이라고 명시되었더라도 "Original-3(for shipper)" 밖에 제시할 수 없다. 그러므로 항공운송을 요구하는 신용장을 개설하는 경우 개설은행은 신용장의 요구서류 조항에 "Full set of Air Waybill" 대신에 "Original-3(for shipper) of Air Waybill"이라고 명시해야 한다. 또한, 개설은행은 항공운송장 3sets를 제시하지 않았다는 서류상의 불일치를 주장해서는 안 된다.
Original-3 (for shipper)	송화인용으로 수출상이 네고용 혹은 운송증빙용으로 사용한다.

16) 무역운송, 한국무역협회, 2015, p.142.

①Shipper's Name Address	②Shipper's Account Number	③Not Negotiable ④**Air Waybill**
TOKYO ELECTRIC CO., LTD. TOKYO BLDG 1-7-8.SHIMIYA, SHIMIYA-KU TOKYO 320-2828, JAPAN		Issued by NISSIN CORPORATION TOKYO, JAPAN
⑤Consignee's Name and Address	⑥Consignee's Account Number	Copies 1.2 and 3 of this Air Waybill are originals and have the same Validity
INDUSTRIAL BANK OF KOREA		
⑦Issuing Carrier's Name and City NISSIN CORPORATION NO.5 SANBAN, SHIMIYA-KU, TOKYO 102-8435. JAPAN		⑧Accounting Information FREIGHT COLLECT ROUTING ORDER SHIPMENT
⑨Airport of Departure TOKYO		

⑩To SEL	By First NH		⑪Currency JPY		
Airport of Destination KIMPO AIRPORT	Requested Flight/Date NH-171-04		Amount of Insurance		

⑫Handling Information
NOTIFY:
ICOM CO., LTD. Room no.202 #1551-9, SOCHO DONG, SOCHO-KU, SEOUL KOREA

No.of Pieces	Gross Weight	Rate Class	Chargeable Weight	Rate/Charge	Total	Nature and Quantity of Goods (Dimensions or Volume)
4	⑬36.3K		⑭73.0	⑮160	11,680	P/O NO : 990430-02 ICX055BL-B CXD2400R ICX054RL-P L/C NO.M04T2905ES101 INV.NO.K-4636/2
MARKS: M04T2905ES101 J.E.B.I LIMPO AIRPORT MADE IN JAPAN C/NO.1-4		DIMS : 69 × 45 × 34 65 × 51 × 21 63 × 46 × 45 VOL : 72.7KGS				
4	36.3K				11,680	

Prepaid	Weight Charge	Collect	
			Other Charges
Valuation Charge			
Tax			
Total other Charges Due agent			Shipper certifies that the particulars on the face here of are correct And agrees THE CONDITIONS ON THE REVERSE HEREOF TOKYO ELECTRIC CO., LTD. Signature of Shipper or his agent
Total other Charges Due Carrier			
Total Prepaid	Total Collect		⑯NISSIN CORPORATION 03 JUN.99 TOKYO. JAPAN SHIMIZU
	11,680		
			⑰H.A.W.B.NO.: NUS-AR428373

⑱ORIGINAL-2(FOR CONSIGNEE)

■ Air Waybill(항공운송장) 해설

항 목	주요내용
Air Waybill	항공화물운송장은 발행하는 항공대리점마다 서식이 조금씩 다르다. 그러나 필수기재 사항은 동일하게 기재된다.
① Shipper's name	송화인의 성명, 주소, 도시, 국명이 기입되며 전화번호도 함께 기입해 두는 것이 좋다.
② Shipper's account	AWB를 발행하는 운송사의 임의로 사용된다.
③ Not negotiable	양도불능이라는 의미이다. 타인에게 양도할 수 없다.
④ Air Waybill	항공화물운송장의 정식명칭이다.
⑤ Consignee's name	수하인의 성명, 주소, 도시, 국명, 전화번호 등을 기입한다.
⑥ Account number	AWB를 발행하는 운송사의 임의로 사용된다.
⑦ Issuing carrier's	AWB 발행 항공대리점의 이름 및 도시명을 기재한다.
⑧ Accounting	특별히 회계처리에 관한 내용을 기재한다.
⑨ Airport of dep.	출항지 공항을 기재한다.
⑩ To	도착지 공항을 기재한다.
⑪ Currency	AWB 발행국 화폐단위 code를 기입하며 AWB에 나타난 모든 금액은 본란에 표시되는 화폐단위와 일치하는 것이어야 한다. (단, "Collect charges to destination currency"란에 표시되는 금액은 제외)
⑫ Handling info.	AWB의 다른 란에 표시할 수 없는 사항들을 나타내기 위해 사용된다.
⑬ Gross weight	실제 총중량이다.
⑭ Chargeable weight	실제 중량보다 많은 경우에는 운임에 적용되는 volume weight이다.(운임 = 73kg × 160엔 = 11,680엔)
⑮ Rate/Charge	KG당 160엔을 운임에 적용한다.
⑯ NISSIN CORP	항공운송장을 발행한 항공운송대리점이다.
⑰ H.A.W.B	House Air Waybill 번호이다.
⑱ Original-2	항공운송장의 용도를 표시한다. 이것은 수하인용 원본으로써 수입통관시 필요하다.

해상운송과 항공운송

1) 선하증권과 항공운송장

선하증권(Bill of Lading)	항공운송장(Air Waybill)
B/L(Bill of Lading) 원본(Original)은 모두 3통인데 이것을 FULL SET이라 하며 현업에서는 전통이라고 한다. 원본 3통 모두를 Original이라고 표기할 수도 있고 Original(제1원본), Duplicate (제2원본), Triplicate(제3원본) 등으로 표기할 수도 있는데 수입통관을 하는 데는 원본 3통 중 아무것으로나 한 통만 있으면 그것을 수입지의 운송인에게 제시한 후 D/O를 받아 물품을 찾을 수 있다. 결국, 원본 3통 모두는 용도가 같다.	AWB(Air Waybill)는 항공대리점이 모두 3통을 발급하는데 각각 용도가 서로 다르며 해상운송과는 큰 차이가 있다. Original은 모두 3통이며 Original-1(for carrier)은 발행인이 보관하고 Original-2(for consignee)는 물품과 함께 항공기에 실려 항공대리점의 수입지 파트너에게 인도되며 Original-3(for shipper)은 수출상에게 인도된다. 무신용장 결제방식에서는 이것을 수출상이 보관하고 신용장 결제방식에서는 신용장 네고(nego)를 하는 데 사용된다. 수입통관 시 물품을 찾는데 필요한 것은 Original-2이기 때문에 엄격한 의미에서 이것만을 Original이라고 하기도 한다.
명칭 : 해상선하증권	명칭 : 항공운송장
지시식 선하증권은 유가증권이며 유통성이 인정된다.	단순한 화물 운송 증거서류이며 비유통성으로 유가증권이 아니다. 항공운송장의 오른쪽 위를 보면 'Not Negotiable'이라고 기재되어 있는 것을 볼 수 있다. 이것은 양도할 수 없다는 의미이다.
수하인을 기명식 혹은 지시식으로 기재하며 지시식의 경우, 배서나 교부에 의해서 수하인의 권리가 양도 가능하나 기명식 선하증권은 선하증권의 배서나 교부에 의하여 권리의 양도가 불가능하므로 만약 권리의 양도를 희망하는 경우 양도인과 양수인이 계약을 체결하여 선하증권을 양도하여야 한다.	단순한 기명식으로 양도될 수 없으며 신용장 방식의 경우에는 통상 은행을 consignee로 명시하게 되며 이때 항공대리점은 은행의 수입항공화물 인도승낙서를 은행으로부터 수취한 후 수입상에게 Original-2 (for consignee)를 인도한다. 그 이유는 화물인도승낙서를 은행으로부터 받기 이전에는 물품의 소유권이 은행에 있기 때문이다. 은행이 consignee를 은행 자신으로 명기한 이유는 담보권 확보 자원이다.

2) 해상운임과 항공운임

(1) 해상운임

해상운임은 크게 FCL과 LCL로 구분하는데 FCL은 20피트, 40피트 컨테이너별로 그리고 지역별로 운임이 정해져 있지만, LCL은 CBM당 운임이 적용된다. FCL 운임이 LCL 운임보다 상대적으로 비싼 요율이 적용된다.

아래 FCL, LCL 해상운임은 특정 구간의 예이다.

■ 해상운임(기본운임+부대운임)

	O/F	BAF	THC	CFS	W/F	D/C	Total
20′FCL	1,550.00	77.00	86.90	0	4.67	7.82	1,726.39
LCL/CBM	99.00	0	0	8.52	0.16	7.82	115.50

- 20피트 컨테이너가 28CBM 가량 실을 수 있으므로 LCL 요율을 FCL로 환산하여 보면 28×115.50=US3,234.00이므로 LCL이 FCL에 비하여 2배 가까이 비싸다는 것을 알 수 있다. 그러나 항로에 따라 약간의 차이는 있다.
- O/F : Ocean Freight(해상운임)
  순수한 기본운임이다.
- BAF : Bunker Adjustment Factor(유류할증료)
- THC : Terminal Handling Charge(터미널화물처리비)
  화물이 CY에 입고된 순간부터 선측까지, 반대로 본선의 선측에서 CY의 게이트를 통과하기까지 화물의 이동에 따르는 비용을 말한다.
- CFS : Container Freight Station(CFS Charge)
  선사가 컨테이너 한 개의 분량이 못되는 소량화물을 운송하는 경우 선적지 및 도착지의 CFS에서 화물의 혼적 또는 분류작업을 하게 되는데 이 때 발생하는 비용을 CFS Charge라 한다.
- W/F : Wharfage(부두사용료)
- D/C : Document handling Charge(서류발급비)
  선사가 선하증권과 화물인도지시서(D/O)의 발급 시 소요되는 행정비용을 보전하기 위한 요금이다.
  −Freight Prepaid(선불 운임)
  −Freight Collect(후불 운임)
- 체화료(Demurrage) : 화주가 무료장치기간(free time)을 초과하여 컨테이너를

CY에서 반출해 자기 않을 경우 선사가 부과하는 비용

- 지체료(Detention Charge) : 화주가 컨테이너 또는 트레일러를 대여 받은 후 무료 사용기간(free time)내에 반환을 못할 경우 선사자 부과하는 비용

(2) 선내 하역비 부담에 따른 종류

① Berth Term(하역비 선주 부담조건) : 선적 및 하역비용을 선주(또는 선사)가 부담하는 조건

② FIO(Free In & Out)(하역비 선주 무관조건) : 선적 및 하역비용을 용선자가 부담하는 조건

③ FI(Free In) : 선적비는 용선자가, 하역비는 선주가 부담하는 조건

④ FO(Free Out) : 선적비는 선주가, 하역비는 용선자가 부담하는 조건

(3) 항공운임

항공운임은 크게 실제중량에 의한 방법(by actual weight)과 용적중량에 의한 방법이 있는데 대부분의 경우 용적중량(by volume weight)에 의하여 운임이 결정된다. 실 중량이 40kgs이라 하더라도 용적으로 환산한 중량이 80kgs라면 운임은 80kgs가 적용한다. 만약 쇠를 선적하였을 경우 용적은 작은데 무게가 많이 나가는 경우라면 실제중량이 적용될 것이고 솜처럼 무게는 적지만 용적이 크다면 이 경우는 용적중량이 적용된다.

필자가 현업에서 근무할 당시 운송사로부터 받은 특정지역의 항공요율인데 오래전의 요율표이므로 운임은 무시하고 연습용으로만 참고하기 바란다.

■ 항공운임

(단위 : 원/KG)

M(4KGS)	12,000
+45KGS	8,200
+100KGS	6,300
+300KGS	5,400
+500KGS	4,900
+1,000KGS	4,400

* M은 최소요율(minimum)을 의미하며 4kgs 미만은 4kgs 요금을 받는다.

* 중량이 많을수록 요율이 내려감을 알 수 있음.

 Tip • 해설

예를 들어 실제중량이 30kgs인 화물이 10boxes이고 이 화물 1box의 길이가 가로, 세로, 높이 각각 45cm × 45cm × 160cm이라면 실제중량은 300kgs (30kgs × 10boxes)이고 CBM은 3.24CBM [(0.45m × 0.45m × 1.6m) × 10boxes]이 된다. 이 화물의 항공운임을 실제중량대로 적용한다면 300kgs의 운임이 된다. 그러나 항공운송의 경우는 실 중량과 용적중량 중 큰 쪽을 적용하기 때문에 용적중량으로 환산하여 보아야 한다.

▶ 용적중량으로 환산하는 방법은 두 가지가 있다.
  ① CBM × 167kgs
    3.24CBM × 167kgs = 541.08kgs
  ② [Box의 가로 × 세로 × 높이(in cm)] ÷ 6,000
    [3,240,000(45 × 45 × 160) × 10boxes] ÷ 6,000 = 540kgs
▶ 항공화물의 용적중량 환산시 1 CBM을 기준으로 167kgs로 본다.
▶ 상기 두 가지 방법 모두 거의 같은 결과가 나왔다.
  결론적으로 실중량은 300kgs라 하더라도 항공운임은 541kgs가 적용된다.
▶ 항공운임은 1kg 단위로 적용한다.

Chapter 11

신용장 네고

 매입(nego)과 서류검토

1) 매입(nego)의 의미

매입이란 서류를 사는 행위이다. 매입은행이 수익자가 제시하는 선적서류를 사 주는 행위이다. 현업에서는 네고(nego)라고 하는데 이것은 negotiation의 약어이다. 수익자가 신용장이 요구하는 서류를 작성하여 지정은행에 제시하면 지정은행[1]이 그 서류를 할인가격으로 사는 행위를 말한다. 그리고 사 주는 은행을 매입은행(negotiating bank)이라고 한다. 네고를 매입이라고 하는 이유는 사는 행위를 하는 은행 입장에서 부르기 때문이다. 수익자는 팔지만, 은행이 그 서류를 사주기 때문이다.

매입할 때에는 이득이 있어야 한다. 수익자 측면에서의 이득이란 신용장 개설은행으로부터 신용장대금을 지급 받을 때까지 기다리지 않고 매입은행에 서류를 제시하는 즉시 대금을 선지급 받을 수 있다는 점이다. 매입은행의 측면에서는 환가료라는 이자수익이 있기 때문이다. 양 당사자의 이해관계가 맞아떨어져 매입이라는 행위가 일어나게 된다.

2) 서류작성

네고서류 작성 시 유의할 사항은 신용장을 철저히 검토하여 신용장 그 자체가 가장 먼저 해석된다는 사실이다. 서류작성은 신용장만을 기준으로 작성하여야 한다.

UCP 600의 14조 a항에서 "지정은행, 확인은행 및 개설은행은 서류가 문면상(on their face) 일치하는 제시(신용장의 제조건, UCP, ISBP의 적용 가능한 규정에 따른 제시)를 구성하는 일치성을 결정하기 위하여 서류만을 기초로 하여(on the basis

---

1) 자유매입신용장의 경우에는 매입하는 모든 은행이 지정은행이 될 수 있다.

of the documents alone) 심사하여야 한다."고 규정하고 있다. 그러므로 수출상은 서류 작성 시 신용장의 조건만을 기초로 하여 서류 자체의 자료 간의 상충, 기타 모든 서류 상호 간의 상충 또는 신용장의 제 조건과의 상충이 있는 서류를 작성하여서는 안 된다.

대금결제 방식 중 수출상·수입상 모두에게 가장 합리적인 결제방법이라고 하는 신용장 결제방식도 여러 가지 한계성으로 인하여 완벽한 대금결제 방식이 되지 못하기 때문에 수익자는 무엇보다도 먼저 서류는 완벽하게 작성해야 한다.

3) 국제표준은행관행(ISBP)

ISBP는 신용장통일규칙을 어떻게 실무에 적용하여야 하는지를 설명하는 것이다. UCP가 제정된 이후 국제상업회의소 은행위원회에는 많은 질문이 들어 왔고 이에 따른 'opinion'이 발표되고 수많은 교육사례가 발표됐다. 그러나 여전히 서류를 작성하고 심사하는데 기준이 되는 국제 표준은행관행이 어떤 것인가에 대한 의문이 남아 있었다. 이러한 이유로 ISBP가 제정되게 된 것이다. ISBP는 새로운 관행을 만들거나 UCP를 개정하는 것이 아니라 기존 관행의 의미와 이것을 실무에 어떻게 적용할 것이냐를 결정하는 것이다. 결국, ISBP는 신용장 서류 심사에 관한 지침서라고 볼 수 있다. 수익자는 UCP 600 및 ISBP 745를 잘 학습하여 일치하는 서류를 작성하려는 노력을 기울여야 한다.

4) 서류검토

매입은행이 서류 심사를 할 때는 둘 중 하나로 귀결된다. Clean nego 아니면 하자 nego 둘 중의 하나이다. 신용장 조건과 일치하는 서류를 작성하였다면 clean nego가 되겠지만 한 가지 서류라도 하자 사항이 발견된다면 하자네고를 해야 한다. 서류작성을 아무리 완벽하게 하여도 한 가지를 잘 지키지 못하면 nego 서류에 심각한 하자가 된다. 그것이 바로 선적기일(S/D, Shipping Date)이다. 선적기일을 지키지 못하여서 운송서류(transport document)가 선적기일 이후에 발행된다면 아무리 다른 서류를 완벽하게 작성하였다 하더라도 신용장의 조건과 불일치한 제시가 된다. 그러므로 수익자는 수입상과 매매계약 체결 시 지키지 못할 선적기일은 약속하지 않아야 한다.

5) 매입 시 유의사항

(1) 매입을 위하여 은행이 지정된 경우 네고는 기본적으로 지정된 은행에서 하

여야 하며 부득이 지정은행이 아닌 자사의 거래은행에서 매입할 경우, 재매입(re-nego) 절차를 이행하도록 하여야 한다.

(2) 서류 네고는 서류 제시를 위한 제한시간 이내 그리고 유효기일 이내에 제시되어야 하며 두 가지 기일을 동시에 충족시켜야 한다.

(3) 은행이 지정된 경우 지정은행이 아닌 수익자의 거래은행에 유효기일까지 서류를 제시하면 하자가 된다. 그러므로 수익자는 어떠한 경우라도 유효기일 이내에 지정은행으로 서류를 제시하여야 한다.

(4) 유효기일이 은행의 휴업일에 해당하면, 그다음 영업일까지 유효기일이 연장된다.[2)]

표 11-1 매입·지급의 의미 비교

구분	내 용
매입 (Negotiation)	매입이란 수출지의 지정은행이 수출자가 제시하는 서류를 최종지급인(drawee)으로부터 대금의 지급이 이루어지기 전에 할인가격(신용장 금액에서 이자, 수수료 등을 공제한 금액)으로 사는 행위를 말한다. 여기에서 할인가격으로 공제하는 금액을 환가료라고 한다. 원칙적으로 환어음을 사는데 일람지급어음과 연 지급어음 모두를 살 수 있다. 그러나 UCP12)에서는 환어음이 없이 서류만을 매입할 수도 있다고 규정하고 있다. 매입한 당사자는 최종지급이 이루어지지 않을 때는 그 어음의 발행인 또는 배서인들에게 미리 주었던 매입 대전을 돌려달라고 할 권리를 갖고 있는 데 이를 상환청구권(recourse right)이라고 한다.
지급 (Payment)	지급이란 대금을 주는 최종적인 행위이다. 신용장의 조건과 일치하는 서류를 제공해 주는 대가로 대금을 주는 행위가 지급이다. 지급은 개설은행 또는 개설은행이 신용장에서 권한(authorization)을 준 다른 은행 이 할 수도 있다. 지급을 이행한 은행은 그 대금을 다시 돌려 달라고 요구하는 상환청구권을 행사할 수 없다. 지급에는 일람지급과 연지급이 있는데 일람지급으로 사용이 가능한 신용장인 경우, 개설은행이나 지정은행은 서류의 제시가 있으면 즉시 지급하지만, 연지급이면 서류의 제시에 대하여 연지급 확약을 한 후 만기에 대금을 지급한다.

2) UCP 제29조 a

2 서 류

1) 서류의 종류

신용장 거래에서 "선적서류(shipping documents)"는 환어음, 전송보고서(teletransmission reports) 그리고 서류의 발송을 증빙하는 특송영수증(courier receipt), 우편영수증(postal receipt) 및 우편증명서(certificates of posting)를 제외한 신용장에서 요구하는 모든 서류를 의미한다.[3)]

신용장에서 "third party documents acceptable"이라 함은 환어음을 제외하고 신용장이나 UCP 600에서 발행인이 명기되지 않은 모든 서류는 수익자 이외의 기명된 자연인이나 실체에 의하여 발행될 수 있음을 의미한다. 만약 운송서류나 기타서류에 수익자가 아닌 '선적인'이 나타날 수 있다는 것이 개설은행의 의도하는 것이라면, 이는 이미 신용장통일규칙 14조 (k)항에서 허용되므로 이 문구는 필요 없다.[4)]

신용장 거래에서의 서류에는 기본서류(basic documents)와 기타서류(other documents)가 있고, 기본서류에는 운송 관련 서류, 보험서류(insurance documents) 그리고 상업송장이 있다. 기타서류는 기본서류를 제외한 모든 서류를 가리킨다.

■ 서류(documents)

◎ 선적서류(shipping documents)

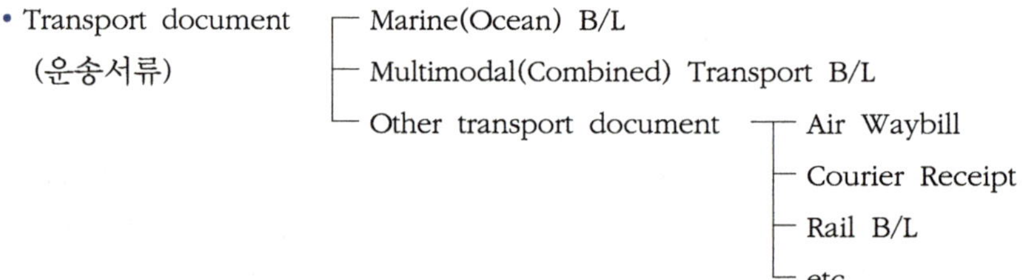

• Commercial Invoice
• Insurance document

3) ISBP A19 a. "shipping documents" - all documents required by the credit, except drafts, teletransmission reports and courier receipts, postal receipts or certificate of posting evidencing the sending of documents.

4) ISBP A19 c. "third party documents acceptable" - all documents for which the credit or UCP600 do not indicate an issuer, except drafts, may be issued by a named person or entity other than the beneficiary.

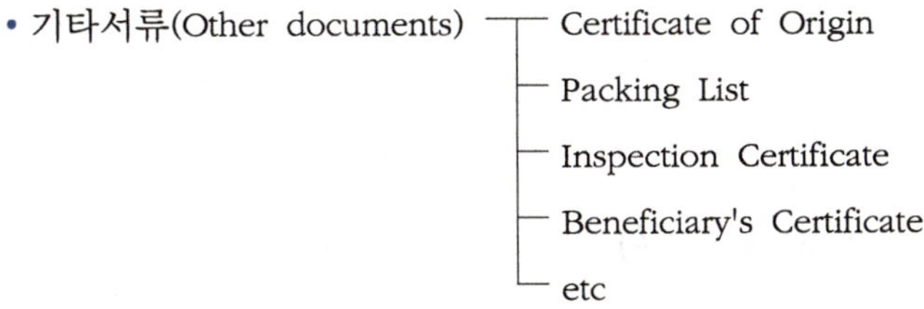

◎ **환어음**(Draft = Bill of Exchange)

2) 신용장의 준비서류 목록 예시

- SIGNED COMMERCIAL INVOICE IN TRIPLICATE
- SIGNED PACKING AND WEIGHT LIST IN TRIPLICATE
- FULL SET ORIGINAL CLEAN ON BOARD MARINE BILLS OF LADING MADE OUT TO ORDER, ENDORSED IN BLANK. MARKED FREIGHT PREPAID, NOTIFY APPLICANT WITH FULL ADDRESS AND MENTIONING THIS DC NO.(선하증권 원본 3부 - 전통)
- MARINE INSURANCE POLICY OR CERTIFICATE
- COPY OF APPLICANT FAX TO BENEFICIARY CERTIFYING THAT THE SHIPMENT SAMPLES HAVE BEEN APPROVED BEFORE SHIPMENT(개설의뢰인의 선적샘플의 승인에 관한 팩스 사본)
- COPY OF BENEFICIARY'S FAX SHIPMENT ADVICE TO APPLICANT
  (개설의뢰인에게 보낸 shipping advice의 수익자 팩스 사본)

SWIFT 신용장

HSBC BANK(통지은행의 통지문)

6th Floor Kyobo Building, 1.1-Ka, Chong-ro, Chongo-Ku, Seoul, Korea
Telephone : 3700-9630/6, Facsimile : 722-6547

EXPORT DEPARTMENT
NEW DC ADVICE

ICOM CO LTD
SEOUL KOREA
TEL 598-1206

A6302-803-15194

TEL/FAX NO. 598-1209

DEAR SIR

DOCUMENTARY CREDIT NO.	MGK248186
FOR	USD28,240.35
ISSUED BY	HSBC BANK HONG KONG

WE ADVISE RECEIVED THE ATTACHED DOCUMENTARY CREDIT. PLEASE CHECK THE TERMS AND CONDITIONS OF THIS CREDIT IMMEDIATELY AND NOTE THAT WE ARE UNABLE TO MAKE ANY CHANGES WITHOUT THE ISSUING BANK'S AUTHORITY. ACCORDINGLY, SHOULD ANY OF ITS TERMS/CONDITIONS BE UNACCEPTABLE PLEASE CONTACT THE OPENER DIRECTLY WITH A VIEW TO OBTAINING A SUITABLE AMENDMENT WITHOUT DELAY TO BE ADVISED TO US. YOU ARE NOT ENTITLED TO RELY ON ANY COMMUNICATIONS OR ANY DISCUSSIONS AT ANY TIME WITH US, THE ISSUING BANK OR THE OPENER AS IN ANY WAY AMENDING THIS CREDIT, SAVE TO THE EXTENT THAT THE CREDIT HAS BEEN AMENDED IN WRITING UNDER AN ADVICE SIGNED BY OUR AUTHORIZED SIGNATORIES.

THIS ADVICE IS SUBJECT TO UNIFORM CUSTOMS AND PRACTICE FOR DOCUMENTARY CREDITS (2007 REVISION) INTERNATIONAL CHAMBER OF COMMERCE PUBLICATION NO. 600.

THIS ADVICE CONSTITUTES A DOCUMENTARY CREDIT ISSUED BY THE ABOVE BANK AND SHOULD PRESENTED WITH DOCUMENT/DRAFTS FOR NEGOTIATION /PAYMENT/ACCEPTANCE.

THIS IS A SYSTEM GENERATED ADVICE AND THEREFORE NO SIGNATURE IS REQUIRED.

```
***   FIRST   ***
***   AUTH.  CORRECT WITH CURRENT KEY   ***

** FIN UAK                                  {1:F21HSBCKRSEAXXX1078463827}
** {4:{177:Date and Time(YYMMDDHHMM) : 20140320  1845}
**    {451:acceptance/rejection :             0}
**____________________________________________________________________
** {1:FIN MESSAGE/Session/OSN       F01 HSBCKRSEAXXX  1078 463827}
** {2:Output Message Type                   700 issue of a documentary credit
**      Input Time/MIR               1743 20210320HSBCHKHHAHKH9838295090
**      Received from                HSBCHKHHAHKH
                                     HSBC BANK HONG KONG
                                     (all hk offices and head office)
**     Output Date/time              20210320 1843
**     Priority/Delivery/Obsol.Normal}
** MUR:079059650                     {3:{108:079059650}}
**____________________________________________________________________
** :27  sequence of total:
        1/1
** :40A form of documentary credit:
        IRREVOCABLE
** :20  documentary credit no.:
        MGK248186
** :31C date of issue: 20140320
** :40E applicable Rules: UCP LATEST VERSION
** :31D date and place of expiry:
        20210422KOREA
** :50  applicant:
        KALMAX GARMENTS FTY. LTD.
        BLOCK C, 10F., DONTEX BLDG.,
        10-3 SHEUNS HEI ST., SANPOKONG
        KOWLOON, HONG KONG
** :59  beneficiary:
        ICOM CO., LTD.
        ROOM 202 HONGIL B/D, 1551-9, SOCHO-DONG
        SOCHO-KU, SEOUL,
        KOREA
** :32B currency code amount:
**      currency code               :USD    US DOLLAR
**      amount   :#28,240.35#
** :39A pct credit amount tolerance:
        03/03
```

** :41D available with/by-name. address:
HSBC BANK SEOUL, KOREA
BY NEGOTIATION
** :42C drafts at:
DRAFTS TO BE DRAWN AT SIGHT FOR
FULL INVOICE VALUE
** :42D drawee name and address:
HSBC BANK HONG KONG
MONGKOK OFFICE
** :43P partial shipments : **ALLOWED**
** :43T transshipment : **PROHIBITED**
** :44E port of loading/airport of departure:
KOREA
** :44F Port of Discharge:
HONG KONG
** :44C Latest date of ship: 2021-04-15
** :45A descr goods and/or services:
+ 9,573 YARDS 40 PERCENT NYLON 60 PERCENT COTTON FABRIC
WIDTH : 56 INCHES
ITEM NO : IE-1003
FINISH : PD. WR. W/S
AT USD 2.95 PER YD CIF HONG KONG
COLOUR ASSORTMENT:

COLOUR	QTY(YDS)	SHIPMENT LATEST
BLACK	6,277	15APR2014
STONE	2,150	15APR2014
NAVY	1,146	15APR2014

** :46A documents required
+ SIGNED COMMERCIAL INVOICE IN TRIPLICATE
(AN EXTRA COPY OF INVOICE FOR ISSUING BANK'S FILE IS REQUIRED)
+ SIGNED PACKING LIST IN TRIPLICATE
+ FULL SET ORIGINAL CLEAN 'ON BOARD' MARINE BILLS OF LADING MADE OUT TO ORDER, ENDORSED IN BLANK MARKED 'FREIGHT PREPAID', NOTIFY APPLICANT WITH FULL ADDRESS AND MENTIONING THIS DC NO.
+ MARINE INSURANCE POLICY OR CERTIFICATE IN NEGOTIABLE FORM, ENDORSED IN BLANK FOR FULL CIF VALUE PLUS 10 PERCENT COVERING INSTITUTE CARGO CLAUSES (A/R) INCLUDING FROM WAREHOUSE TO WAREHOUSE, INSTITUTE WAR CLAUSES (CARGO) AND INSTITUTE STRIKES CLAUSES(CARGO), AND SHOWING CLAIMS PAYABLE AT DESTI- NATION IN THE CURRENCY OF THIS DOCUMENTARY CREDIT
+ COPY OF APPLICANT'S FAX TO BENEFICIARY CERTIFYING THAT SHIPMENT SAMPLES HAVE BEEN APPROVED BEFORE SHIPMENT
+ COPY OF BENEFICIARY'S FAX SHIPMENT ADVICE TO APPLICANT (FAX NO. 852-3452-3223) DATED ON OR BEFORE SHIPMENT ADVISING NAME OF

THE CARRYING VESSEL, SHIPMENT DATE, NUMBER OF CARTONS, QUANTITY AND VALUE OF THE GOODS TO BE SHIPPED AND NAME OF THE SHIPPING COMPANY'S AGENT IN HONG KONG

+ BENEFICIARY'S SIGNED CERTIFICATE CERTIFYING THAT ONE SET OF NON-NEGOTIABLE SHIPPING DOCUMENTS INCLUDING SIGNED COMMERCIAL INVOICE, SIGNED PACKING LIST AND MARINE BILL OF LADING HAS BEEN FAXED TO APPLICANT (FAX NO. 852-3452-3223) ON OR BEFORE SHIPMENT
+ INSPECTION CERTIFICATE ISSUED AND SIGNED BY TEXTILE LIMITED

** :47A additional conditions:

+ DOCUMENTS TO BE PRESENTED WITHIN 7 DAYS AFTER THE DATE OF SHIPMENT BUT WITHIN THE VALIDITY OF THIS CREDIT
DOCUMENTS MUST BE PRESENTED TO US THROUGH YOUR BANKER.
+ 3PERCENT MORE OR LESS IN QUANTITY AND AMOUNT FOR EACH COLOUR ALLOWED
+ IN CASE OF DC OVERDRAWN AND IF SUCH DISCREPANCY IS ACCEPTED BY APPLICANT. THEN A DC OVERDRAWN COMMISSION AT 1/4 PERCENT ON OVERDRAWN AMOUNT(MINIMUM HKD450.00 OR EQUIVALENT) WILL BE DEDUCTED FROM PROCEEDS
+ AT THE TIME OF NEGOTIATION. THE NEGOTIATING BANK WILL PAY YOU THE AMOUNT OF THE DRAFT LESS REIMBURSING BANK'S CHARGES.
+ A USD 50.00 FEE PLUS ALL RELATIVE CABLE CHARGES WILL BE DEDUCTED FROM THE REIMBURSEMENT CLAIM FOR EACH PRESENTATION OF DISCREPANT DOCUMENT UNDER THIS DOCUMENTARY CREDIT. NOTWITHSTANDING ANY INSTRUCTIONS TO THE CONTRARY. THIS CHARGE SHALL BE FOR THE ACCOUNT OF THE BENEFICIARY

** :71B charges:
ALL BANKING CHARGES OUTSIDE HONG KONG. INCLUDING ADVISING AND NEGOTIATION COMMISSION, ARE FOR THE ACCOUNT OF BENE- FICIARY

** :49 confirmation instructions:
WITHOUT

** :78 instructions to pay/acc/neg bk:
DOCUMENTS MUST BE DESPATCHED BY REGISTERED AIRMAIL IN ONE COVER TO OUR MONGKOK OFFICE, 673 NATHAN ROAD, KOWLOON, HONG KONG. ON RECEIPT OF DOCUMENTS CONFORMING TO THE TERMS OF THIS CREDIT, WE UNDERTAKE TO REIMBURSE YOU IN THE CURRENCY OF THIS CREDIT AS PER YOUR INSTRUCTIONS LESS REIMBURSEMENT FEES AND PAYMENT CABLE CHARGES(PLS PROVIDE REIMBURSEMENT BANK'S ABA NO AND YOUR CHIPS UID NO)
NEGOTIATING BANK'S DISCOUNT AND/OR INTEREST, IF ANY, PRIOR TO REIMBURSEMENT BY US ARE FOR BENEFICIARY'S A/C

** :72 sender to receiver information:
PLS. CONTACT BENEFICIARY AT TEL. NO. 598-1206 IMMEDIATELY UPON RECEIPT OF THIS CREDIT

{5:{MAC:13B4493A} Authentication Result
{CHK:F55F958409A5} Checksum Trailer}

*End

1. 첫 페이지는 신용장 통지은행의 통지안내문이며 이것은 신용장 본문이 아니다. (UCP 600 : 2007년 개정 신용장 통일규칙)
   표지 제일 윗부분의 HSBC 서울지점이 통지은행이다.
2. 두 번째 페이지는 신용장 본문이다. 이 신용장은 SWIFT 신용장이며 통지은행에 의하여 외견상 진정성이 판별된 신용장이다.
   AUTH.는 AUTHENTICATED라는 의미이며 AUTH CORRECT WITH CURRENT KEY는이 신용장은 진위여부가 확인된 신용장이라는 의미이다.
3. Output Message Type : 700 Issue of a documentary credit
   700은 MT(Message Type)라는 것으로 700은 SWIFT에 의하여 화환 신용장이 개설되었다는 화환 신용장 개설을 의미한다. (SWIFT 신용장 관련 표준형식 참조)
4. Received from : HSBCHKHHAHKH
   HSBC BANK HONG KONG
   (all hk offices and head office)
   Received from 다음에 기재된 은행이 개설은행이다.

◎ 조항별 해설

27 sequence of total : 전문의 총 쪽수 중에서 몇 번째 쪽인지를 표시한다.
(예) 1/1 : 총 1쪽으로 구성된 전신문의 1쪽이다.

40A form of documentary credit : 신용장의 취소가능 여부 및 양도가능 여부를 표시한다.
신용장은 취소불능(irrevocable)이라는 표시가 없더라도 취소가 불가능하다. (UCP 600 제3조)
'Transferable'이라는 용어가 명시된 경우에는 양도가능 신용장이고 이런 단어가 없는 경우에는 양도 불능신용장이다. 본 신용장은 이러한 문구가 명시되어 있지 않으므로 제2의 다른 수익자에게 양도할 수 없다.
(예) irrevocable : 취소불능신용장
revocable : 취소가능신용장
irrevocable transferable : 취소 불능 및 양도가능 신용장

20 documentary credit number : 개설은행이 부여하는 신용장 번호를 표시한다.

31C date of issue : 개설은행이 개설 일자로 간주하는 일자를 표시한다.
아무런 표시가 없는 경우 이 전문이 발송된 일자를 개설 일자로 간주한다.

40E applicable rules : 신용장의 적용규칙을 표시한다.
[예] UCP LATEST VERSION : 현행 UCP를 적용함
EUCP LATEST VERSION : 현행 eUCP를 적용함.
UCPURR LATEST VERSION : 현행 UCP와 URR 적용
EUCPURR LATEST VERSION : eUCP와 URR 적용.
ISP LATEST VERSION : 현행 ISP를 적용함.
OTHR : 기타 규칙을 적용함.

31D date and place of expiry : 서류가 제시되어야 하는 마지막 일자와 장소를 표시한다.
신용장의 유효기일 장소는 대부분 수출국이 되나 수입국이 되는 경우도 있으므로 수입국까지의 서류 도착 기일을 잘 고려하여 미리 매입 의뢰해야 한다.

50 applicant : 신용장 개설의뢰인이다.

59 beneficiary : 수익자를 의미하며 수출상과 동일한 의미이다.

32B currency code amount : 신용장의 통화 및 금액을 표시한다.

39A pct credit amount tolerance : 03/03 신용장 금액의 과부족 편차를 표시한다.
수량과 금액이 3% 범위 내에서 과부족이 허용된다. 3% 덜 선적하여도 되고 3% 더 선적하여도 된다는 의미이다.
환어음 발행에 있어서는 원칙적으로 신용장 금액을 초과할 수 없으나 신용장의 special instruction의 내용에 따라서 초과 발행할 수 도 있다.
본 신용장은 applicant가 accept하는 조건으로 초과 발행할 수 있도록 허용하고 있다. UCP 제30조는 과부족 허용범위를 다음과 같이 명시하였다.
신용장 금액 또는 신용장에서 표시된 수량 또는 단가와 관련하여 사용된 'About' 또는 'approximately'라는 단어는, 그것이 언급하는 금액, 수량 또는 단가에 관하여 10%를 초과하지 않는 범위 내에서 많거나 적은 편차를 허용하는 것으로 해석된다.
만일 신용장이 수량을 포장단위 또는 개별단위의 특정 숫자로 기재하지 않고 청구금액의 총액이 신용장의 금액을 초과하지 않는 경우에는, 물품의 수량에서 5%를 초과하지 않는 범위 내의 많거나 적은 편차는 허용된다.

39B maximum credit amount(본 신용장에서는 생략) : 'Up to', 'maximum' 또는 'not exceeding' 중에서 한 문언을 사용하여 신용장 금액을 표시한다.

41D available with/by name and address : 'With' 다음에는 신용장을 사용할 수 있는 은행명을, 'by' 다음에는 신용장의 사용방법을 표시한다.
신용장의 이용방법에는 모두 4가지가 있으며, 지급(payment), 연지급(deferred payment), 매입(negotiation), 인수(acceptance) 중 한 가지를 여기에 명시한다.

◎ 지급(Payment)이란?

지급은행으로 지정된 은행이 서류와 상환으로 대금을 일람 후 즉시 지급한다.

◎ 연지급(Deferred Payment)이란?

연지급은행으로 지정된 은행이 서류와 상환으로 연지급확약서를 발행한 후 만기에 대금을 지급한다.

◎ 매입(Negotiation)이란?

매입제한신용장의 경우 매입은행으로 지정된 은행이, 자유매입신용장의 경우에는 어떤 은행이든지 서류를 매입할 수 있다. 매입이란 사는 행위를 말한다. 즉, 최종 지급인으로부터 대금의 지급이 이루어지기 전에 매입은행이 선적서류를 사는 행위이다. 환어음을 매입할 때에는 기한부 어음과 일람불 어음을 모두 살 수 있다. 그러나 UCP에서는 환어음이 없이 서류만을 매입할 수도 있다고 규정하고 있다. 당연한 이야기이지만 은행이나 투자자들이 환어음을 살 때는 이윤을 남기기 위해서 산다. 그러므로 어음의 액면가에서 이자 및 수수료를 공제하고 산다.
매입을 한 당사자는 최종지급이 이루어지지 않는 경우 그 어음의 발행인 그리고/ 또는 배서인들에게 미리 주었던 매입대전을 돌려달라고 할 권리를 갖고 있는데 이를 상환청구권이라 한다.

매입을 negotiation or purchase라고 하는데 신용장거래에서는 negotiation으로 통일하여 부르고 있다.

◎ 인수(Acceptance)란?

인수는 만기일에 반드시 지급하기로 하는 약속이다. 환어음을 인수한 인수인은 제품에 하자가 있더라도 그 어음의 만기일에 대금을 지급을 하여야 한다.

41D의 Available with/by name and address에서 매입(negotiation) 신용장의 경우 아래와 같이 둘 중 하나로 기재된다.

(1) Any bank by negotiation
- Freely negotiable credit(자유매입신용장)

(2) ×× bank by negotiation
- Negotiation restricted credit(매입제한신용장)

41D Available with/by name, address
<u>HSBC BANK SEOUL, KOREA</u>
BY <u>NEGOTIATION</u>

위의 경우는 HSBC SEOUL지점에서 매입하도록 매입이 제한된 매입제한신용장이다. 수출상은 매입이 제한된 은행으로 곧 바로 가서 매입을 의뢰할 수도 있고 자신의 거래은행에서 매입을 시키고 1차 매입은행이 매입이 제한된 은행으로 2차 매입을 의뢰할 수도 있다. 이것을 재매입(renego)이라고 한다.

만약에 ANY BANK BY NEGOTIATION이라고 되어있다면 아무 은행에서나 매입이 가능하며 이를 자유매입신용장이라고 한다.

42C drafts at : 화환어음의 기간을 표시한다.

Draft는 환어음을 의미하며 Bill of Exchange와 동일한 의미이다.

Draft to be drawn at sight for full invoice value

환어음(draft)을 at sight(일람불)조건으로 발행하라는 의미이다.

(1) Sight (2) Usance (3) Mixed

* At sight : 즉시 지급
* Usance : (1) at ×× days after sight(일람 후 정기출급)
  (2) at ×× days after B/L date(확정일자 후 정기출급)

At sight(일람불)란 : 매입은행이 환어음과 선적서류를 개설은행으로 송부하면 개설은행은 서류상의 하자(불일치)가 없는 한 서류 접수 다음날로부터 늦어도 제5영업일 이내에 대금을 지급(payment)하는 조건이다.

usance(기한부)란 : 매입은행이 환어음과 선적서류를 개설은행으로 송부하면 개설은행은 서류상의 하자(불일치)가 없는 한 서류 접수 다음날로부터 제5영업일 이내에 서류를 인수(acceptance)하고 만기가 도래하면 그 만기일에 매입은행으로 대금을 지급한다. 인수란 만기가 도래하면 대금을 지급하겠다는 개설은행의 약속 또는 의사표시이다.

42D drawee name and address : 화환어음의 지급인을 표시한다.

화환어음의 지급인은 개설은행이 되며 개설은행이 수권을 준 다른 은행이 될 수도 있다. 그러나 개설의뢰인은 drawee가 될 수 없다.

42M mixed payment details : 혼합지급으로 사용이 가능한 경우 그것들의 결정에 필요한 지급일자, 금액 그리고/또는 방법을 표시한다(본 신용장에서는 없으며 선대신용장에서 볼 수 있음).

42P deferred payment details : 연지급으로 사용이 가능한 경우 그것의 결정에 필요한 지급일자 또는 결정방법을 표시한다(본 신용장에는 생략).

43P partial shipments : 분할선적이 허용되는지 여부를 표시한다.
Allowed(or permitted)는 허용된다는 의미이며 신용장에서 명시적으로 허용하거나 아무런 표시가 없는 때에는 분할선적이 허용된다.
※ 분할선적 금지의 경우 : Not allowed or not permitted로 명시한다.

43T transshipment : 환적이 허용되는지 여부를 표시한다.
환적(transshipment)이란 신용장에 명시된 선적항으로부터 양륙항까지 해상운송의 도중에 한 선박에서 다른 선박으로 상품을 다시 적재하는 것을 의미한다.
환적을 허용하는 경우에는 'allowed' or 'permitted'로 명시하고 허용치 않는 경우에는 'not allowed' or 'not permitted'로 명시한다.
환적이 될 것이라거나 될 수 있다고 표시하는 선하증권은, 물품이 컨테이너, 트레일러, 래시 바지에 선적되었다는 것이 선하증권에 의하여 증명되는 경우에는 비록 신용장이 환적을 금지하더라도 수리될 수 있다.

44E port of loading/airport of departure : 선적항 또는 출발공항을 표시한다.

44F port of discharge/airport of destination : 하역항 또는 목적공항을 표시한다.

SWIFT Field 44를 A, E, F, B로 세분화하여 각 운송서류의 종류별로 다른 Field를 사용하도록 하였다. 이전까지는 운송서류의 종류와 관계없이 하나의 Field를 사용하여, 요구하는 운송서류의 종류로서는 표시할 수 없는 운송구간을 기재하는 경우가 있었음. 예를 들어, Marine Bill of Lading을 요구하면서,

44A (Loading on Board/Dispatch/Taking in Charge at/from...) Daegu, Korea
44B (For Transportation to...) Beijing, China와 같이 기재하여 분쟁을 만드는 경우가 종종 있었다.

44E Port of Loading/ Airport of Departure
운송서류에 표시되어야 하는 선적항 또는 출발공항을 표시한다.

44F Port of Discharge/ Airport of Destination
운송서류에 표시되어야 하는 양륙항 또는 목적공항을 표시한다.

44B Place of Final Destination/ For Transportation to.../ Place of Delivery
운송서류에 표시되어야 하는 최종목적지 또는 인도장소를 표시한다.

44C latest date of shipment : 최종선적일자를 표시한다.

45A description of goods and/or services : 상품 그리고/또는 standby L/C인 경우, 용역의 명세를 표시한다. 신용장을 수취한 후 계약 체결한 내용과 상이하다면 즉시 조건 변경을 요청하여야 한다.

46A documents required : 수출상이 제시해야 할 서류에 관한 사항이다.
(1) Original(원본)
(2) Copy(사본) : original 서류 발행자가 발행하였으나 원본의 효력이 없는 것

(예 : 선하증권의 Non-Negotiable Copy = N/N B/L)

(3) Photocopy(사진 복사본) : 원본이나 사본을 복사기에 복사한 것

* 신용장에서 별도의 언급이 없이 단순히 copy를 요구하였다면 photocopy도 서류의 불일치가 되지 않는다.

* ISBP A29 d

(1) Invoice, One Invoice, Invoice 1 copy 혹은 Invoice – 1 copy : 송장 원본 1부를 요구하는 것으로 해석

(2) Invoice in 4 copies 혹은 Invoice in 4 fold : 최소 원본 1부와 나머지는 사본의 제시로 해석

(3) Photocopy of Invoice 혹은 copy of Invoice : 사진 복사본이나 사본 1부 또는 만약 금지되지 않았다면 송장 원본 1부의 제시로 해석

(4) Photocopy of a signed Invoice : 외관상 서명된 송장 원본의 사진 복사본 또는 사본 1부 또는 만약 금지되지 않았다면 서명된 원본 송장 1부의 제시로 해석

+ SIGNED COMMERCIAL INVOICE IN TRIPLICATE

In triplicate란 상업송장 3통(triplicate)을 첨부하라는 의미이다.

UCP에 의하면 상업송장은 수익자가 발행한 것으로 보여야 하며, 개설의뢰인 앞으로 발행되어야 한다. Signed라는 언급이 없다면 서명될 필요는 없다. 그러나 본 신용장처럼 신용장 조항에 ‘signed’라고 명시되어 있으면 서명을 하여야 한다.

원본에 대한 언급이 없이 복수의 서류를 요구하는 경우 1통은 반드시 원본(original) 상업송장을 제시하여야 하며 나머지 2통은 사본을 제시하여도 무방하다. 또한 3통 모두를 원본으로 제시하여도 된다. 만약에 “signed original commercial invoice in triplicate”라고 명시되었다면 사본 제출은 안 되며 반드시 서명된 원본만 3통을 제시하여야 한다.

신용장에서 요구하는 서류의 수량을 나타낼 때는 통상 ‘3통으로 구성된(triplicate)’, ‘3겹으로 된(3 folds)’ 또는 ‘2부로 구성된(2 copies)’과 같은 방법으로 요구한다. 이러한 경우 그 숫자만큼의 부수 중에서 1통의 원본을 요구하고 나머지는 사본을 요구하는 것으로 해석한다. 그러나 “3통의 원본과 4통의 사본을 요구한다”는 식으로 명확히 요구하는 경우 그 지시에 따라야 한다.

■ 서류의 제시통수 표기방법

통수	영문표기방법	통수	영문표기방법
2	DUPLICATE	6	SEXTUPLICATE
3	TRIPLICATE	7	SEPTUPLICATE
4	QUADRUPLICATE	8	OCTUPLICATE
5	QUINTUPLICATE		

+ SIGNED PACKING LIST IN TRIPLICATE

“포장명세서 3통을 제시하시오.”라는 의미이다.

+ FULL SET ORIGINAL CLEAN “ON BOARD” MARINE BILLS OF LADING MADE OUT TO ORDER, ENDORSED IN BLANK. MARKED “FREIGHT PREPAID” NOTIFY APPLICANT WITH FULL ADDRESS AND MENTIONING THIS DC NO.

※ FULL SET : 운송회사로부터 발급되는 B/L은 원본(original)이 모두 3통(original, duplicate, triplicate)이다. 이 3통은 독립적으로 효력을 발휘하므로 이 중에서 한 부만 있어도 수입지에서 물품을 찾을 수 있다. Full set란 이 3통 모두를 다 제출하라는 의미이다. 만약에 2/3라고 명시되었다면 2통만 제출하라는 의미이며 이때 보통 1통은 바이어에게 DHL 등 courier service로 직접 보낸 후 영수증을 첨부하라고 명시한다.

※ CLEAN : 무고장을 뜻하며 선적한 제품 자체 및 그 포장에 별다른 하자가 없어서 B/L의 remark란에 특별히 하자에 관한 사항을 명시하지 않은 B/L을 말한다. 이와는 반대로 remark란에 어떤 하자 사항에 관한 언급이 있다면 Foul B/L이라고 한다. 그러나 현실적으로 선박회사는 Foul B/L을 거의 발급하지 않는다. 만약에 제품에 하자나 포장에 하자가 있다면 다시 돌려보내는 것이 관례이다.

컨테이너 운송에는 수출상이 컨테이너를 통째로 혼자 쓰는 경우 FCL이라고 하고 여러 수출상의 물품을 컨테이너에 혼합하는 화물을 LCL이라고 한다.

LCL의 경우 화물을 운송수단으로 CFS로 운반하여 운송회사가 제품의 상태를 확인한 후 컨테이너에 채워 넣으므로(stuffing) 제품 상태를 직접 알 수 있으나 FCL일 경우에는 통상 컨테이너를 공장이나 창고로 불러(door) 수출상이 직접 물품을 컨테이너에 채워 넣기 때문에 운송회사는 화물의 상태를 알지 못하고 보지도 않는 상태에서 B/L을 발급하게 된다. 이때 선박회사는 자신의 면책을 위하여 B/L상에 "SHIPPER'S LOAD AND COUNT"란 부지조항(unknown clause)을 첨부하게 된다.

"SHIPPER'S LOAD AND COUNT"란 선적인이 적재하고 계량하였다는 뜻으로 운송회사인 나는 확인할 수 없는 상태로 화물을 선적하였다는 의미이다.

※ ON BOARD : 물품이 본선에 적재되었음을 증명하는 B/L을 뜻하는 것으로써 B/L 형식이 shipped B/L(선적선하증권)이라면 그 자체로 본선적재를 증명하고 있는 것이지만 received B/L(수취선하증권)인 경우는 별도의 본선적재부기(on board notation)가 있어야 한다.

※ MARINE BILLS OF LADING : 해상운송 B/L을 의미하며 대양을 항해하는 선박에 의한 선적과 관련하여 발행한다. Marine대신에 'Ocean'이라는 용어를 사용하기도 하며 항공기에 의한 항공운송인 경우에는 AWB(Air Waybill)이라고 한다.

※ "MADE OUT"이란 "기재하세요"라는 의미이다. 그러므로 "MADE OUT TO ORDER"란 선하증권의 수하인을 'TO ORDER'로 명시하라는 의미이다. B/L의 consignee란에 'TO ORDER'라고만 기재하면 된다. "MADE OUT" 대신 "CONSIGNED TO"라고 기재되는 경우도 있다.

※ ENDORSED IN BLANK : B/L에 피배서인을 지정함이 없이 배서하라는 의미이므로 누구누구 앞으로라는 피배서인 없이 자신(수출상)의 배서만 하면 된다. B/L, 환어음, 보험서류 등에는 함부로 사인방을 찍지 말고 전문가인 자신의 주거래은행의 외환계 직원의 도움을 받도록 하자. 수출업체가 B/L배면에 자신의 배서를 할 때에는 사인방을 찍는다.

※ MARKED FREIGHT PREPAID(or COLLECT) : 가격조건에 따라 FOB계열은 운임이 후불이라는 뜻의 'COLLECT'로, CFR, CIF, CPT, CIP는 '운임지급필'을 나타내는 'PREPAID'로 표시한다. FREIGHT PREPAID란 결국 운임을 선지급하고 선지급을 하였다는 표시를 B/L상에 나타내라는 의미이며 운임의 선지급을 나타내는 용어로 'freight prepayable'이나 'to be prepaid'를 사용해서는 안 된다.

※ NOTIFY APPLICANT WITH FULL ADDRESS : Notify란 본선이 목적항에 도착하면 운송회사에서 화물을 찾을 사람에게 도착 사실을 통지하게 되는데 이 통지처를 notify라고 하며 Notify party에 applicant와 그 주소를 기재하라는 의미이다. 그러므로 notify란에 applicant의 상호와 주소를 함께 명시하면 된다.

※ MENTIONING THIS DC NO. : Mentioning이란 '언급하시오'라는 의미로써 신용장에 marked, indicating, showing 등의 단어로 명시되기도 한다. D.C란 Documentary Credit란 의미이며 결국 화환신용장을 의미한다. 그러므로 D.C NO.란 신용장의 번호이고 B/L상에 신용장 번호를 명시하라는 뜻이다. 선박회사는 B/L발급 시 해당란이 없으면 여백이 이용하여 신용장에서 요구하는 모든 사항을 명기하게 된다.

+MARINE INSURANCE POLICY OR CERTIFICATE IN NEGOTIABLE FORM. ENDORSED IN BLANK FOR CIF VALUE PLUS 10 PERCENT COVERING INSTITUTE CARGO CLAUSES (A/R) INCLUDING FROM WAREHOUSE TO WAREHOUSE, INSTITUTE WAR CLAUSES(CARGO) AND INSTITUTE STRIKES CLAUSES(CARGO), AND SHOWING CLAIMS PAYABLE AT DESTINATION IN THE CURRENCY OF THIS DOCUMENTARY CREDIT.

양도가능한 적하보험증권 혹은 적하보험증명서를 제시하시오.

양수인을 기재함이 없이 배서하고, CIF 금액에 10%를 추가하여 적하보험에 가입하시오. 구약관 (A/R)로 보험을 가입하고 수출상의 창고에서 수입상의 창고까지 커버하는 보험에 가입하고 전쟁과 파업을 보상하는 특약에 가입하고 이 신용장의 통화로 목적지에서 지불될 수 있도록 적하보험에 가입하는 보험증권 혹은 보험증명서를 제시하시오.

47A additional conditions : 추가조건을 표시한다.

71B charges : 수수료가 수익자측의 부담인 경우에 한하여 표시한다.
명시가 없는 경우 매입수수료와 양도수수료를 제외한 모든 수수료는 개설의뢰인의 부담으로 간주한다.

48 period for presentation : 선적 후 서류가 지급, 인수 또는 매입을 위하여 제시되어야 하는 제한기간을 표시한다(본 신용장에서는 생략).

"DOCUMENTS TO BE PRESENTED WITHIN 7 DAYS AFTER THE DATE OF SHIPMENT BUT WITHIN THE VALIDITY OF THIS CREDIT.
DOCUMENTS MUST BE PRESENTED TO US THROUGH YOUR BANKER."

49 confirmation instructions : 수신은행(receiving bank)앞 확인에 대한 지시사항이다.
* CONFIRM : 수신은행에게 신용장의 확인을 요청한다.
* MAY ADD : 수신은행에게 신용장의 확인을 허용한다.
* WITHOUT : 수신은행에게 신용장의 확인을 요청하지 않는다.

53a reimbursing bank : 개설은행에 의하여 상환을 이행하도록 수권 받은 상환 은행명을 표시한다(본 신용장은 상환방식이 아니므로 생략).

78 instructions to the paying/accepting/negotiating bank : 지급은행, 인수은행 또는 매입은행을 위한 지시사항을 기술한다.

57a advise through bank : 수익자에게 통지하기 위하여 경유해야 하는 은행명을 표시한다(본 신용장에서는 생략).

72 sender to receiver information : 필요한 경우 발신은행이 수신은행에게 제공하는 정보사항을 기술한다.

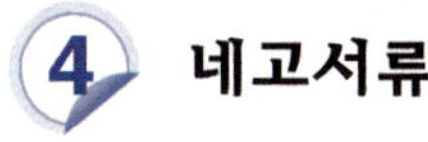

네고서류

1) 상업송장 서식 예

COMMERCIAL INVOICE

1) Shipper/Exporter ICOM CO.,LTD. ROOM202 HONGIL B/D,1551-9,SOCHO-DONG SOCHO-KU, SEOUL, KOREA		8) No. & Date of Invoice IE10-3009 MAR.30,2021 9) No. & Date of L/C MGK248186 MAR.20,2021
2) For Account & Risk of Messrs KALMAX GARMENTS FTY.LTD. BLOCK C, 10F., DONTEX BLDG., 10-3 SHEUNS HEI ST., SANPOKONG KOWLOON, HONG KONG		10) L/C issuing Bank HSBC BANK HONG KONG
3) Notify Party THE SAME AS ABOVE		11) Remarks * CONSIGNEE : TO ORDER * FREIGHT PREPAID
4) Port of Loading BUSAN, KOREA	5) Port of Discharge HONG KONG	
6) Carrier MARCON 804	7) Sailing on/or about APR.10,2021	

12) Marks and Numbers of PKGS 13) Description of Goods 14) Quantity/Unit 15) Unit price 16) Amount

CIF HONG KONG in USD/YARD

12) Marks and Numbers of PKGS	13) Description of Goods
	40 PERCENT NYLON 60PERCENT COTTON WOVEN FABRIC
	WIDTH : 56 INCHES
KALMAX	ITEM NO : IE-1003
ITEM : IE-1003	FINISH : PD.WR.W/S
COL :	COLOUR ASSORTMENT:
QTY :	COLOUR QTY(YDS)
C/NO. : 1-24	BLACK 6,376 YDS
	STONE 2,215 YDS
	NAVY 1,184 YDS

9,755 YDS U$2.95 US$28,836.25

/ /

Signed by ____________________

(1-1) 기재요령

1) Shipper/Exporter - SWIFT신용장 59의 beneficiary 다음 란에 있는 수익자(수출상)의 회사명 및 주소를 그대로 기재한다.
2) For account & risk of Messrs - "비용과 위험으로"라는 의미로서 상업송장은 개설의뢰인 앞으로 발행한다. 그러므로 SWIFT신용장 50의 applicant를 기재 -+*-++하면 된다.
3) Notify party - 도착통지처라는 의미로서 46A의 B/L관련 지시사항에 명시된 사항을 기재한다. "notify applicant with full address"는 notify party란에 "applicant(개설의뢰인)를 기재하고 주소를 기재하라"는 의미이므로 "For account & risk of Messrs"와 동일하게 applicant명과 주소를 기재하거나 혹은 "the same as above"(상기와 동일함)라고 기재하여도 하자가 되지 않는다.
4) Port of Loading - SWIFT신용장의 44E에 표시된 선적항을 기재한다. 신용장이 선적항을 지리적 구역(geographical area)이나 범위(range)로 제시하는 경우(예 : Korea or Any Asian Port)에 선적항은 반드시 실제 항구명을 기재해야 한다.(ISBP D10)
5) Port of Discharge - SWIFT신용장의 44F에 표시된 하역항을 기재한다. 신용장상이 하역항을 실제항구명이 아닌 지리적 구역(geographical area)이나 범위(range)로 제시하는 경우(예 : USA or Any USA Port)에 하역항은 반드시 실제 항구명을 기재해야 한다.(ISBP D14)
6) Carrier - 운송회사에 문의하여 선박명을 명기하고 선하증권(B/L)에 기재된 선박명과 동일한지 한 번 더 확인하는 것이 안전하다. B/L을 받기 전에 알려준 선명과 B/L상에 선명이 다를 수 있기 때문이다. 이런 경우 서류상의 상호불일치가 되어 서류의 하자가 된다.
7) Sailing date - 선박이나 항공기가 출발하는 일자를 기재하며 별도의 본선적재일자가 있는 경우 본선적재일자를 별도의 본선적재일자가 없는 경우에는 운송서류의 발행일과 일치시키면 된다.
8) No. & Date of Invoice - 수출상이 관리하기 편한 일련번호를 부여하고 날짜를 기재한다.
9) No. & Date of L/C - 신용장의 번호 및 개설일자를 기재한다.
10) L/C issuing bank - 신용장 개설은행을 기재한다.
11) Remarks - 기타 참조사항을 기재하는 난인데 신용장에서 별도로 요구하는 사항이 있으면 기재한다. 통상 consignee나 freight prepaid or freight collect

등의 사항을 기재한다. 그러나 이것이 신용장의 필수 기재사항이 아닌 경우에는 반드시 기재하여야 할 필요는 없다.

12) Shipping mark - carton box의 화인에 관한 사항인데 신용장상에 명시되어 있는 경우에는 신용장과 동일하게 기재하고 명시되지 않았다면 수입상에게 문의하여 수입상이 요구한대로 그 내용을 기재한다.

13) Description of goods - 품질, 규격 등 해당상품에 대한 정확한 명세를 기재하되 신용장상의 상품 명세와 일치시켜야 한다. SWIFT신용장의 45A에 명시된 내용을 그대로 기재하면 된다. 송장에 나타나는 물품, 서비스 또는 의무이행에 관한 명세는 신용장에 나타나는 명세에 상응하여야 한다. 경상(鏡像, mirror image)과 같은 기재가 요구되는 것은 아니다. 예컨대, 물품의 세부사항은 송장 내의 여러 곳에 산재할 수 있으며, 단지 그것들을 통합하여 읽을 때, 물품명세가 신용장의 그것에 상당하는 것으로 충분하다.(ISBP C3)

14) Quantity - 상품의 수량을 기재한다.

15) Unit price - 상품의 단가를 기재한다.

16) Amount - 단위당 단가를 수량과 곱한 총금액을 기재한다. 그러나 신용장 조건에 따라 제반비용을 추가할 수 있고 할인이 있으면 이를 차감하여 기재할 수도 있다. 원칙적으로 상업송장의 금액은 신용장의 금액을 초과할 수 없다. 그러나 부득이 초과하는 경우 환어음의 금액을 신용장 금액까지만 작성하고 이를 매입은행이 매입하였다면 개설은행은 그 환어음의 금액에 대한 지급책임을 진다.

(1-2) 송장의 정의(Definition of invoice)[5]

송장(Invoice)은 사용목적에 따라 상용송장과 공용송장으로 크게 나눌 수 있다.

1) 상용송장

① 상업송장(Commercial Invoice)

상업송장(Commercial Invoice)이란 수출상이 수입상 앞으로 상품의 명세와 단가, 금액을 기재하여 송부하는 상품의 명세서이고 대금청구서이다. 제품을 선적한 수출상이 선적된 화물의 명세를 기재하는 양식이다.

- 신용장거래에서 수익자가 작성한다.
- 개설의뢰인 앞으로 작성한다.
- 수량, 단가와 금액이 기재되는 가격 계산서이다.

5) 대한상공회의소, ISBP 공식번역 및 해설서, 2007.12.05, pp.88-90.

- 액면금액이 신용장 금액을 초과하지 않도록 작성한다.
- 신용장이 요구하는 다른 서류와 상호 모순이 있어서는 안 된다.
- 여러 통의 상업송장을 요구할 경우 원본 1부에 나머지는 사본으로 충당해도 된다.

② 견적송장(Proforma Invoice)

견적송장은 Proforma Invoice라고 하며 거래조건의 견적 시 사용하는 송장이다.

2) 공용송장(Official Invoice)

① 세관송장(Customs Invoice)

세관송장은 수입지 세관이 수입화물에 대한 과세가격의 기준 결정, 덤핑유무의 확인, 쿼터관리, 수입통계의 목적으로 일부국가에서 이를 요구하기도 한다.

② 영사송장(Consular Invoice)

영사송장은 수출국에 소재하고 있는 수입국 정부 영사관에서 발급하는 것으로 수입시 외화도피 및 관세포탈 등을 방지하기 위해 요구한다.

(1-3) 상업송장(Commercial Invoice) 작성시 유의점

① 신용장에서 송장(invoice)의 제시를 요구하면서 더 이상의 명시가 없는 경우에, 이는 상업송장(commercial invoice), 세관송장(customs invoice), 세금송장(tax invoice), 최종송장(final invoice), 영사송장(consular invoice) 등 여하한 종류의 송장의 제시에 의하여 충족된다. (ISBP C1)

② 송장의 상품, 서비스 또는 의무이행 명세는 신용장의 명세와 일치하여야 한다. 거울에 비치는 것과 같이 완전히 똑같아야 할 필요는 없다. 송장 물품기재가 여러 곳에 나누어 표시되더라도 이것을 합쳤을 때 신용장의 물품 기재와 일치하면 수리될 수 있다. (ISBP C3)

③ 신용장에서 분할선적을 금지하지 않는 경우, 신용장에 명시된 것과 같은 상품명세 전부를 나타내고 그 다음에 실제로 선적된 것을 기재한 송장도 수리할 수 있다. (ISBP C4)

④ 송장에는 다음을 표시하여야 한다. (ISBP C6)

- 선적 또는 인도되는 물품이나 제공되는 서비스 또는 의무이행의 금액
- 신용장에 명시된 경우에, 단가
- 신용장에 나타나는 통화와 동일한 통화
- 신용장에서 요구되는 할인 또는 공제

※ 신용장에서 할인이나 공제(감액)가 요구된 경우, 송장에는 반드시 표시해야 한다.

⑤ 송장에서는 신용장에 명시되지 않은 선지급이나 할인 등에 따른 공제가 표시될 수 있다.(ISBP C7)

⑥ 신용장에서 요구되지 않는다면, 송장은 서명이나 날짜 표시의 필요가 없다.(ISBP C10)

⑦ 송장에는 다음 사항을 나타내서는 안 된다.(ISBP C12)

- 초과선적(단, UCP 600 30조 (b)항은 예외)
- 무료라고 기재되었더라도, 신용장에서 요구되지 않은 상품(견본, 광고용품 등을 포함한다)

⑧ 신용장에서 요구되는 물품의 수량은 +/-5%의 오차범위 내로 송장에 표시될 수 있다. 물품수량의 +/-5%까지 오차가 허용되더라도 신용장금액을 초과하는 금액으로 지급청구를 하는 것은 허용되지 않는다. 물품수량의 +/-5% 오차의 허용은 다음의 경우에는 적용되지 않는다.(ISBP C13)

- 신용장에서 수량의 초과 또는 부족을 금지하는 경우
- 신용장에서 포장단위나 개별품목의 개수를 명시하는 방법으로 수량을 명시하는 경우

⑨ 신용장에 물품의 수량이 명시되지 않았고 분할선적이 금지되지 않은 경우에, 5% 이내에서 신용장 금액보다 적은 금액으로 발행된 송장은 수량 전부를 선적한 것으로 간주되며 분할선적으로 간주되지 않는다.(ISBP C14)

2) 포장명세서 서식 예

PACKING LIST

1) Shipper/Exporter ICOM CO.,LTD. ROOM202 HONGIL B/D, 1551-9, SOCHO-DONG, SOCHO-KU, SEOUL KOREA		8)No. & Date of Invoice IE98-3009 MAR.30, 2021
2) For Account & Risk of Messers KALMAX GARMENTS FTY.LTD. BLOCK C, 10F., DONTEX BLDG., 10-3 SHEUNS HEI ST.,SANPOKONG KOWLOON, HONG KONG		9)Remarks * L/C NO. : MGK248186
3) Notify Party THE SAME AS ABOVE		
4)Port of Loading BUSAN, KOREA	5)Final Destination HONG KONG	
6)Carrier MARCON 804	7)Sailing on/or about APR.10, 2021	

10) Marks and 11) Description of 12) Quantity 13) Net-weight 14) Gross-weight 15) Measu Number of Pkgs Goods

Marks	Description of Goods
KALMAX ITEM : IE-1003 COL : QTY : C/NO. : 1-24	40 PERCENT NYLON 60PERCENT COTTON WOVEN FABRIC WIDTH : 56 INCHES ITEM NO : IE-1003 FINISH : PD.WR.W/S COLOUR ASSORTMENT: COLOUR QTY(YDS) BLACK 6,376 YDS STONE 2,215 YDS NAVY 1,184 YDS

9,755 YDS 2,170 KGS 2,387 KGS 6.689 CBM

Signed by ______________________

(2-1) 기재요령

1) ~ 12) - 상업송장의 기재내용과 동일함.

13) Net weight - 상품의 순중량을 기재한다.

14) Gross weight - 상품의 순중량에 외부포장재료(또는 용기)의 중량을 포함한 총량으로 선하증권의 중량과 일치해야 한다.

15) Measurement(용적) - 선적물품의 용적, 즉 부피를 나타내며 이 용적의 계산단위는 CBM(Cubic Meter)을 사용한다. CBM은 가로, 세로, 높이를 곱하여 미터로 표시하며 1CBM은 가로, 세로, 높이가 각각 1×1×1 meter를 의미한다.

16) Signed by - 포장명세서 작성자가 서명란에 서명한다.
통상 대표이사의 사인방을 찍는다.

(2-2) 포장명세서(packing list)

포장명세서는 상업송장을 보완하는 서류로 상업송장 내용 중에서 가격과 관련된 내용 대신에 상품의 포장과 관련된 내용을 구체적으로 기재하여 운송, 통관상의 편의를 제공하고 포장을 개봉하여 물품을 사용할 때 내용물에 대한 정보를 제공하는 역할을 한다. 만약 수입상이 neutral packing list를 요구할 때에는 Shipper/Exporter란과 서명란은 공백으로 해서 작성하면 된다.

3) 선하증권 서식 예

<table>
<tr><td colspan="2">Consignor/Shipper
ICOM CO.,LTD.
ROOM202 HONGIL B/D, 1551-9,
SOCHO-DONG SOCHO-KU,
SEOUL, KOREA</td><td>FBL KR M71 DSCLHKP80409191
KIFFA NEGOTIABLE FIATA
MULTIMODAL TRANSPORT ICC
BILL OF LADING</td></tr>
<tr><td colspan="2">Consignee
TO ORDER</td><td rowspan="3">DONGSUE
SHIPPING CO., LTD

TEL:
FAX:
SEOUL, KOREA</td></tr>
<tr><td colspan="2">Notify Party
KALMAX GARMENTS FTY. LTD.
BLOCK C, 10F., DONTEX BLDG.,
10-3 SHEUNS HEI ST.,SANPOKONG
KOWLOON. HONG KONG</td></tr>
<tr><td colspan="2">Place of Receipt
BUSAN CFS</td></tr>
<tr><td>Ocean vessel
MARCON 804</td><td>Port of loading
BUSAN, KOREA</td><td rowspan="2">Received by the Carrier from the Shipper in apparent good order and condition unless otherwise indicated herein, the Goods, or package(s) said to contain —</td></tr>
<tr><td>Port of discharge
HONG KONG</td><td>Place of delivery
HONG KONG</td></tr>
</table>

Marks and number Number and kind of packages Description of goods Gross weight Measurement

2,387.000 KGS

6.689CBM

24CTNS

SAID TO CONTAIN:
9,755 YDS OF

40 PERCENT NYLON 60PERCENT COTTON WOVEN FABRIC
WIDTH : 56 INCHES
ITEM NO : IE-1003
FINISH : PD. WR. W/S

KALMAX
ITEM : IE-1003
COL :
QTY :
C/NO. : 1-24

D/C NO. : MGK248186

FREIGHT PREPAID
SAY : TWENTY-FOUR(24) CARTONS ONLY

LADEN ON BOARD : APR. 10, 2021

ORIGINAL

According to the declaration of the consignor

Declaration of interest of the Consignor in timely delivery	Declared value for ad valorem rate According to the declaration of the consignor

<table>
<tr><td>Freight amount
OCEAN FREIGHT PREPAID AS ARRANGED</td><td>Freight payable at
SEOUL, KOREA</td><td>Place and date of issue
SEOUL, KOREA APR. 10, 2021</td></tr>
<tr><td>Cargo Insurance through the</td><td>No.of original FBL
THREE(3)</td><td rowspan="2">Stamp and signature
DONGSUE SHIPPING CO.,LTD.
AS A CARRIER
S. H. Kim</td></tr>
<tr><td colspan="2">For delivery of goods please apply to:
DONGSUE SHIPPING COMPANY LTD.
TEL : 2-815-2973
ATTN : MR.KENNETH LAW</td></tr>
</table>

(3-1) 발급 및 확인요령

선하증권은 운송회사(선박회사 혹은 포워더)가 작성한다. 수출상이 S/R (Shipping Request)를 운송회사에 제시하면 운송회사는 그것을 근거로 B/L을 발급한다. 운송회사는 자신이 원본 B/L을 발급하기 전에 선하증권을 작성하여 수출상에게 팩스나 이메일로 보내 확인토록 하는데 이것을 'CHECK B/L'이라고 한다. CHECK B/L은 선하증권 원본을 발행하기 전에 확인용으로 발행해 주는 초안이다.

1) Consignor/Shipper – SWIFT신용장의 59 beneficiary 즉, 수출상의 회사명과 주소를 기재한다.

2) Consignee – SWIFT신용장의 46A의 선하증권 관련 내용의 지시대로 작성한다. 신용장은 통상 아래와 같이 개설되며 그 내용에 따라서 수하인을 각각 다음과 같은 요령으로 기재한다. 이 신용장은 아래 ①에 해당된다.

   ① 46A : MADE OUT TO ORDER
   Consignee : TO ORDER

   ② 46A : MADE OUT TO THE ORDER OF CITI BANK
   Consignee : TO THE ORDER OF CITI BANK

   ③ 46A : MADE OUT TO THE ORDER OF (회사명)
   Consignee : TO THE ORDER OF (회사명)

3) Notify party – SWIFT신용장의 46A의 선하증권 관련 내용의 지시대로 작성한다. "Notify applicant with full address"이므로 Notify party란에 개설의뢰인의 명칭과 주소를 기재한다.

4) Place of receipt – 송하인으로부터 운송인이 화물을 수취하는 장소로 'Busan CY', 'Busan CFS' 등으로 기재한다.

5) Port of Loading – SWIFT신용장의 44E에 표시된 선적항을 기재한다. 신용장이 선적항을 지리적 구역(geographical area)이나 범위(range)로 제시하는 경우(예 : Any Asian Port)에 선적항은 반드시 실제 항구명을 기재해야 한다.

6) Port of Discharge – SWIFT신용장의 44F에 표시된 하역항을 기재한다. 신용장상이 하역항을 실제항구명이 아닌 지리적 구역(geographical area)이나 범위(range)로 제시하는 경우(예 : Any USA Port)에 하역항은 반드시 실제 항구명을 기재해야 한다.

7) Port(or Place) of delivery – 운송사의 책임은 Port(or Place) of delivery까지이다.

8) Final destination – 화물의 최종 목적지이며 운송사의 책임구간과는 무관하다. 신용장에 명시된 경우에만 기재한다.

9) Ocean vessel – 선박의 항차(voyage no.)를 기재한다.
10) Marks and number – 수출용 box에 인쇄된 shipping mark를 기재하고 필요한 경우 기타 container no., seal no. 등을 기재한다.
11) Description of goods – 상업송장이나 포장명세서의 상품 명세를 기재한다. FCL cargo의 경우는 운송인이 면책을 위하여 통상 운송인의 부지문언(Unknown clause)을 기재한다.
12) Net weight & Gross weight – 선하증권에 기재된 순중량, 총중량을 기재한다.
13) Measurement – 용적을 CBM으로 기재한다.
14) 운임이 선불(prepaid)인지 후불(collect)인지의 여부를 기재한다.
15) On board date – 본선적재일을 기재한다. 선적선하증권(Shipped B/L)의 경우에 별도의 본선적재일이 기재되지 않은 경우에는 선하증권의 발행일을 선적일자로 간주한다.
16) 발행인 – 선하증권의 발행인이 기명하고 서명을 한다. 발행인의 주체에 따라서 아래와 같이 달리 표시한다.
   ① 운송인이 발행하는 경우
   운송인이 서명하고 'as carrier'라고 명시함.
   ② 운송인을 대리하는 기명대리인이 발행하는 경우
   그 대리인이 서명하고 'as agent for the carrier, ABC Shipping Co., Ltd'라고 명시함.
   ③ 선적된 선박의 선장이 발행하는 경우
   기명된 회사가 운송인이라는 표시를 앞면에 하고 있는 B/L서식을 사용하고 서명의 밑에 'as master'라고 명시함.
   ④ 운송중개인(forwarder)이 발행하는 경우
   운송주선인이 서명하고 'as a carrier' 혹은 'as agent for the carrier, ABC Shipping Co., Ltd.'라고 명시함.

(3-2) 선하증권 기재내용

B/L양식에 기재된 Port of Loading, Port of Discharge, Place of Delivery, Final destination의 의미는 다음과 같다.

만약 B/L에 다음과 같이 명시되어 있다면

- Port of Loading : BUSAN, KOREA
- Port of Discharge : Long Beach port LA, USA

- Place of delivery : EL-Paso, USA
- Final destination : Mexico

① 운송사의 책임구간은 Place of delivery까지이다.

② Port of discharge와 Place of delivery가 모두 Long beach port LA라면 운송인의 책임은 양륙항에서 끝나지만 Place of delivery가 Port of discharge와 다른 지역이기 때문에 운송사는 복합운송방식에 의하여 LA까지는 해상편으로 LA에서 EL-Paso까지는 내륙운송으로 자신의 운송책임 의무를 이행한다.

③ Final destination은 운송인의 운송 책임과는 상관없이 바이어가 요청하는 경우 혹은 신용장에 명시된 경우에 한하여 B/L상에 명시하며 Place of delivery 구간부터 Final destination까지는 바이어의 책임으로 운송한다.

4) 환어음 서식 예

환어음 견본

(1) (2) (3)

NO. 123456 **BILL OF EXCHANGE** MAR. 30, 2021 SEOUL, KOREA

(4)

FOR US $28,836.25

(5)

AT ×××× SIGHT OF **FIRST BILL OF EXCHANGE** (SECOND OF THE SAME TENOR AND DATE BEING UNPAID) PAY TO (6) KOREA EXCHANGE BANK OR ORDER THE SUM OF

(7)

SAY US TWENTY EIGHT THOUSAND EIGHT HUNDRED THIRTY SIX DOLLARS TWENTY FIVE CENT ONLY

(8)

VALUE RECEIVED AND CHARGE THE SAME TO ACCOUNT OF Kalmax Garments FTY.LTD

(9)

DRAWN UNDER HSBC BANK HONG KONG

(10) L/C NO. MGK248186 (11) DATED 2021/03/20

(12) TO HBSC BANK HONG KONG MONGKOK OFFICE

(13) ICOM CO., LTD

(1) 어음번호 (2) 발행일 (3) 발행지 (4) 금액 (5) 지급만기일 (6) 수취인 (7) 문자금액 (8) 개설의뢰인 (9) 개설은행 (10) 신용장번호 (11) 신용장발행일자 (12) 지급인과 지급지 (13) 발행인의 기명날인

환 어 음

(똑같은 기한 및 일자의 제2어음에 대하여 지급이 이루어지지 않은 경우) 이 제1어음에 대하여 일람출급으로 한국외환은행 또는 그 지시인에게 일금을 지급하시오.
대가 수취하였으며 어음금액을 Kalmax Garments FTY. LTD.에 청구하십시오.
이 어음은 HSBC 은행 2021년 3월 20일자 신용장 번호 MGK248186에 의거하여 발행되었음.

HSBC 은행 몽콕 지점

아이콤 주식회사
대표이사 김 성 훈

NO._________ **BILL OF EXCHANGE** Date: _______ Seoul, Korea

FOR

AT __________SIGHT OF THIS **FIRST BILL OF EXCHANGE** (SECOND OF THE SAME TENOR AND DATE BEING UNPAID) PAY TO KOREA EXCHANGE BANK, OR ORDER THE SUM OF

VALUE RECEIVED AND CHARGE THE SAME TO ACCOUNT OF __________

DRAWN UNDER ______________________________

L/C NO.________________ DATED ________________

TO ________________

____

____

____

NO._________ **BILL OF EXCHANGE** Date: _______ Seoul, Korea

FOR

AT __________SIGHT OF THIS **SECOND BILL OF EXCHANGE** (FIRST OF THE SAME TENOR AND DATE BEING UNPAID) PAY TO KOREA EXCHANGE BANK, OR ORDER THE SUM OF

VALUE RECEIVED AND CHARGE THE SAME TO ACCOUNT OF__________

DRAWN UNDER ______________________________

L/C NO. ________________ DATED ________________

TO ________________

____

____

____

※ 환어음은 위와 같이 수출상(beneficiary)이 두 장을 발급하여 매입은행에 매입시키면 매입은행은 개설은행으로 송부하고 개설은행은 한 부에 대하여 지급을 이행하고 한 부가 지급되면 나머지 한 부는 지급되지 않는다.

Sight 어음 발행의 예

NO. 123456 **BILL OF EXCHANGE** MAR. 30, 2021 SEOUL, KOREA

FOR US $28,836.25

AT ×××× SIGHT OF **FIRST BILL OF EXCHANGE** (SECOND OF THE SAME TENOR AND DATE BEING UNPAID) PAY TO KOREA EXCHANGE BANK OR ORDER THE SUM OF

SAY US TWENTY EIGHT THOUSAND EIGHT HUNDRED THIRTY SIX DOLLARS TWENTY FIVE CENT ONLY

VALUE RECEIVED AND CHARGE THE SAME TO ACCOUNT OF Kalmax Garments FTY.LTD

DRAWN UNDER HSBC BANK HONG KONG

L/C NO. MGK248186 DATED 2021/03/20

TO HBSC BANK HONG KONG MONGKOK OFFICE

ICOM CO., LTD

Usance 어음 발행의 예(90 days의 경우)

NO. 123456 **BILL OF EXCHANGE** MAR. 30, 2021 SEOUL, KOREA

FOR US $28,836.25

AT 90days after SIGHT OF **FIRST BILL OF EXCHANGE** (SECOND OF THE SAME TENOR AND DATE BEING UNPAID) PAY TO KOREA EXCHANGE BANK OR ORDER THE SUM OF

SAY US TWENTY EIGHT THOUSAND EIGHT HUNDRED THIRTY SIX DOLLARS TWENTY FIVE CENT ONLY

VALUE RECEIVED AND CHARGE THE SAME TO ACCOUNT OF Kalmax Garments FTY.LTD

DRAWN UNDER HSBC BANK HONG KONG

L/C NO. MGK248186 DATED 2021/03/20

TO HBSC BANK HONG KONG MONGKOK OFFICE

ICOM CO., LTD

(4-1) 기재요령

(1) 어음번호 - 후일 참조용으로 기재하는 것이나 필수기재 사항이 아니므로 반드시 기재할 필요는 없다.

(2), (3) 발행일 및 발행지 · 환어음의 발행일은 통상 nego일 또는 그 이전일자로 작성하며 유효기일 이내여야 한다. 또한 환어음의 효력은 행위지의 법률에 의해 처리되므로 발행지를 필히 표시하여야 한다.

(4) 금액 - 상업송장의 금액과 일치되어야 한다.

(5) 지급기일의 표시

- Sight L/C(일람출급 : At과 sight 사이 여백에 ××××로 표시한다.
- Usance(일람 후 정기출급) : At (날짜) days after sight
- Usance(확정일자 후 정기출급) : At (날짜) days after B/L date

(6) 대금수취인 - 환어음의 지급을 받을 자로서 발행인이 될 수도 있고 발행인이 지정하는 제3자가 될 수도 있다. 신용장 거래시 통상 매입은행이 기재된다.

(7) 문자금액 - 어음금액을 문자로 표시하며 만약 아라비아 숫자와 다를 경우에는 문자금액이 우선하며 통화의 종류는 완전하게 기재되어야 한다(Say 통화표시 금액).

(8) 개설의뢰인 - Account of 다음에는 개설의뢰인을 기재한다.

(9) 개설은행 - 신용장의 개설은행명을 기재하며 D/P나 D/A의 거래시에는 수입상인 바이어를 지급인으로 기재한다.

(10) 신용장번호 - 신용장 번호를 기재하며 D/P나 D/A의 거래시에는 관련 계약서 번호를 기재한다.

(11) 신용장 개설일자 - 신용장 개설일자를 기재한다.

(12) 지급인과 지급지 - 신용장 거래시 지급인(drawee)은 신용장상에 명시되는데 개설은행 혹은 개설은행이 지정하는 제3의 은행이 될 수 있다. 지급지의 경우 신용장에 별도의 명시가 없는 한 도시명의 표시만으로도 충분하다.

(13) 발행인의 기명날인 - 발행인은 신용장상의 수익자 또는 양도받은 경우에는 양수인이 되며, 기명날인을 한다.

※ 환어음 작성시 유의사항은 아래와 같다.

- 가능한 한 정정하지 말아야 하며, 특히 금액란에 정정한 흔적이 있으면 환어음 자체가 무효가 된다.
- 통화표시는 반드시 US$, Stg와 같이 명확히 해야 한다.
- 은행명 기재시 'The'를 사용하고 있는 경우 이를 생략해서는 안 된다.

- 이자에 관한 문언의 표시를 신용장에서 요구하고 있으면 신용장의 기재사항을 그대로 표시해야 한다.
- 어음금액이 송장상의 금액과 일치하고 신용장상의 표시금액을 초과하지 않아야 한다.
- 환어음은 반드시 SWIFT신용장의 경우 42D란에 명시된 'drawee'를 기입하여야 하며, 어떠한 경우에도 개설의뢰인 앞으로 발행한 환어음은 인정되지 않는다. 'Drawee'는 통상 개설은행, 확인은행 또는 제3의 은행이 지급은행이 된다.

(4-2) 환어음

① 환어음은 채권자(수출자)가 채무자(신용장 : 은행, 추심 : 수입자) 앞으로 발행하고 서명한다.

② 신용장에서 환어음은 수익자에 의하여 발행되고 서명되어야 하며 발행일이 표시되어야 한다.(ISBP B8)

③ 환어음은 일람출급(at sight)[6] 또는 기한부(usance)[7]로 발행된다.

④ 일정금액을 특정인의 지시인 또는 소지인에게 지급할 것을 위탁한다.

⑤ 채무자가 실제로 지급을 이행할 상대방은 어음의 배서에 의하여 지정된 자 또는 어음의 소지인이다.

⑥ 환어음은 무조건적으로 작성하여야 하며 서면으로 작성하여야 한다.

⑦ 환어음은 요식증권이므로 필요기재 사항인 환어음의 표시, 무조건적 지급위탁문언 및 금액, 지급인, 지급기일, 지급장소의 표시, 발행일, 발행장소, 발행인의 기명날인 등이 모두 기재되어야 한다.

⑧ 환어음은 당해 제시에서 청구하는 금액과 동일한 액수로 발행되어야 한다.(ISBP B13).

⑨ 환어음에 표시되는 금액의 통화는 신용장의 통화와 일치해야 한다. 그러나 만일 환어음에 기재된 숫자금액과 문자금액이 상이하다면 문자금액을 기준으로 심사해야 한다.(ISBP B14)

---

6) 추심결제방식의 경우에는 D/P
7) 추심결제방식의 경우에는 D/A

5) 보험증권 서식 예

DONGBU INSURANCE CO., LTD.

MARINE CARGO INSURANCE POLICY

<table>
<tr><td colspan="3">Assured(s), etc. ICOM CO., LTD.</td></tr>
<tr><td colspan="2">Police No. WX98150051600</td><td>Ref. No.
INVOICE NO. IE98-3009
L/C NO. MGK248186 MAR. 20, 2021</td></tr>
<tr><td colspan="2">Claim, if any, payable at : MCLARENS TOPLIS
HONG KONG.

TEL :
FAX :
Claim are payable in the USD CURRENCY</td><td></td></tr>
<tr><td colspan="2"></td><td>Amount insured USD *********31,719.87
INVOICE USD *********28,836.25 ×
110.0000%</td></tr>
<tr><td colspan="2">Survey should be approved by : SMITH, BELL & CO., INC
SMITH BELL BUILDING 2294 PASONG TAMO EXTENSION 1231 MAKATI, HONG KONG
TEL :
FAX :</td><td rowspan="6">Conditions Subject to the following Clauses as per back hereof or as attached
Institute Cargo Clauses A/R
Institute War Clauses
Institute SRCC Clauses(Institute Strike Clauses for use only with New Marine Policy Form)
Special Replacement Clause (applying to machinery)
On Deck Clause
Institute Radioactive Contamination Exclusion Clause
INSTITUTE WAR CLAUSES (CARGO)
INSTITUTE STRIKES, RIOTS &
CIVIL COMMOTIONS CLAUSES

CLAIMS TO BE PAYABLE IN HONG KONG IN THE CURRENCY OF THE DRAFT(S) .

WAREHOUSE TO WAREHOUSE</td></tr>
<tr><td>Local Vessel or Conveyance</td><td>From(interior port or place of loading)</td></tr>
<tr><td>Ship or Vessel called the

MARCON 804</td><td>Sailing on or about

APR. 10, 2010</td></tr>
<tr><td>at and from

KOREA (BUSAN)</td><td>Transshipped at</td></tr>
<tr><td>arrived at

HONG KONG</td><td>thence to</td></tr>
<tr><td colspan="2"></td></tr>
<tr><td colspan="3">Goods and Merchandises
LIST AS ATTACHED.
40 PERCENT NYLON 60 PERCENT COTTON WOVEN FABRIC
WIDTH : 56 INCHES
ITEM NO : IE-1003
FINISH : PD. WR. W/S
COLOR ASSORTMENT :
COLOUR QTY(YDS)
BLACK 6,376 YDS
STONE 2,215 YDS
NAVY 1,184 YDS
――――――――
TOTAL 9,755YDS</td></tr>
<tr><td colspan="3">MAR. 30, 2021 NO. OF POLICIES ISSUED TWO</td></tr>
</table>

6) 보험증권(Insurance policy)

- 은행은 원칙적으로 운송서류에 표시된 날짜보다 더 늦게 발급된 보험서류는 수리를 거절한다.
- 신용장상의 표시통화와 동일한 화폐가 아니면 수리를 거절한다.
- 최저보험금액이 CIF 또는 CIP금액에서 10% 이상을 증액한 조건으로 부보되어 있어야 하며 만일 CIF 또는 CIP금액을 산정하기 어려운 경우에는 신용장 매입금액(어음금액)과 상업송장 표시금액 중 더 큰 것을 기준으로 삼아야 한다.
- 보상의 대상이 되는 사고의 범위를 확실하고 명백하게 신용장상에 규정하여야 하며 "통상의 위험(usual risks)", "관례적 위험(customary risks)" 등으로 막연한 표현을 쓰지 말아야 한다.

5 환율과 매입환율

1) 환율의 개념

환율(foreign exchange rate)이란 자국화와 외화의 교환비율로써 외국환이라는 상품에 대한 자국화의 가격을 말한다. 필연적으로 한나라의 통화는 국내에서만 통용력을 갖는 것이 원칙이나 외국에서 구매력을 나타내기 위하여 외국 내에서 통용력을 가지고 있는 외화와의 교환이 필요하게 된다. 이 외국화와의 교환비율을 환율이라 한다. 영국 파운드화(GBP), 유로화(EUR), 호주 달러(AUD), 뉴질랜드 달러(NZH)를 제외한 모든 통화는 미화를 기준으로 자국 통화로 환율을 고시하지만 영국 파운드화(GBP), 유로화(EUR), 호주 달러(AUD), 뉴질랜드 달러(NZH)는 자국 통화를 기준으로 미화로 고시한다. 우리나라는 미화 1달러당 원화로 환율을 고시한다.

2) 매입(nego)시 적용환율

신용장 네고(nego)시 적용환율은 전신환매입율(송금 파실 때)이며 수출기업의 거래량이나 신용도에 따라서 우대환율을 적용할 수 있다.

■ 외국환은행대고객매매율(미화 : 원화)

구 분	환율	산출근거	환율
매도율 (Offer rate) 은행이 파는 환율 고객이 사는 환율	현찰 사실 때(현찰매도율) Cash Selling Rate	M + (M × 1.75%)	1,017.50 (+1.75%)
	여행자수표 사실 때 (여행자수표 매도율) T/C Selling rate	M + (M × 1.2%)	1,012.00 (+1.2%)
	송금 보내실 때(전신환매도율) T/T Selling Rate	M + (M × 1.0%)	1,010.00 (+1.0%)
은행간 환율	대고객 매매기준율(M)	전일 외환시장 가중평균치(1차 고시)	1,000.00
매입율 (Bid rate)	송금 받으실 때(전신환매입율) T/T Buying Rate	M − (M × 1.0%)	990 (−1.0%)
은행이 사는 환율 고객이 파는 환율	외화수표파실 때(외화수표매입율) Check Buying Rate	M − (M × 1.03%)	989.70 (-1.03%)
	현찰파실 때(현찰매입율) Cash Buying Rate	M − (M × 1.75%)	982.50 (−1.75%)

- M : 대고객매매기준율이 미화 1달러당 1,000원이라는 가정 하에 작성하였음.
- M : 대고객매매기준율은 전일의 서울외환시장에서의 원/달러 가중평균치가 1차 고시되며 그 이후에는 서울 외환시장의 호가에 따라 은행이 자율적으로 변경 고시한다.
- 1차 고시 이후의 환율은 은행마다 약간의 차이가 있고 무역업체의 신용도 및 거래규모 등을 감안하여 차등 적용한다. 그리고 통화마다 적용하는 spread(외환매매차익)가 서로 다르다.
- 달러를 사고(buying) 파는(selling) 기준은 은행이므로 매도율이라는 의미는 은행이 달러를 팔고(selling) 고객이 달러를 산다(buying)는 의미이다.

(1) 현찰매도율

현찰매도율은 은행이 달러 현찰을 팔 때 적용하는 환율이며 고객 입장에서는 달러 현찰을 사는 환율이다. 과거에는 "현찰매도율"이라고 고시하였지만, 요즘에는 고객의 이해를 돕기 위해서 "현찰사실때"라고 고시한다.

(2) 여행자수표매도율

여행자수표매도율은 은행이 여행자 수표를 팔 때 적용하는 환율이며 고객 입장에서는 여행자수표를 사는 환율이다. 과거에는 "여행자수표매도율"이라고 고시하였지만 요즘에는 고객의 이해를 돕기 위해서 "여행자수표 사실 때"라고 고시한다.

(3) 전신환매도율

전신환매도율은 은행이 해외로 송금하는 고객에게 적용하는 환율이며 고객의 입장에서는 전신환을 사는 환율이다. 우리나라 수입상이 외국의 수출상에게 송금(remittance)을 할 때 혹은 신용장 대금을 결제할 때 적용하는 환율이다. 과거에는 "전신환매도율"이라고 고시하였지만 요즘에는 고객의 이해를 돕기 위해서 "송금 보내실 때"라고 고시한다.

(4) 전신환매입율

전신환매입율은 은행이 해외로부터 송금되어온(혹은 신용장 네고의 경우, 향후 송금되어 올) 전신환을 사는 환율이며 고객의 입장에서는 전신환을 파는 환율이다. 수입상이 달러를 송금해왔을 경우 혹은 수출신용장을 nego할 때 적용하는 환율이다. 과거에는 "전신환매입율"이라고 고시하였지만 요즘에는 고객의 이해를 돕기 위해서 "송금 받으실 때"라고 고시한다.

(5) 외화수표매입율

외화수표매입율은 은행이 외화수표를 살 때 적용하는 환율이며 고객의 입장에서는 외화수표를 파는 환율이다. 과거에는 "외화수표매입율"이라고 고시하였지만 요즘에는 고객의 이해를 돕기 위해서 "외화수표 파실 때"라고 고시한다.

(6) 현찰매입율

현찰매입율은 은행이 달러 현찰을 살 때 적용하는 환율이며 고객의 입장에서는 달러 현찰을 파는 환율이다. 과거에는 "현찰매입율"이라고 고시하였지만 요즘에는 고객의 이해를 돕기 위해서 "현찰 파실 때"라고 고시한다.

6 외국환 수수료

외국환 수수료는 외국환은행이 자율적으로 결정하며 주요 수수료는 아래와 같다.

1) 외환매매차익(Spread)

외환매매차익(spread)이란 수출상이 선적을 완료하고 매입은행에 서류의 매입을 의뢰하면 매입은행은 신용장에 표시된 통화와 자국화폐와의 환율을 적용하여 자국

화폐로 환산(convert)한 후 수출상에게 수출대전을 선지급 하게 된다. 이때 신용장 표시 외화와 원화와의 환산시 은행의 규정에 따라 대고객매매기준율과 전신환매입율과의 차익을 은행이 수익으로 취하게 되는데 이를 외환매매차익이라고 한다. 은행의 입장에서는 당연히 취하는 수익으로써 수수료라고 칭하지 않고 있으나 수출기업의 입장에서 보면 은행에 지급하는 비용이므로 수수료로 볼 수 있다.

2) 환가료(Periodic Interest)

환가료(Periodic Interest)란 일종의 이자 명목으로써 수출상이 매입은행에 선적서류의 매입을 의뢰하면 매입은행은 개설은행(혹은 인수, 확인은행)에 서류를 송부하여 수출대전을 청구한다. 매입은행이 선지급한 날과 수출대전이 입금된 날과의 자금청구기간 동안의 이자가 환가료이다[8]. 현재 환가료 적용기간(mail date : 우편일수)은 sight의 경우 8일을 적용하며 재매입(re-nego)의 경우는 추심일수만큼 그리고 usance의 경우에는 8일에 usance 기간이 추가된다.

환가료를 적용할 때 서류에 하자가 없는 clean nego인 경우와 서류에 하자가 있는 하자 nego시의 환가료 적용 요율이 다르다. 하자 네고의 경우에는 clean nego의 환가료율보다 1.5%가 가산된다.

3) 대체료

네고시 또는 수입대금결제시에 은행에 돌아가는 수익의 가장 큰 부분은 통화의 상이로 인한 외환매매차익 및 환가료 명목의 선이자 징구이다. 그러나 만일 무역업체가 당장 원화에 대한 수요가 없고 거래은행에 외화계좌를 보유하고 있다면, 수출의 경우에는 매입은행에게 네고 금액을 외화로 외화계좌에 입금할 것을 요구할 수 있다. 수입의 경우에도 수입상이 자신의 외화계좌에서 결제금액을 인출하라고 개설은행에 요구하게 된다. 이렇게 되면 은행은 전신환매입율(또는 전신환매도율)의 적용으로 기대되는 이익이 크게 감소하는 결과를 초래하게 된다.

대체료란 이와 같이 외국환거래에서 원화의 매매가 수반되지 아니하고 동종의 외국통화로 대체되는 경우에 은행의 기대 외환매매이익 상실에 따른 보전조로 징구하는 수수료이다. 대체료 산출공식은 "외화금액 × 0.1% × 대고객매매기준율"이다.

---

8) 환가료는 매입이자로 불리는 것이 타당하다고 생각된다. 그러나 오랜 관행상 환가료라고 사용되고 있다.

4) 송금수수료

해외 송금시 징수하는 수수료이며 금액에 따라 차등 적용되며 외국환은행이 자율적으로 결정한다.

5) 추심수수료

D/A, D/P의 환어음 추심 및 수표(cheque)추심의 경우 징수하는 수수료이다. 외국환은행이 자율적으로 결정하며 통상 금액에 따라 차등 적용된다.

6) 신용장 개설수수료(issuing commission)

외국환은행이 수입상의 요청에 의하여 수입신용장을 개설할 때 징수하는 기간 개념의 'term charge' 수수료이다. 신용장 개설기간이 장기간인 경우 수수료 부담이 크기 때문에 통상 개설의뢰인은 그 기간을 단축하여 신용장을 개설하며 선적 직전에 신용장이 개설되는 경우는 이런 이유 때문이다.

Chapter 12

관세법과 수입실무

수입실무개요

1) 대외무역법상의 수입

(1) 외국에서 국내로 물품이 이동하는 경우(유·무상 불문)

- 일반수입 : 수입대금을 국내에서 지급하고 물품을 국내로 이동하는 수입을 말한다. 여기서 국내란 대한민국의 주권이 미치는 지역을 의미하며 관세법상의 보세창고, 보세판매장, 보세공장 등은 국내로 본다.

(2) 외국에서 외국으로 물품을 인도하는 행위(유상거래만 해당)

- 외국인수수입 : 수입대금은 국내에서 지급되지만 수입물품 등은 외국에서 인수하는 수입

(3) 전자적 형태의 무체물

- 비거주자가 거주자에게 전자적형태의 무체물을 정보통신망을 통한 전송 기타 지식경제부 장관이 정하는 방법으로 인수하는 것

2) 관세법상의 수입

수입이란 외국물품을 우리나라에 반입(보세구역을 경유하는 것은 보세구역으로부터 반입하는 것을 말한다)하거나 우리나라에서 소비 또는 사용하는 것으로서 우리나라의 운송수단 안에서의 소비 또는 사용하는 것을 포함한다.

3) 수입전 사전검토 사항

제1단계 : 수입물품에 대한 규제여부 및 국내시장조사
제2단계 : 해외물품 공급처 파악

제3단계 : 국내 수요처 확보(판매가능 여부 파악)

제4단계 : 수입형태 결정(직접 수입, offer sale)

제5단계 : 수입원가계산

제6단계 : 수입계약조건 협상 및 수입계약 체결

제7단계 : 신용장개설

제8단계 : 국내 거래처 점검 및 국내영업

■ 수입절차 흐름도

① 수입상품 선정 → ② 사전 원가계산 → ③ 납품처 선정 및 계약체결 → ④ 해외 수출상과 계약체결 → ⑤ 수입추천 또는 사전허가(수출입 공고 및 통합공고에서의 수입이 제한되는 품목) → ⑥ 수입승인(수출입 공고 및 통합공고에서의 수입이 제한되는 품목) → ⑦ 수입신용장 개설(신용장 결제방식인 경우) → ⑧ 운송서류 수취와 대금결제 → ⑨ 수입통관 → ⑩ 거래처 납품 → ⑪ 납품업체 대금회수

2 수입신용장 실무

1) 수입신용장 개설 절차

- 수입상이 수출상과 신용장 방식으로 거래하기로 매매계약서 체결
- 수입상은 개설의뢰인(applicant)으로서 자신의 주거래은행과 신용장 개설에 관한 외환거래 약정을 체결
- 수입상은 수출상으로부터 입수한 Offer Sheet 혹은 Proforma Invoice를 첨부하여 신용장개설신청서를 작성한 후 개설은행에 제출
- 개설은행은 자신과 환거래에 계약을 맺은 수출국의 통지은행으로 신용장을 개설

2) 개설은행의 서류 접수

- 매입은행으로부터 서류를 접수한 개설은행은 서류를 심사하여 서류의 수리 또는 거절을 결정하고, 서류를 제출한 당사자에게 결정내용을 통보하기 위하여 서류접수일 다음 날일을 기산일로 하여 5영업일을 초과하지 않는 범위내에서 상당한 시간을 가진다.
- 만약 개설은행이 서류의 하자를 발견하면 이 하자를 클레임과 연결시킬지의 여부를 수입상과 협의하는 것이 통상의 관례이다.

- 수입상이 하자에 대하여 accept하지 않을 경우 개설은행은 서류를 보내온 은행으로 불일치통보(Notice of Discrepancies)에 의거하여 하자 통보를 할 수 있다.
- 수입상이 하자에 대하여 accept하는 경우 수입상은 개설은행에 신용장 대금을 결제하고 개설은행은 매입은행으로 대금을 지급한다.

3) 수입상의 대금결제

- 수입상은 서류에 하자가 없는 한 개설은행에 신용장 대금을 결제하고 서류를 인도받는다.
- 일람불신용장인 경우 수입상이 서류 도착일로부터 3영업일이내에 대금을 결제하면 신용장 금액만 지급하게 되나, 그 이후 4영업일째 되는 날 이후에 결제할 경우에는 도착일부터 실제로 결제하는 날까지의 지연이자도 함께 지급하여야 한다.
- 서류도착일로부터 5영업일이 될 때까지 대금결제를 못하면 6영업일째 되는 날 은행이 대지급처리를 하게 되고 대지급이 발생하면 그때부터 상환일까지의 이자율은 연체 금리로 변하게 된다.
- 수입신용장 대금결제의 환율은 전신환매도율이다.

Application for irrevocable Documentary Credit

TO : Korea Bank (Reopen구분 : 1차발행( ), 2차발행( ) ① Date :
※ ② Advising bank : HSBC Bank, New York, USA (BIC : HSBCUS33)
※ ②-1 Credit no. :
③ Applicant :
④ Beneficiary :
⑤ Amount : 통화 금액 (Tolerance : /)
⑥ Expiry Date : in the Beneficiary country ( ) At the counters of ourselves ( )
⑦ Latest date of shipment :
⑧ Tenor of Draft At sight ( ), Usance days
(Usance L/C only : Banker's ( ) Shipper's ( ) days ☐ After sight
⑨ For 100% of the invoice value ☐ From B/L date
☐ Other

Documents Required(46A)

⑩ ( ) Full set of clean on board ocean bills of lading made out to the order of KOREA BANK marked "Freight ( )" and notify Accountee ( ), Other ( ) :
⑪ ( ) Insurance Policy or Certificate in duplicate endorsed in blank for 110% of the invoice value, stipulating that claims are payable in the currency of the draft and also indicating a claim setting agent in Korea. Insurance must include : the Institute Cargo Clause : ICC(A) with ICC War and SRCC clause.
⑫ ( ) Signed Commercial Invoice in ( ) folds
⑬ ( ) Packing List in ( ) folds
⑭ ( ) Certificate of Origin in ( ) Original and ( ) copies
⑮ ( ) Inspection Certificate in ( ) folds issued by
⑯ ( ) Other Documents (if any)
⑰ Description of goods and/or services (45A) HS Code : ⑱ Price term :

Commodity Description	Quantity	Unit Price	Amount

⑲ Shipment from : Shipment to :
⑳ Partial Shipment : ( ) Allow ( ) Prohibited
㉑ Transshipment : ( ) Allow ( ) Prohibited
㉒ Confirmation : ( ) / Confirmation charges : ( ) Beneficiary ( ) Applicant
㉓ Transfer : ( ) Allowed(Transferring Bank :)
㉔ Documents must be presented within ( )days after the date of shipment of B/L or transportation documents.

Additional Conditions(47A)

㉕ ( ) All banking charges including reimbursement charges outside Korea are for account of ( ) Beneficiary ( ) Applicant
( ) ( )% More or Less in quantity and amount to be acceptable
( ) Other conditions :

Except so far as otherwise expressly stated, This DC is subject to the UCP (2007 Revision) ICC Pub no.600)

위와 같이 신용장 발행을 신청함에 있어서 따로 제출한 외환약정서의 해당조항을 따를 것을 확약하며 아울러 위

수입물품에 관한 모든 권리를 귀행에 양도하겠습니다.

승인신청번호 : 신청인 :

■ 신용장 개설신청서 작성요령

항목	작성요령
① Date	신용장 개설은행에 신청한 당일 날을 기재한다.
② Advising bank	가급적 수출상이 요청하는 은행을 기재한다.
②-1 Credit no.	개설은행이 임의로 부여한다.
③ Applicant	개설의뢰인(수입상)의 상호와 주소를 정확히 기재한다.
④ Beneficiary	수출상의 상호와 주소 또는 전화번호까지 정확하게 기재
⑤ Amount	신용장 한도금액을 표시하며 이 금액 이상으로 환어음을 발행할 수 없다.
⑥ Expiry Date	신용장의 유효기일을 의미하며 통상적으로 선적일로부터 약 7~15일 가량이 주어진다.
⑦ Latest date of	선적기일은 계약서상의 선적일을 기재한다.
⑧ Tenor of draft	환어음의 지급기한을 기재한다. * At sight인 경우 : ㅇ표를 한다. * Usance인 경우 : 수출상과 합의한 외상기간을 기재한다. * Usance인 경우 : After sight, From B/L date, Other 3가지 중에서 한 가지를 선택한다.
⑨ For 100% of the	환어음의 발행금액은 보통 Invoice 금액과 일치하여 for 100% Invoice value로 표기하는 것이 원칙이다. 그러나 T/T 등과 혼합결제 방식인 경우에는 for 80% of Invoice value와 같이 Invoice 금액의 일정율에 대해 어음을 발행토록 하는 경우도 있다.
⑩ Full set of clean	운임을 수출상이 선지급하면 Freight (Prepaid) 운임을 수입상이 지급하면 Freight (Collect) 도착통지처(notify)를 기재한다. 수입상이면 Accountee, 다른 업체면 Other에 표시
⑪ Insurance Policy	가격조건이 CIF, CIP인 경우에 요구사항을 기재한다.
⑫ Commercial Invoice	수출상이 제시할 상업송장의 통수를 기재한다.
⑬ Packing List	수출상이 제시할 포장명세서의 통수를 기재한다.
⑭ Certificate of	수출상이 제시할 원산지증명서의 통수를 기재한다.
⑮ Inspection	수출상이 제시할 검사증명서의 통수와 발급자를 기재한다.
⑯ Other documents	추가적인 조건을 요구할 경우에는 기타서류로 기재한다.
⑰ Description	계약서상 약정한 물품의 내용, 수량, 단가, 금액을 기재한다.
⑱ Price term	FOB, CFR, CIF 등으로 기재한다.
⑲ Shipment from to	선적항(지)와 도착항(지)를 기재한다.
⑳ Partial Shipment	분할선적 허용 여부를 표시한다.
㉑ Transshipment	환적의 허용 여부를 표시한다.
㉒ Confirmation	수출상과 확인신용장 개설의 합의가 있을 때 표시한다.
㉓ Transfer	수출상과 양도가능신용장 개설의 합의가 있을 때 표시한다.

항목	작성요령
㉔ Documents	서류제시기간을 기재한다.
㉕ Additional	부가조건은 기존 신용장의 형식에 없는 내용들을 추가로 기재하는 조건이다.

3 수입통관

1) 수입통관의 개념

수입통관(customs clearance)이란 수입하고자 하는 자가 우리나라에 수입될 물품을 선적한 선박 또는 항공기가 (①출항하기 전, ②입항하기 전, ③입항 후 물품이 보세구역에 도착하기 전, ④보세구역에 장치한 후)에 선택하여 세관장에게 수입신고 하고, 세관장은 수입신고가 관세법 및 기타 법령에 따라 적법하고 정당하게 이루어진 경우에 이를 신고수리하고 신고인에게 수입신고필증을 교부하여 수입물품이 반출될 수 있도록 하는 일련의 과정을 말한다.

화물의 국가간 이동은 나라마다 여러 가지 규제를 가하고 있는 것이며 이러한 규제는 세관이라는 관문을 통하여 실현하고 있다. 우리나라도 국제수지의 균형과 국민경제의 발전을 위하여 대외무역법 등 각종 법령에 무역에 관한 규제사항을 두고 있으며 이러한 규제내용을 실제로 확인, 집행하는 제도가 통관제도이다. 통관이 화물의 이동, 즉 수출입에 관한 국가의 규제사항을 서류 및 현품과 대조·확인하는 것이라면, 통관절차란 이러한 확인절차를 의미한다.

2) 수입신고인

(1) 관세사

관세사법에 따라 타인으로부터 통관의 위임을 받아 수입신고를 할 수 있도록 자격을 부여받은 자로서 개업형태에 따라 관세법인, 통관취급법인, 합동관세사, 개인관세사로 구분된다.

(2) 수입화주

수입화주도 일정한 요건을 갖추면 자기가 수입한 물품에 한하여 직접 수입신고를 할 수 있다. 관세법상 수입화주는 다음에 해당하는 사람을 포함한다.

① 물품의 수입을 위탁받아 수입업자가 대행 수입한 물품인 때에는 그 물품의

수입을 위탁한 자

② 수입을 위탁받아 수입업체가 대행수입한 물품이 아닌 때에는 송품장(송품장이 없을 때에는 선하증권 또는 항공화물운송장)에 기재된 수화인

③ 수입신고 전에 양도한 때에는 그 양수인

④ 조달물품은 실수요부처의 장 또는 실수요자

⑤ 송품장상의 수화인이 부도 등으로 직접 통관하기 곤란한 경우에는 적법절차를 거쳐 수입물품의 양수인이 된 은행

⑥ 법원의 임의경매절차에 의하여 경락받은 물품은 그 물품의 경락자

3) 수입통관 절차

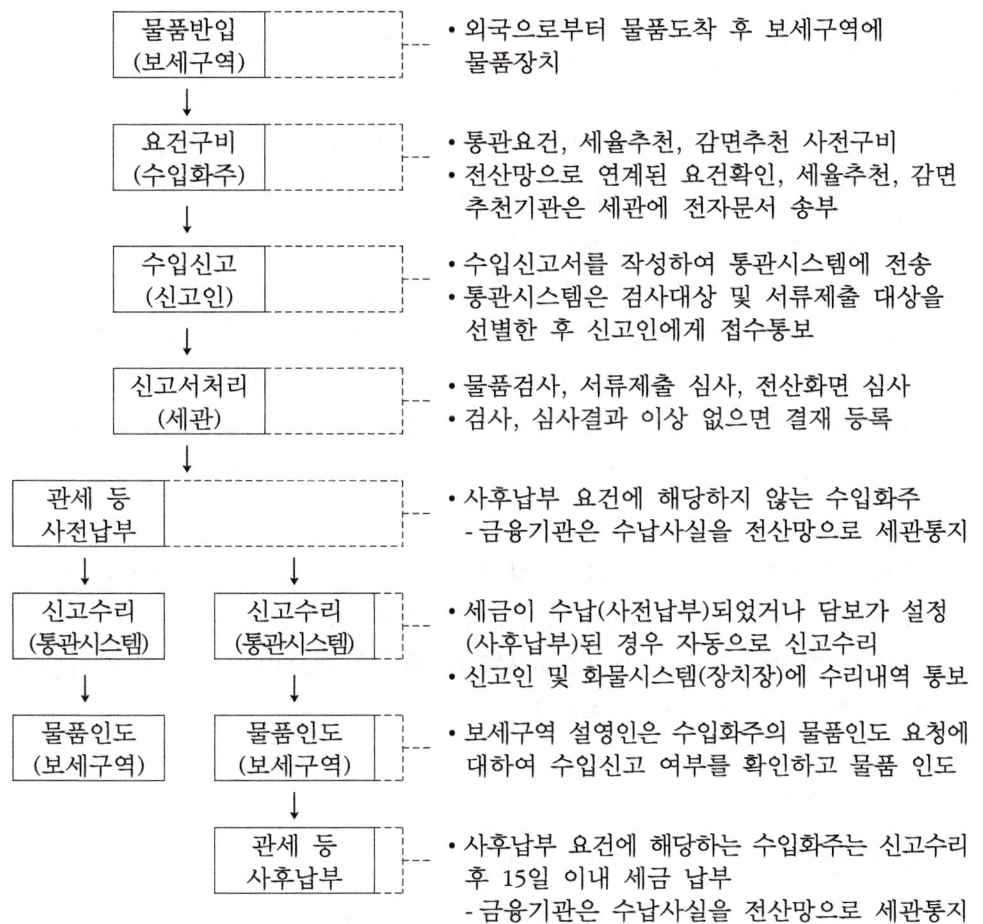

4) 수입신고의 시기

(1) 원칙적인 신고시기

수입신고는 당해 물품을 수입하고자 하는 자가 세관장에게 행하는 수입의사의 표시이다. 수입신고에 따라 과세물건과 적용법령이 확정된다. 수입신고의 시기는 원칙적으로 당해 물품이 보세구역에 장치된 후 30일 이내이다. 관세청장이 따로 정한 보세구역에 장치한 물품을 만일 30일 이내에 수입신고를 하지 아니할 경우 세관장은 당해 물품 과세가격의 100분의 2에 상당하는 금액의 범위 내에서 가산세를 부과한다.

(2) 예외적 신고 시기

수입신고는 원칙적으로 당해 물품을 적재한 선박 또는 항공기가 입항한 후에 한하여 이를 할 수 있다. 그러나 수입하고자 하는 물품의 신속한 통관이 필요한 경우 대통령령이 정하는 바에 따라 당해 물품을 선(기)적한 선박 또는 항공기가 입항하기 전에 수입신고를 할 수 있다. 이를 '입항 전 수입신고제도'라 한다. 현재 입항 전 수입신고는 다음 네 가지로 세분되어 있다.

① 출항 전 신고 : 항공기로 수입되는 물품 또는 일본, 중국, 대만, 홍콩으로부터 수입되는 물품이 그 대상이 된다. 수입신고 시기는 우리나라 입항 5일 전(항공기는 1일 전)으로 물품을 적재한 선박(항공기)이 적재항 출항 전이다.

② 입항 전 신고 : 신고대상 물품의 제한은 없으며, 수입신고 시기는 우리나라 입항 5일 전(항공기의 경우 1일 전)으로 선박(항공기) 출항 후 입항(하선(기) 신고) 전이다.

③ 보세구역 도착 전 신고 : 신고대상 물품의 제한은 없으며, 수입신고 시기는 입항 후 당해 물품이 반입될 보세구역 도착 전이다.

④ 보세구역장치 후 신고 : 신고대상 물품의 제한은 없으며, 수입신고 시기는 당해 물품의 보세구역 장치 후이다.

5) 수입신고세관

(1) 출항 전 신고 또는 입항 전 신고

수입 물품을 적재한 선박 등의 입항예정지를 관할하는 세관장

(2) 보세구역 도착 전 신고

수입 물품이 도착할 보세구역을 관할하는 세관장

(3) 보세구역 장치 후 신고

수입 물품이 장치된 보세구역을 관할하는 세관장에게 신고하여야 한다.

6) 해상운송

(1) 해상운송 시 통관절차

수입 통관 시 화주는 수입통관 절차를 모두 다 완벽하게 이해할 필요까지는 없다 하더라도 해상운송 B/L과 항공운송장(AWB)이 어떻게 다르게 세관에서 사용되는 정도는 알아야 한다.

신용장 방식일 경우 해상운송 B/L원본 3부는 은행을 통해서 수입상에게 전달되고 수입상은 원본 1부를 운송회사에 제출하고 D/O(Delivery Order)를 발급 받는다. D/O는 운송회사가 운임 후불인 경우 운임 및 입항료, 기타 수수료 등을 받은 후 B/L원본을 회수하고 화주에게 발급하여 주는 '화물인도지시서(Delivery Order)'이다.

(2) 해상운송 수입흐름도

수입신용장 개설 → 선적서류 도착 → 개설은행에 신용장 대금결제 → 은행으로부터 B/L원본 입수 → B/L원본 1부 운송회사 제출 → 운송회사로부터 D/O입수 → 수입신고 → 관세 납부 → 세관의 신고수리 → (관세 사후납부) → D/O제출 → 물품인수

(3) 수입화물선취보증서(L/G, Letter of Shipping Guarantee)

① 발생경위

수입화물선취보증서(L/G, Letter of shipping Guarantee)란 선적서류가 개설은행에 내도하기 전에 수입상이 화물을 신속하게 인도받기 위하여 개설은행에 수입화물선취보증 신청서를 제출하면 개설은행은 필요한 조치를 취한 다음 운송회사 앞으로 선하증권(B/L) 원본 대신 수입화물선취보증서를 제출하고 수입화물을 인도받는 제도이다.

우리나라와 가까운 중국, 일본, 홍콩 등으로부터 운송되는 화물은 지역에 따라 차이가 있으나 1~4일 정도가 소요된다. 반면에 수출국의 매입은행으로부터 송부된 서류가 개설은행에 도착하기까지는 서류발송 수단에 따라서 차이가 있지만 빠르면 3일에서 7일까지 소요된다. 만약에 이때 물품은 수입지에 이미 도착하여 있는데 개설은행에 서류가 도착하지 않아서 통관할 수 없는 상황이라면 하루가 급한 수입상으로서는 은행으로부터 L/G를 발급받아 화물을 우선 인도받고 개설은행은 추후

B/L 원본을 운송회사에 제출하여 자신이 발급한 L/G를 되찾게 된다. 이것을 수입화물선취보증제도라고 한다.

수입화물선취보증서를 발급한 은행은 "원본선하증권이 제시되지 않았다는 하자"를 제외하고는 다른 하자를 이유로 서류를 거절할 수 없다.

② 주요내용

L/G는 개설은행이 운송회사 앞으로 발행하는 지급보증서 또는 각서의 일종으로써 다음과 같은 내용이 기재되어 있다.

- B/L원본이 도착하면 즉시 운송회사에 제출하겠다는 약속문언
- 화물의 인도로 인하여 발생되는 모든 책임을 은행이 지겠다는 약속문언
- 화물인도에 따른 일체의 비용(운임, 창고료, 양륙비 등)을 화물인도시 지급하겠다는 문언

7) 항공운송

해상운송 B/L은 원본이 3부이고 신용장 방식의 경우 대부분 개설은행이 원본 3부를 네고(nego) 서류에 첨부토록 하기 때문에 원본 3부 모두가 은행으로 도착하게 되고 수입상은 개설은행에 대금을 결제하게 되면 개설은행은 B/L 원본 모두를 수입상에게 주게 된다. 수입상은 이 중 아무거나 하나를 운송회사에 제출하여 D.O를 발급받게 되지만 항공의 경우는 다르다.

항공은 수출지 항공대리점이 총 3부의 original AWB를 발행하는데 original 1(for carrier)은 항공사가 보관하고 original 2(for consignee)는 물품 이동과 함께 수입국으로 보내져서 수입국 항공사 파트너가 보관하고 수입상이 신용장 개설은행에 대금결제 후 original 2(for consignee)를 찾아 이것으로 수입 통관하게 되고 original 3(for shipper)은 수출상이 nego를 통하여 개설은행에 도착하게 된다.

8) 해상운송과 항공운송의 비교

서류 도착 시기	해상운송	항공운송
선적서류 도착 전 (물품 수입지 도착)	L/G(Letter of Shipping Guarantee ; 수입화물선취보증서)를 개설은행으로부터 발급받아 운송회사에 제시 후 운송사로부터 D/O를 받음. D/O를 창고에 제시하여 물품을 인수	개설은행에 대금결제 전 항공화물운송장에 의한 수입화물인도승낙서를 개설은행으로부터 발급받은 후 항공대리점에 사본 제시 후 Original-2를 받아 창고 제시

서류 도착 시기	해상운송	항공운송
선적서류 도착 후 (대금결제 완료 후)	L/G(Letter of Shipping Guarantee ; 수입화물선취보증서) 없이 바로 개설은행 대금결제 후 개설은행으로부터 Original B/L을 받아 그중 1부를 운송회사에 제시 후 D/O 발급받아 통관	개설은행에 대금결제 후 항공화물운송장에 의한 수입화물인도승낙서를 개설은행으로부터 발급받은 후 항공대리점에 사본 제시 후 Original-2를 받아 창고 제시

9) 수입통관 규정

(1) 과세표준

세액 결정의 기준이 되는 과세물건의 가격 또는 수량을 말한다. 가격을 과세표준으로 할 때 이를 종가세라 하고 물품의 수량(개수, 중량, 용적 등)을 과세표준으로 할 때 이를 종량세라 한다.

종가세 : 가격(CIF) × 세율 = 세액(수입물품의 대부분)
종량세 : 수량 × 단위당 세액 = 세액(예 : 수록된 비디오테이프)

(2) 과세가격의 결정

수입물품의 과세가격은 우리나라에 수출·판매되는 물품에 대하여 구매자가 실제로 지급하여야 할 가격에 다음 각호의 금액을 가산하여 조정한 거래가격으로 한다.

- 구매자가 부담하는 수수료 및 중개료. 단, 구매수수료는 제외한다.
  - 수수료란 수입물품의 거래를 위해 구매자·판매자 이외의 자가 구매자 또는 판매자를 대리하여 제공하는 용역에 대한 대가이다. 일반적으로 판매자가 부담하는 오퍼(offer) 수수료 등을 구매자가 부담한다면 과세가격 산출 시 이를 가산하여야 한다.
  - 구매수수료란 외국에서 구매자만을 위해 구매자를 대리하여 제공하는 용역에 대한 대가로 구매자가 구매대리인에게 지급하는 비용이다. 즉, 구매자를 대리하여 행하는 용역은 구매자의 계산과 위험부담으로 공급자 물색, 견본수집, 물품검사, 보험·운송·보관·인도 등을 알선하는 용역이다.
- 당해 물품과 동일체로 취급되는 용기의 비용과 당해 물품의 포장에 드는 노무비 및 자재비로서 구매자가 부담하는 비용
- 구매자가 당해 물품의 생산 및 수출거래를 위하여 무료 또는 간접으로 대통령

이 정하는 물품 및 용역을 공급하는 때에는 그 가격 또는 인하차액

- 특허권, 실용신안권, 의장권, 상표권 및 이와 유사한 권리를 사용하는 대가로 지급하는 것으로서 대통령령이 정하는 바에 따라 산출된 금액
- 수입항까지의 운임, 보험료 기타 운송에 관련되는 비용으로서 대통령령이 정하는 바에 따라 결정된 금액

(3) 공제비용

금액을 명백히 구분할 수 있을 것.

- 수입 후에 행하여지는 당해 수입물품의 건설, 설치, 조립, 정비, 유지 또는 당해 수입 물품에 관한 기술지원에 필요한 비용
- 수입항 도착 후에 당해 수입물품의 운송에 필요한 운임, 보험료 기타 운송에 관련되는 비용
- 우리나라에서 당해 수입 물품에 부과된 관세 등의 세금 기타 공과금
- 연불조건 수입의 경우에는 당해 수입 물품에 대한 연불이자

Tip • **과세항목과 공제항목**

▶ 과세항목 : FOB 물품 가격, 해상운임, 해상보험료

▶ 공제항목 : 설치비, 엔지니어 fee, 국내이동비용, 향후 software upgrade

- 상업송장에 정확하게 명시하게 되면 관세에서 공제받을 수 있다.
- Door to door의 경우라도 수입국 내륙운송비 및 보험료 등은 공제받을 수 있다.

4 관세의 납부

1) 납세의무자

(1) 의의

납세의무자란 법에 의해 조세를 납부할 의무가 있는 자를 말한다. 관세의 납부의무자는 원칙적으로 물품을 수입한 화주가 되지만 관세의 간접세적 특성으로 인하여 그 실질적인 세부담은 최종소비자에게 전가된다.

(2) 납세의무자

수입신고를 한 물품에 대해서는 그 물품을 수입한 화주가 관세의 납세의무자가 된다.

(3) 연대납세의무자

수입신고가 수리된 물품에 대하여 수입한 화주의 주소 및 거소가 불명하거나 수입신고인(관세사)이 화주를 명백히 하지 못하는 때에는 그 신고인은 당해 물품을 수입한 화주와 연대하여 당해 관세를 납부하여야 한다.

2) 관세의 납부기한과 가산금

(1) 의의

관세의 납부기한이란 관세법상의 규정에 따라 납세의무자가 조세 채무를 이행하여야 하는 기한을 말한다. 납부기한이 경과한 경우 세관장은 체납자로부터 가산금을 부과·징수하여야 한다.

(2) 일반적인 관세의 납부기한

① 납세의무자가 신고납부 규정에 의한 납세신고를 한 경우
납세의무자는 납세신고(수입신고)가 수리된 날로부터 15일 이내에 당해 세액을 납부하여야 한다. (단, 납세담보를 제공한 경우에 한한다.)

② 세관장이 부과고지 규정에 의한 납세고지를 한 경우
납세고지를 받은 자는 그 고지를 받은 날로부터 15일 이내에 당해 세액을 세관장에게 납부하여야 한다.

③ 수입신고전 즉시반출신고를 한 경우
납세의무자는 수입신고일부터 15일 이내에 당해 세액을 납부하여야 한다.

④ 세액을 정정하는 경우
납세의무자가 세액의 보정을 신청한 경우 당해 보정신청을 한 날의 다음날까지 당해 관세를 납부하여야 하며, 수정신고를 한 경우 수정신고한 날의 다음날까지 당해 관세를 납부하여야 한다. 다만, 납세의무자가 납세신고한 세액을 납부하기 전에 정정을 한 경우 납부기한은 당초의 납부기한으로 한다.

(3) 관세 납부기한의 특례

위의 일반적인 납부기한 이외에도 분할납부, 월별납부 등의 납부기한 특례규정이 있다.

① 분할납부
세관장은 납부기한 별로 부과고지 규정에 의한 납세고지를 하여야 한다. 다만, 관세를 지정된 기한까지 납부하지 않았거나, 파산선고를 받은 경우 또는 법인이 해산한 경우 등으로 인하여 관세를 징수하는 때에는 10일 이내의 납부기한을 정

하여 납세고지를 하여야 한다.

② 월별납부

세관장은 납세실적 등을 고려하여 일정요건을 갖춘 성실납세자가 신청을 하는 때에는 일반적인 납부기한 규정에 불구하고, 납부기한이 동일한 달에 속하는 세액에 대하여는 동 기한이 속하는 달의 말일까지 일괄하여 납부하게 할 수 있다.

3) 세액의 정정과 가산세

(1) 세액의 정정

납세신고한 세액이나 신고납부한 세액에 대하여 사후에 과부족이 있는 것을 발견한 경우, 납세의무자 또는 세관장이 이를 정정할 수 있다.

■ 세액의 정정방식

주 체	명 칭	시 기	내 용	가산세
납세의무자	정정신고	세액 납부 전	신고세액 과부족	×
	보정신청	세액납부 후 6월이내	납부세액 과부족	×
	수정신고	보정기간 경과 후	납부세액 부족	○
	경정청구	보정기간 경과 후	납부세액 과다	×
세관장	경정	세액납부 전/후	신고/납부세액 경정청구세액 과부족	○

① 정정신고

납세의무자는 납세 신고한 세액을 납부하기 전에 당해 세액에 과부족이 있는 것을 안 때에는 납세 신고한 세액을 정정할 수 있다. 이 경우 납부기한은 당초 납부기한으로 한다.

② 보정신청(세액보정)

납세신고자는 신고납부한 세액에 과부족이 있거나 세액산출의 기초가 되는 과세가격 또는 품목분류 등에 오류가 있는 것을 안 때에는 신고납부한 날부터 6월 이내에 당해 세액의 보정을 세관장에게 신청할 수 있다. 한편 세관장은 신고납부한 세액에 과부족이 있거나 세액산출의 기초가 되는 과세가격 또는 품목분류 등에 오류가 있는 것을 안 때에는 보정통지서를 교부함으로써 납세의무자에게 당해 보정기간에 보정을 신청하도록 통지할 수 있다.

③ 수정신고

납세의무자는 보정신청 기간이 경과한 후 신고납부한 세액에 부족이 있는 때에는 수정신고를 할 수 있다. 이 경우 납부기한은 수정 신고한 날의 다음 날이며 가산세를 징수한다.

④ 경정청구

납세의무자는 보정신청 기간이 경과한 후 신고납부한 세액이 과다한 것을 안 때에는 최초로 납세신고를 한 날로부터 2년 이내에 신고한 세액의 경정을 세관장에게 청구할 수 있다. 경정청구를 받은 세관장은 그 청구를 받은 날로부터 2월 이내에 세액을 경정하거나 경정하여야 할 이유가 없다는 뜻을 청구한 자에게 통지하여야 한다.

⑤ 경정

세관장은 납세의무자가 납세 신고한 세액, 신고납부한 세액 또는 경정 청구한 세액을 실사한 결과 과부족이 있는 것을 안 때에는 당해 세액을 경정하여야 한다. 또한, 경정 후 그 세액에 과부족이 있는 것을 발견한 때에는 재경정할 수 있다. 세관장이 경정하는 경우 가산세를 징수한다.

(2) 가산세

가산세란 세법에서 규정하고 있는 성실의 의무를 위반한 자에 대하여 정벌적 성격의 경제적 제재를 가하기 위하여 징수할 세액에 가산하여 징수하는 금액을 말한다. 가산세 제도는 관세법상 제반의무의 성실한 이행을 유도하는데 그 목적이 있다.

4) 수입신고필증의 교부

세관장은 수입신고를 수리한 때에는 세관특수청인을 전자적으로 날인한 신고필증을 신고인(관세사 등)에게 교부한다. 다만, 아래의 사유가 있을 때에는 각각의 방법으로 교부할 수 있다.

① 부득이한 사정으로 신고필증을 전자적으로 교부할 수 없는 경우 : 수입신고서에 세관특수청인을 직접 날인하여 교부

② 신고물품의 규격수가 50개를 초과하여 전산으로 입력하지 않고 신고서 및 신고필증에 상세내역사항을 별도의 붙임서류로 첨부하여 신고하는 경우 : 세관특수청인을 전자적으로 날인한 신고필증과 붙임서류의 경계면에 신고서 처리담당자 인장을 날인하여 교부

수 입 신 고 필 증

(갑 지)

※ 처리기간 : 3일

①신고번호	②신고일	③세관.과	⑥입항일	⑦전자인보이스 제출번호
11461-12-000100U	2021/01/05	020-11	2021/01/05	

④B/L(AWB) 번호	⑤화물관리번호	⑧반입일	⑨징수형태
EX152603A	12KMTCKL001-0001-001	2021/01/05	11

⑩신 고 인	구경관세사무소
⑪수 입 자	(주) 대한무역 A
⑫납세의무자	000-00-00000
(주소)	서울시 강남구 삼성동 000
(상호)	(주) 대한무역
(성명)	김대한
⑬운송주선인	(주)대한 Trans Corp.
⑭해외거래처	CT TECHNOLOGY INC.

⑮통관계획 D 보세구역장치 후	⑲원산지증명서 유무 N	㉑총중량 1,000 KG
⑯신고구분 A 일반 P/L 신고	⑳가격신고서 유무 N	㉒총포장갯수 10 GT
⑰거래구분 11 일반수입형태	㉓국내도착항 KR INC 인천항	㉔운송형태 10 - LC
⑱종류 A 일반외화획득용	㉕적출국 HK HGKONG ㉖선기명 GLORIA 007V	
㉗MASTER B/L번호 KMTCHKG129688	㉘운수기관부호	

㉙검사(반입)장소 0210026-001(인천복합운송협회 보세창고)

● 품명 ·규격 (란번호/총란수 : 001/001)

㉚품명	CCTV CAMERA	㉜상표명 BCV
㉛거래품명	CCTV CAMERA	

㉝모델·규격	㉞성분	㉟수량	㊱단가(USD)	㊲금액(USD)
CT 1234-F		1,000 EA	40	40,000

㊳세번부호	8525.80-1020	㊵순중량	700(KG)	㊸C/S검사	C/S검사생략	㊺사후확인기관
㊴과세가격	$40,276	㊶수량	1,000U	㊹검사변경		
(CIF)	₩46,899,898	㊷환급물량	1,000EA	㊻원산지	CN-6-G-B	㊼특수세액

㊽수입요건확인 (발급서류명)				

㊾세종	㊿세율(구분)	51감면율	52세액	53감면분납부호	감면액	내국세부호
관	8.00(A기가)	0.00	3,751,990		0	
부	10.00(A)	0.00	5,065,180		0	

54결제금액(인도조건-통화종류-금액-결제방법)	FOB-USD-40,000-T/T	56환율	1,164.45

55총과세가격	$40,276	57운임	221,898	59가산금액	0	64납부서번호	020-11-12-XXX
	₩46,899,898	58보험료	100,000	60공제금액	0	65총부가가치세과표	50,651,888

61세종	62세액
관 세	3,751,990
개 소 세	0
교 통 세	0
주 세	0
교 육 세	0
농 특 세	0
부 가 세	5,065,180
신고지연가산세	0
미신고가산세	0
63총세액합계	8,817,170

※신고인기재란

- 전화번호
- 이메일

66세관기재란

67담당자	한세관 091560	68접수일시	2021/01/05 16:17	69수리일자	2021/01/05

수 입 신 고 필 증

- 관세 및 부가세 계산 방법
  - 과세가격(CIF)(㊴) = FOB(㊿④) + 해상운임(⑰) + 적하보험료(⑱)
  - FOB 외화금액(⑭) : U$40,000〔환율(⑯) : 1,164.45〕
  - FOB 원화금액 : 40,000 × 1,164.45 = 46,578,000
  - 해상운임(⑰) : 221,898원
  - 적하보험료(⑱) : 100,000원
  - 과세가격(CIF) = 46,578,000 + 221,898 + 100,000 = 46,899,898
  - 과세가격(CIF) 총금액(㊴) = 46,899,898
  - 관세율 : 8%(㊾ 세종 : 관(관세), ㊿ 세율 : 8.00(8%)
  - 관세(62) = CIF × 관세율
  - 관세(62) = 46,899,898 × 0.08 = 3,751,990
  - 부가세 과세표준(65) = (CIF + 관세)
  - 부가세율 : 10%〔㊾ 세종 : 부(부가세)〕, ㊿ 세율 : 10.00(10%)
  - 부가세 과세표준 = (46,899,898 + 3,751,990)
  - 부가세(V.A.T)(62) = (부가세 과세표준) × 0.1
  - 부가세(V.A.T)(62) = 50,651,888(65) × 0.1 = 5,065,180
  - 총 세액합계(63) = 관세 + 부가세
  - 총 세액합계(63) = 3,751,990 + 5,065,180 = 8,817,170

- 부가가치세(약칭 : 부가세)는 환급대상이므로 수입원가가 아니다.

5 재수출면세

1) 재수출면세의 개념

수출입물품의 포장용품이나 일시입국자가 본인이 사용하고 재수출할 목적으로 수입하는 신변용품, 직업용품, 취재용품, 박람회, 전시회 등 행사에 출품, 사용하기 위해 수입하는 물품 등 우리나라에 수입된 물품이 단기간 내에 다시 수출될 것으로 예정되어 있는 경우, 재수출 이행을 조건으로 당해 물품이 수입된 때에 관세를 면제할 수 있다.

수입신고수리일로부터 1년의 범위내에서 세관장이 정하는 기간 내에 다시 수출하는 물품 다만, 세관장은 부득이한 사유가 있다고 인정되는 때에는 1년의 범위내에서 그 기간을 연장할 수 있다.

2) 해당물품

① 수입물품의 포장용품
② 수출물품의 포장용품
③ 박람회, 전시회 출품 물품
④ 국제적인 회의 등에서 사용하기 위한 물품
⑤ 고학기술 연구 및 교육훈련을 위한 과학장비
⑥ 시험용 물품 및 제작용 견품
⑦ 수리를 위한 물품(수리전 물품과 수리후 물품의 HS 10단위가 일치해야 한다.)
⑧ 컨테이너의 수리를 위한 부분품
⑨ 항공 및 해상화물운송용 파렛트
⑩ 외국으로부터 수탁받은 물품의 생산에 사용하기 위한 것으로써 무상으로 수입되는 금형

※ 수입신고수리일로부터 1년을 초과하여 수출해야 할 부득이한 사유가 있는 물품의 경우, 세관장이 정하는 기간내 다시 수출하는 물품
- 수송기기의 하자를 보수하거나 이를 유지하기 위한 부분품

3) 재수출면세의 요건

재수출면세를 받으려면 시험, 수리, 단순임가공목적으로 수입되어 1년이내에 다시 수출되는 경우에 한하여 재수출면세 신청이 가능하다. 그리고 수입시의 HS

CODE 10단위로 수출시의 HS CODE 10단위가 동일해야 한다.

4) 재수출면세 규정 적용절차

재수출면세규정에 의해서 수리 후 재수출 될 물품을 수입하는 경우 세금을 면제 받게 된다. 이때 수입절차를 진행할 때 보통 검사 진행이 이루어지게 된다. 수입신고되는 물품의 제조번호나 시리얼 번호 등을 정확히 기재하였는지 확인 및 제품확인 후 수출할 때 그 물품이 그대로 선적되는지를 확인하기 위해서 이다. 추가적으로 재수출면세규정을 적용받고 세금을 면제 받은 물품이 기간내에 재수출 이행이 되지 않거나 용도 외로 사용되는 경우 면제받은 세금을 추징하게 된다. 수입신고를 진행할 때 실무적인 절차가 한 가지 더 발생한다. 담보의 제공이다. 재수출면세규정에 의해서 면제받게 되는 세금에 상당하는 금액의 현금 혹은 납세보증보험증권 등의 제공이 되어야 수입통관 절차가 처리된다. 그리고 추후 재수출이 이행되면 담보에 대한 해지가 이루어진다.

 재수입면세

1) 재수입면세의 개념

우리나라에서 수출(보세가공수출을 포함한다)된 물품으로서 해외에서 제조·가공·수리 또는 사용(장기간에 걸쳐 사용할 수 있는 물품으로서 임대차계약 또는 도급계약 등에 따라 해외에서 일시적으로 사용하기 위하여 수출된 물품 중 기획재정부령으로 정하는 물품이 사용된 경우와 박람회, 전시회, 품평회 그 밖에 이에 준하는 행사에 출품 또는 사용된 경우는 제외한다)되지 아니하고 수출신고 수리일부터 2년 내에 다시 수입(이하 이 조에서 "재수입"이라 한다)되는 물품.

(1) 다만, 다음 각 목의 어느 하나에 해당하는 경우에는 관세를 면제하지 아니한다.

① 해당 물품 또는 원자재에 대하여 관세를 감면받은 경우
② 이 법 또는 「수출용원재료에 대한 관세 등 환급에 관한 특례법」에 따른 환급을 받은 경우
③ 이 법 또는 「수출용 원재료에 대한 관세 등 환급에 관한 특례법」에 따른 환급을 받을 수 있는 자 외의 자가 해당 물품을 재수입하는 경우. 다만, 재수입하

는 물품에 대하여 환급을 받을 수 있는 자가 환급받을 권리를 포기하였음을 증명하는 서류를 재수입하는 자가 세관장에게 제출하는 경우는 제외한다.

④ 보세가공 또는 장치기간경과물품을 재수출조건으로 매각함에 따라 관세가 부과되지 아니한 경우

(2) 수출물품의 용기로서 다시 수입하는 물품

(3) 해외시험 및 연구를 목적으로 수출된 후 재수입되는 물품

Chapter 13

FTA

 FTA 원산지와 관세적용

1) FTA 개요

자유무역협정(FTA : Free Trade Agreement)은 협정을 체결한 국가 간에 상품/서비스 교역에 대한 관세 및 무역장벽을 철폐함으로써 배타적인 무역특혜를 서로 부여하는 협정이다. FTA는 그 동안 유럽연합(EU)이나, 북미자유무역(NAFTA) 등과 같이 인접 국가나 일정한 지역을 중심으로 이루어졌기 때문에 흔히 지역무역협정(RTA : Regional Trade Agreement)이라고도 부른다.

우리나라의 경우 2004년 한-칠레 FTA를 시작으로 싱가포르, EFTA, 아세안, 인도, EU, 페루, 미국, 터키, 호주, 캐나다, 중국, 뉴질랜드, 베트남, 콜롬비아, 중미, 영국, RECP와 FTA가 체결 및 발효되었다.[1)]

지역 무역 협정은 체결국간 경제통합의 심화 정도에 따라 4단계로 크게 구분할 수 있다.

(1) 자유무역협정 : 역내관세 철폐
(2) 관세동맹 : 공동관세부과
(3) 공동시장 : 생산요소 이동 자유화
(4) 완전경제통합 : 경제정책 통합

---

1) 2022년 2월 기준(총 18건, 72개국)

Tip ① EFTA : 스위스, 노르웨이, 아이슬란드, 리히텐슈타인 (4개국)
② 아세안 : 브루나이, 캄보디아, 인도네시아, 라오스, 말레이시아, 미얀마, 필리핀, 싱가포르, 베트남, 태국 (10개국)
③ EU : 벨기에, 프랑스, 독일, 이탈리아, 룩셈부르크, 네덜란드, 덴마크, 아일랜드, 영국, 그리스, 포르투갈, 스페인, 오스트리아, 핀란드, 스웨덴, 폴란드, 헝가리, 체코, 슬로바키아, 슬로베니아, 리투아니아, 라트비아, 에스토니아, 키프로스, 몰타, 불가리아, 루마니아, 크로아티아 (28개국)
④ 중미 : 코스타리카, 엘살바도르, 온두라스, 니카라과, 파나마 (5개국)
⑤ RECP : 동남아시아국가연합(ASEAN) 10개국(필리핀, 말레이시아, 싱가포르, 인도네시아, 타이, 브루나이, 베트남, 라오스, 미얀마, 캄보디아)과 한·중·일 3개국, 호주·뉴질랜드 총 15개국 간의 관세장벽 철폐를 목표로 하는 역내포괄적경제동반자협정(Regional Comprehensive Economic Partnership)이자 세계 최대 규모의 자유무역협정(FTA)

2) 서명/타결된 FTA

① 인도네시아
② 이스라엘
③ 캄보디아

3) 협상중인 FTA

① 한국, 중국, 일본
② 에콰도르
③ MERCOSUR[2](4개국)
④ 필리핀
⑤ 러시아
⑥ 말레이시아

4) FTA 원산지

원산지란 어떤 물품이 출생 또는 성장하였거나 생산·가공·제조된 국가를 말한다. FTA 세율이 적용되기 위해서는 단순하게 FTA 체결국가로부터 수입된 것뿐만 아니라 그 수출국이 그 물품의 '원산지'일 것이 요구된다. FTA 특혜를 받을 수 있

2) MERCOSUR는 Southern Common Market의 스페인어 약어이며 남미 4개국 경제공동체를 의미한다. (브라질, 아르헨티나, 우루과이, 파라과이)

는 국가의 수출품목인지를 구별하기 위해서 원산지를 판정하는 것이 더욱 중요해지고 있다.

5) 관세양허

관세양허란 국가 간 또는 국제기구와의 협정에 따라 관세를 낮추겠다는 약속을 말한다. FTA를 통해 관세를 낮추기로 약속하였다면 'FTA 관세양허'라고 말할 수 있다. 이로 인해 낮아진 세율을 'FTA 양허세율' 또는 'FTA 세율'이라고 부른다.

6) FTA 관세적용 신청

(1) 협정관세 적용 신청의 원칙

'FTA 관세적용 신청'이란 원산지 증명서를 갖춰 FTA 양허세율을 적용해 달라고 수입국 세관에 요청하는 절차를 말한다. 협정관세 적용 신청은 원칙적으로 수입신고가 수리되기 전(수입통관이 완료되기 전)에 해야 한다. 이때 반드시 원산지 증명서를 가지고 있어야 하며 세관장이 요구하는 경우 제출할 수 있어야 한다.

(2) 협정관세 사후 적용 신청

수입 신고할 때 원산지 증명서를 갖추고 있지 못한 경우 우선은 일반적인 수입통관을 진행하고 관세를 납부해야 한다. 수입신고가 수리된 날부터 1년 이내에 원산지 증명서를 사후적으로 갖춰 협정관세 적용 신청을 하면 관세를 환급받을 수 있다.

2 FTA 원산지 결정기준

1) 의의

FTA 원산지 결정기준(원산지 기준)이란 특정 물품의 원산지를 판단하는 방법 또는 특혜 물품으로 인정하기 위한 기준을 말한다. 여러 국가의 부품이나 원재료를 사용하여 가공한 물품은 그 물품의 원산지를 파악하는 것이 어려우므로 FTA에서는 품목별로 원산지를 판단하는 기준을 따로 만들어 두고 있다.

2) FTA 원산지 기준 개요

1개국에서 생산된 경우 완전생산기준을 충족하는 것으로 본다. 다만, 2개국 이상에 걸쳐 생산된 경우 실질적 변형기준(세번변경기준, 부가가치기준, 가공공정기준)을 충족하여야 원산지 물품으로 본다. 여기에 원산지 기준을 강화 또는 완화하기 위한 보충적 기준으로서 미소기준, 누적기준, 대체가능 물품 등이 있다. 원산지 물품으로 인정되기 위해서는 이상의 기준을 만족하여야 하는 것뿐만 아니라 '충분가공원칙(불인정공정기준에 해당하지 않아야 함)', '직접운송원칙(원산지국에서 직접 운송되어야 함)', '역내가공원칙(원칙적으로 수출국과 수입국 내에서만 가공이 이루어져야 함)'의 세 가지 원칙이 기본적으로 충족돼야 한다.

▌표 13-1 ▌ FTA 원산지 결정기준

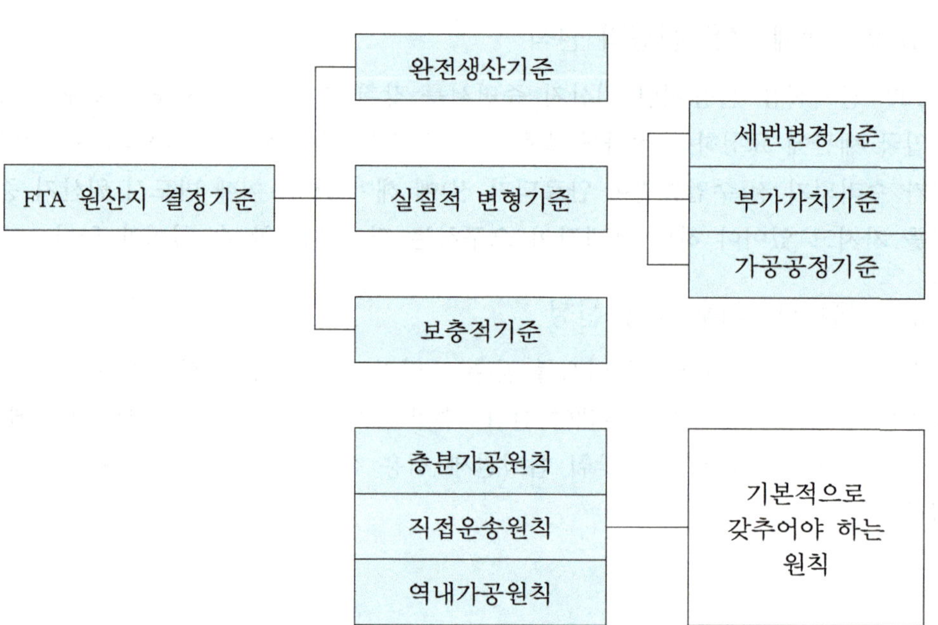

3) 완전생산기준

완전생산기준이란 물품 전부를 생산·가공·제조한 국가를 원산지로 인정하는 원산지 결정기준이다. FTA 체결국 중 하나의 국가에서 또는 수출국·수입국 양 국가의 영역에서 모든 생산이 이루어지면 원산지로 인정된다. 완전생산기준은 주로 농림축산물이나 광업 제품에 적용된다.

4) 실질적 변형기준

(1) 세번변경기준

'세번'이란 관세율표 번호를 줄인 말로 품목번호인 HS를 의미한다. 세번변경기준이란 HS를 일정 단위 이상 변경한 국가를 원산지로 인정하는 기준이다. 원재료를 수입하여 가공한 후 완제품으로 수출하였을 때 원재료의 HS와 완제품의 HS가 달라졌다면 그것은 가공을 한 것이므로 가공한 나라를 원산지로 인정한다는 논리이다. 세번변경기준에는 HS 2단위 변경, HS 4단위 변경, HS 6단위 변경 기준이 있다.

표 13-2 HS 단위

1	2	3	4	5	6	7	8	9	0
류 : 2단위		호 : 4단위		소호 : 6단위					

구분	내용
CC (Change of Chapter)	물품을 가공한 국가에서 HS 2단위(류)가 변경되면 원산지로 인정하는 기준
CTH (Change of Tariff Heading)	물품을 가공한 국가에서 HS 4단위(호)가 변경되면 원산지로 인정하는 기준
CTSH (Change of Tariff Subheading)	물품을 가공한 국가에서 HS 6단위(소호)가 변경되면 원산지로 인정하는 기준

0901.11 볶지 않은 커피	⇨ Roasting ⇨	0901.21 볶은 커피
볶지 않은 커피(커피콩)를 수입하여 볶아서 볶은 커피로 수출을 하였다면, HS가 0901.11에서 0901.21로 변경된다. 이때 2단위인 09나, 4단위인 0901까지는 변동이 없으므로, CC기준이나 CTH기준은 충족하지 못한 것이다. 그러나 0901.11에서 0901.21로 6단위 내에서는 변동이 있었으므로 CTSH는 충족한 사례이다.		

(2) 부가가치기준

부가가치기준이란 제조·가공 과정에서 일정 수준 이상의 부가가치를 창출한 국가를 원산지로 인정하는 기준을 말한다. 부가가치기준은 주로 물품을 형성하고 있는 재료의 '직접재료비'의 구성을 산출해 이 재료비가 제품 가격의 일정 비율 이상이면 원산지로 인정된다.

부가가치를 계산하는 방식에는 RVC(Regional Value Contents : 부가가치율)와 MC(iMport Contents : 비원산지재료가치비율) 두 가지 있다.

① RVC(Regional Value Content)

'부가가치율'이라는 의미로 '원산지국(역내산) 재료가 일정 비율 이상 사용될 것'을 요구하는 방식이며 여기에는 다시 직접법, 공제법, 순원가법이 있다.

② MC(iMport Contents)

'비원산지재료가치비율'이라는 의미로 비원산지지국 발생 부가가치가 일정 비율 이하일 것을 요구하는 방식이다.

표 13-3 부가가치기준 계산 방식

부가가치기준 (부가가치 계산방법)	RVC	직접법
		공제법
		순원가법
	MC	

표 13-4 직접법과 공제법의 구분

〈직접법〉 BU : Build Up			
역내산 재료	역외산 재료	원산지 불명 재료	간접재료비 노무비 경비 제조이윤 (국내운송비용)
부가가치인정			

※ 직접법 : 역내산 재료만 부가가치로 인정된다.

〈공제법〉 BD : Build Down			
역내산 재료	역외산 재료	원산지 불명 재료	간접재료비 노무비 경비 제조이윤 (국내운송비용)
부가가치인정			부가가치인정

※ 공제법 : 역외산 재료와 원산지불명재료를 제외한 나머지 부분이 부가가치로 인정되므로 결국 역내산 재료뿐만 아니라 간접재료비, 노무비, 경비, 제조이윤 등도 부가가치로 인정된다.

(3) 가공공정기준

가공공정기준이란 수출국에서 특정 공정을 수행한 경우 이 사실만으로 그 국가를 원산지로 인정하는 기준이다. 주로 의류 등 방직용 섬유제품에 대해서 적용되며 재단·봉제·염색 등 특정공정을 수행하면 원산지로 인정된다.

5) 보충적기준

(1) 미소기준

미소기준은 세번변경기준을 보완하는 기준이다. 제품의 가격에서 차지하는 비중이 아주 미미한 재료가 세번변경기준을 충족하지 못하더라도 제품 전체를 원산지물품으로 인정하는 것을 미소기준 또는 최소허용기준이라 한다. 수천만 원의 전자제품이 몇백 원가격의 부품 하나 때문에 원산지가 역내 산으로 충족되지 않는다면 불합리하다. 따라서 대부분의 FTA에서는 미소기준을 두고 있다.

(2) 누적기준

당해 물품의 생산자가 국내산이 아닌 FTA 체약상대국 산 원재료를 사용하여 물품을 생산 경우 그 체약상대국 산 원재료를 국내산 재료(원산지 재료)로 간주하여 역내산 판정을 보다 용이하게 하는 것을 누적기준이라 한다. 예를 들어 한-EU FTA에서 EU산 원재료와 한국산 원재료를 동시에 사용하여 제품을 생산한 후 EU로 수출할 경우 사용된 원재료를 모두 원산지 재료로 취급된다. 누적기준은 원산지 영역을 확대하여 역내산 재료 사용을 촉진하고 FTA 시장 통합의 시너지 효과를 창출하는데 기여한다.

(3) 대체가능 물품

대체가능 물품이란 물품의 특성이 본질적으로 같아 상업적으로 대체하여 사용할 수 있는 물품 또는 재료를 의미한다. 이는 원산지 재료와 비원산지재료를 구분하여 관리하는데 기술적 어려움이 많거나 관리 비용이 많이 소요되는 경우 기업의 재고관리법에 따라 원산지를 결정하도록 하는 것이다.

예를 들면, 국내산(역내산) 알코올과 EU산(비원산지) 알코올을 사용하여 주류를 만드는 기업은 원재료인 알코올을 구분하여 보관하는 것이 현실적으로 불편하다. 따라서, 원산지별 구분 보관 없이 혼합 보관하되, 제품 제조 투입 시에는 기업의 재고관리법에 따라 원산지를 판정한다.

6) 기본원칙

(1) 충분가공원칙

역내에서 해당 물품의 실질을 변형시키기에 충분한 정도의 공정을 거쳐서 생산된 물품에 한해 원산지 물품으로 인정하는 것이다. 세번변경기준의 한계점을 보완하고 역내 가공을 촉진하기 위한 원칙이다. 각각의 FTA는 역내에서 단순한 공정을 수행한 경우 비록 다른 기준을 모두 충족하더라도 원산지 물품으로 인정할 수 없도록 하고 있다. 이를 '불인정공정' 또는 '불충분공정'이라고 한다.

표 13-5 불인정공정 사례

역외 수입	역내 공정	역내 변형 제품
활어(HS 0301)	훈제	훈제어류(HS 0305)
멸치(HS 0301)	건조	마른멸치(HS 0305)
원목(HS 4403)	절단	제재목(HS 4407)

(2) 직접운송원칙

원산지 결정기준에 따라 원산지 물품으로 인정되었다 하더라도 그 물품이 원산지가 아닌 국가를 경유하여 운송되거나 원산지가 아닌 국가에서 선적된 경우에는 원산지 물품으로 인정되지 않는다. 원산지 물품으로 인정되려면 제3국을 경유하지 않고 협정 상대국으로부터 직접 수입국으로 운송돼야 한다. 이를 직접운송원칙이라 한다. 예를 들어 필리핀산 바나나를 필리핀에서 일본으로 수출하였고, 이 바나나가 일본에서 우리나라로 수입됐다면 원칙적으로 한-아세안 FTA 양허세율을 적용받을 수 없다. 원산지 물품이 제3국을 거쳐 수입된 경우에도 제3국을 단순 경유한 경우라면 직접 운송된 것으로 간주될 수도 있다. 그러나 이 경우에도 제3국의 경유 이유가 지리적·운송상의 이유이거나 전시 목적을 위한 경유이어야 한다. 여기에서 '지리적·운송상의 이유'라는 것은 예를 들면 직항이 없어서 어쩔 수 없이 제3국을 거치는 경우를 말한다.

(3) 역내가공원칙

역내가공원칙은 최종 제품의 제조공정이 역내에서 중단 없이 수행되어야 한다는 원칙이다. 즉, 제조공정 중 일부가 해외에서 일어나는 경우 원산지 인정을 배제하는 규정이다. 단, 일부 FTA에서는 역내산 물품을 수출하여 역외가공 후 재수입 시 일정 조건을 만족하면 역내산으로 간주하는 특례규정이 있다.

3 FTA 원산지증명

1) 의의

원산지증명서(C/O, Certificate of Origin)란 물품을 생산한 나라 또는 물품의 국적을 의미하는 원산지를 증명하는 문서이다. 협정별 원산지 결정기준을 충족하고 협정에서 정한 원산지 증명서를 구비해야 상대국에서 FTA 세율 적용이 가능하다. 수출의 경우, 수출 물품이 우리나라에서 재배·사육·제조·가공된 것임을 증명하는 문서이며 수입의 경우, 수입자가 FTA 양허세율을 적용받기 위해서는 원산지증명서(C/O, Certificate of Origin)를 구비해야 한다. 수입국 세관이 제출을 요구하는 경우 제출하여야 한다. 원산지증명서는 그 양식이 통일돼 있지 않으므로 FTA 및 각 협정에서 요구하는 양식을 제대로 제출할 때에만 원산지증명의 효력이 있다.

2) FTA 원산지증명서의 발급방식

(1) 개요

원산지증명서의 발급방식은 크게 '기관발급(기관증명)'과 '자율발급(자율증명)'으로 구분할 수 있다. FTA마다 채택하고 있는 발급방식이 다르므로 수입자는 이를 반드시 구분해 정해진 방식으로 원산지를 증명해야 한다. 만약, 자율발급을 해야 하는데 기관 발급된 원산지증명서를 제출한다면 양허세율을 적용받지 못한다.

(2) FTA별 원산지증명 방식의 차이

① 자율발급 채택 : 칠레, EFTA, EU, 페루, 미국, 터키, 뉴질랜드, 캐나다, 콜롬비아, 중미, 영국

② 기관발급 채택 : 싱가포르, 아세안, 인도, 베트남, 중국

③ 기관발급과 자율발급 혼합 : 호주

4 FTA 원산지 검증

1) 의의

FTA 원산지 검증의 협의의 의미는 협정 또는 국내법에서 정한 원산지요건(원산지 결정기준, 원산지증빙서류 등) 충족 여부를 확인하고 위반시 제재조치를 취하는 일련의 행정절차이며 광의의 의미로는 원산지요건 이외에 관련 협정 및 국내법에서 정한 모든 특혜 요건(거래당사자, 세율, 운송경로, 신청 절차 등) 또는 허위표시 여부를 확인하고 필요한 조치를 취하는 것이다.

특혜 적용받은 협정관세의 적정 여부와 수출입물품의 원산지확인을 위하여 FTA 관세 적용대상 물품을 수입한 국내 수입자와 FTA 원산지 증명서 발급기관, 발급 수출자, 발급 생산자와 재료공급자에 이르기까지 광범위한 검증이 필요하다.

2) 원산지검증 방법

협정관세의 적용과 관련한 원산지의 검증 여부는 당연히 수입국 세관이 결정한다. 검증방법에는 직접검증과 간접검증, 공동검증이 있다.

① 직접검증 : 수입국 세관이 해외 수출자를 대상으로 직접검증

② 간접검증 : 수출국 세관이 수입국의 요청을 받아 자국 수출자를 대상으로 검증하며 수입국 세관의 참관 가능

③ 공동검증 : 직접검증과 간접검증의 혼합
공동검증은 먼저 간접검증을 한 다음 필요한 경우 수입국 세관과 수출국 세관이 공동으로 검증하는 방법이다.

원산지 검증방법으로 서면조사 및 현지 조사가 있다. 관세청장 또는 세관장이

수출자 등을 대상으로 서면조사 또는 현지 조사를 할 때는 수입자 및 체약상대국의 관세 당국에 그 사실을 서면으로 통지해야 한다.

| 표 13-6 | FTA별 원산지 검증방법

협정	검증방법	협정	검증방법
한-칠레	직접검증	한-싱가포르	직접검증
한-EFTA	간접검증(검증참관)	한-아세안	선 간접검증 후 직접검증
한-인도	선 간접검증 후 직접검증	한-EU	간접검증(공동조사)
한-페루	간접검증 or 직접서면조사 or 공동검증	한-미국	직접검증 (섬유/의류 간접검증)
한-터키	간접검증(공동조사)	한-호주	간접검증 or 직접검증
한-캐나다	직접검증	한-중국	선 간접검증 후 직접검증
한-뉴질랜드	직접검증	한-베트남	선 간접검증 후 직접검증
한-콜롬비아	간접검증 or 직접서면조사 or 공동검증	한-중미	직접서면조사 or 간접검증 or 직접검증
한-영국	간접검증(공동조사)		

※ 직접검증 : 칠레, 싱가포르, 미국, 캐나다, 뉴질랜드

참고문헌

김성훈, 「국제협상과 계약서작성」, 도서출판 두남, 2003.
______, 「글로벌 무역마케팅」, 도서출판 두남, 2002.
______, 「글로벌 무역실무」, 도서출판 두남, 2021.
______, 「무역창업가이드」, 도서출판 두남, 2002.
______, 「신용장 종류별 분석」, 도서출판 두남, 2002.
______, 「신입사원무역실무」, 도서출판 두남, 2004.
대한상공회의소, 「ISBP공식번역 및 해설서」, 2013.
____________, 「UCP600」, 2007.
____________, 「인코텀스(INCOTERMS) 2020」, 2020.
양영환, 「오원석공저」, 무역영어, 삼영사, 1995.
오원석, 「무역계약론」, 삼영사, 1998.
______, 「무역상무론」, 법문사, 1999.
정일환, 「무역운송」, 한국무역협회, 2015.
한국무역협회, 「한 권으로 끝내는 국제무역사」, 한국무역협회, 2020.

저자소개

김 성 훈

■ **약력**

성균관대학교 경영대학원 졸업(무역·국제경영 전공)
조선대학교 인문대학 영어영문학과 졸업
(주)독일 스타일만상사 한국지사
(주)HJ Corporation 상품팀 과장
(주)Seine 해외영업팀장
(주)정현코리아 해외영업부장

(전) 한국무역협회 국제무역사 출제위원
(전) 한국무역협회 국제무역사 감수위원
(현) 한국무역협회 무역아카데미 교수
(현) 서울사이버대학교 글로벌무역물류학과 겸임교수
(현) 아이콤 대표(무역컨설팅)

■ **강의경력**

한국무역협회 무역아카데미, KOTRA, 한국무역보험공사, 한국수출입은행, 국세청, 대한상공회의소, 중소기업협동조합중앙회, 중소기업진흥공단, 수입업협회, 한국섬유산업연합회, 한국섬유개발연구원, 한국금융연수원, 한국국제금융연수원, 국민은행, 우리은행, 신한은행, 한국표준협회, 한국능률협회, 한국생산성본부, 여성경제인협회, 서울남부여성발전센터, 광주새일본부, 충북새일본부, 매일경제신문사, 한국경제신문사, 한국미래경영연구소, 삼성전자, 삼성물산, 삼성 SDS, 삼성 SNS, 효성그룹, 현대중공업, 현대자동차, 현대모비스, 현대종합상사, LG상사, LG화학, LG SERVEONE, LS산전, GS글로벌, SK네트웍스, 대우인터내셔널, 금호그룹, KT&G, 코오롱, POSCO, POSCO PNS, 아모레퍼시픽, 신원, 이마트, CJ오쇼핑, 롯데수퍼, 서울사이버대학교, 경희대학교, 경북대학교, 금강대학교, 아주대학교 최고경영자과정

■ **저서**

- 「글로벌 무역실무」 도서출판 두남
- 「무역창업가이드」 도서출판 두남
- 「신입사원 무역실무」 도서출판 두남
- 「김성훈 무역창업가이드」 도서출판 두남
- 「신용장 네고서류 작성요령」 도서출판 두남
- 「국제협상과 계약서작성」 도서출판 두남
- 「5대양 6대주 출장보고서」 도서출판 두남
- 「팔방미인 무역창업 시뮬레이션」 도서출판 두남
- 「섬유무역실무」 한국섬유산업연합회
- 「무역관리사」 한국무역협회 무역아카데미
- 「무역마케팅」 한국무역협회 무역아카데미
- 「한권으로 끝내는 국제무역사 2급」 한국무역협회 무역아카데미
- 「국제무역사기 사례와 예방책」 도서출판 두남
- 「글로벌 무역마케팅」 도서출판 두남
- 「신입사원 무역영어」 도서출판 두남
- 「수출입 시뮬레이션」 도서출판 두남
- 「신용장 종류별분석」 도서출판 두남
- 「환리스크 대응방안」 도서출판 두남
- 「국가별 유망아이템」 도서출판 두남

■ **논문**

- 「국제무역사기 예방에 관한 연구」

■ **방송출연**

- MBC 문화방송 「차인태의 MBC초대석」 출연(2002)

알기 쉬운 무역실무

초 판 1쇄 인쇄 —— 2022년 3월 5일
초 판 1쇄 발행 —— 2022년 3월 10일
지은이 —— 김 성 훈
펴낸이 —— 전 두 표
펴낸곳 —— 도서출판 두남
서울시 강동구 성내로 6길 34-16 두남빌딩
신 고 : 제25100-1988-9호
TEL : 02) 478-2065~7, 2311
FAX : 02) 478-2068
E-mail : dunam1@unitel.co.kr
http://www.dunam.co.kr

정가 27,000원

ISBN 978-89-6414-944-7 93320